PROCESSO PENAL FEMINISTA

O GEN | Grupo Editorial Nacional – maior plataforma editorial brasileira no segmento científico, técnico e profissional – publica conteúdos nas áreas de concursos, ciências jurídicas, humanas, exatas, da saúde e sociais aplicadas, além de prover serviços direcionados à educação continuada.

As editoras que integram o GEN, das mais respeitadas no mercado editorial, construíram catálogos inigualáveis, com obras decisivas para a formação acadêmica e o aperfeiçoamento de várias gerações de profissionais e estudantes, tendo se tornado sinônimo de qualidade e seriedade.

A missão do GEN e dos núcleos de conteúdo que o compõem é prover a melhor informação científica e distribuí-la de maneira flexível e conveniente, a preços justos, gerando benefícios e servindo a autores, docentes, livreiros, funcionários, colaboradores e acionistas.

Nosso comportamento ético incondicional e nossa responsabilidade social e ambiental são reforçados pela natureza educacional de nossa atividade e dão sustentabilidade ao crescimento contínuo e à rentabilidade do grupo.

Soraia da Rosa Mendes

PROCESSO PENAL FEMINISTA

2ª edição revista, atualizada e ampliada

Prefácio
Geraldo Prado

- A autora deste livro e a editora empenharam seus melhores esforços para assegurar que as informações e os procedimentos apresentados no texto estejam em acordo com os padrões aceitos à época da publicação, e todos os dados foram atualizados pelo autor até a data de fechamento do livro. Entretanto, tendo em conta a evolução das ciências, as atualizações legislativas, as mudanças regulamentares governamentais e o constante fluxo de novas informações sobre os temas que constam do livro, recomendamos enfaticamente que os leitores consultem sempre outras fontes fidedignas, de modo a se certificarem de que as informações contidas no texto estão corretas e de que não houve alterações nas recomendações ou na legislação regulamentadora.

- Fechamento desta edição: 07.05.2021

- A Autora e a editora se empenharam para citar adequadamente e dar o devido crédito a todos os detentores de direitos autorais de qualquer material utilizado neste livro, dispondo-se a possíveis acertos posteriores caso, inadvertida e involuntariamente, a identificação de algum deles tenha sido omitida.

- **Atendimento ao cliente: (11) 5080-0751 | faleconosco@grupogen.com.br**

- Direitos exclusivos para a língua portuguesa
  Copyright © 2021 by
  Editora Atlas Ltda.
  Uma editora integrante do GEN | Grupo Editorial Nacional
  Al. Arapoema, 659, sala 05, Tamboré
  Barueri – SP – 06460-080
  www.grupogen.com.br

- Reservados todos os direitos. É proibida a duplicação ou reprodução deste volume, no todo ou em parte, em quaisquer formas ou por quaisquer meios (eletrônico, mecânico, gravação, fotocópia, distribuição pela Internet ou outros), sem permissão, por escrito, da Editora Atlas Ltda.

- Capa: Fabricio Vale

- **CIP – BRASIL. CATALOGAÇÃO NA FONTE.
  SINDICATO NACIONAL DOS EDITORES DE LIVROS, RJ.**

  M492p
  Mendes, Soraia da Rosa

  Processo Penal Feminista / Soraia da Rosa Mendes – 2. ed. – Barueri [SP]: Atlas, 2021.

  Inclui bibliografia
  ISBN 978-65-59-77043-4

  1. Processo penal – Brasil. I. Prado, Geraldo. II. Título.

  21-70860   CDU: 343.2(81)

  Leandra Felix da Cruz Candido – Bibliotecária – CRB-7/6135

Liberdade é pouco.
O que eu desejo ainda não tem nome.
(Clarice Lispector, *Perto do coração selvagem*)

*Para Francieli, irmã, amiga, parceira, a grande
mulher sem a qual eu não poderia viver a esfera pública.
Sem ela este trabalho e nenhum outro existiriam.*

AGRADECIMENTOS

Existem mulheres para as quais a vivência na academia supera limites e é por isso que inicio estes agradecimentos dedicando-os ao Programa de Pós-Graduação em Teorias Jurídicas Contemporâneas da cativante Faculdade Nacional de Direito da Universidade Federal do Rio de Janeiro – PPGD/UFRJ, onde realizei estágio pós-doutoral, local onde o cerne das reflexões que aqui trago teve nascedouro.

Agradeço ao Núcleo Especial de Defesa dos Direitos da Mulher e de Vítimas de Violências de Gênero da Defensoria Pública do Rio de Janeiro – NUDEM, cuja trajetória de 20 anos em defesa dos direitos das mulheres é de ser reconhecida aqui como um dos mais importantes locais de proposição de novas práticas processuais embaladas por uma perspectiva epistêmica processual feminista em sua essência.

Agradeço também à caríssima Profa. Dra. Marília de Nardin Budó, responsável pela cadeira de Direito Processual Penal da Universidade Federal de Santa Maria – UFSM, e à caríssima Juíza de Direito do TJDFT Rejane Jungbluth Suxberger, pela leitura atenta e crítica deste trabalho enquanto ele ainda encontrava-se como um mero manuscrito.

A Elaine Pimentel, Ana Carolina Longo, Afonso Belice, Julia Ximenes, Rodrigo Chia, Patricia Burin, Michelle Karen dos Santos pela escrita conjunta ao longo desses anos em tantos artigos e capítulos que vieram a fazer parte desta obra. Obrigada por partilharem comigo a sabedoria que cada um e cada uma de vocês carrega.

À minha sempre e eterna editora Bruna Zeni, cuja parceria transformou este livro em realidade.

Ao caríssimo colega e amigo Prof. Dr. Gustavo Noronha de Ávila, um dos mais respeitados processualistas penais de nossa geração, e que tanto me honrou com a apresentação deste livro. Dispor do teu tempo, do teu carinho e, sumamente, de tua inteligência e competência é algo que jamais poderá expressar-se em palavras, ainda que estas sejam de gratidão.

Ao Prof. Geraldo Prado pelo prefácio que abre esta obra. Para uma feminista ousar pensar o processo penal nunca foi (e, infelizmente, acredito que demorará ainda a ser) algo fácil. Não há caminho. O caminho estamos fazendo ao caminhar. Ousei pensar em uma virada epistemológica neste campo do saber onde és mestre entre os mestres. E, humildemente (confesso que de início com certo receio), entreguei à tua crítica o resultado de minhas inquietações e inconformidades. Para nós, feministas, o trabalho do pensar é sempre um fazer artesanal. É um coser, coser, coser e coser. E as conclusões a que chegamos é sempre uma nova luta de enfrentar, insistir e persistir. Dizer que tuas palavras não me envaidecem seria uma mentira. Como não? Desde que recebi teu texto quis gritar aos quatro ventos e ao mundo que lessem não o meu livro, mas o que Geraldo Prado escreveu sobre ele. Pensei muito em como escreveria esse agradecimento a ti. E, ao final, não escolhi palavras pomposas, tipicamente masculinas, próprias dos elogios que os doutos fazem aos doutos. Na verdade, só quero te agradecer com afeto. Aquele afeto que une as mulheres que entendem, porque sentem, a dororidade de Vilma Piedade. Obrigada, Geraldo, cada linha tua foi lida e relida com lágrimas nos olhos e o coração acelerado. Ainda não sei se merecia tanto...

Ao meu querido Roberto Tardelli pelo incentivo constante, pelas conversas intermináveis, pela leitura sempre atenta, pelas sugestões precisas, pelo empenho para esta publicação.

Minha gratidão pelo amor e pela paciência que minha grande pequena família, composta por meu filho João Henrique e minha irmã Francieli, dedicou a mim nas horas e horas, dias e dias em que me entreguei completamente à realização desta obra. Vocês são os amores da minha vida!

Por fim, o mais importante. Minha gratidão e devoção à minha ancestralidade africana, em especial, Àquele sem o qual nada se realiza, e à minha Oyá, pois antes d'Ela nada houve e sem Ela nada há. Laroiê, meu Pai! Eparrei, minha Mãe!

Brasília, inverno de 2019.

Soraia da Rosa Mendes

SOBRE A AUTORA

Pós-Doutora em Teorias Jurídicas Contemporâneas pela Universidade Federal do Rio de Janeiro – UFRJ. Doutora em Direito, Estado e Constituição pela Universidade de Brasília – UnB. Mestra em Ciência Política pela Universidade Federal do Rio Grande do Sul – UFRGS. Professora do PPG – Mestrado e Doutorado em Direito do Centro Unificado de Brasília – UniCeub e da Faculdade de Direito da Universidade Presbiteriana Mackenzie. Consultora da Comissão Nacional de Direitos Humanos e da Comissão Especial de Proteção dos Direitos dos Povos Indígenas, ambas do Conselho Federal da Ordem dos Advogados do Brasil. Ex-coordenadora nacional do Comitê para América Latina e o Caribe de Defesa dos Direitos das Mulheres – CLADEM nas gestões 2016-2018 e 2018-2020. Autora de obras doutrinárias de referência, tais como *Criminologia Feminista: novos paradigmas* e *Pacote Anticrime: comentários críticos à Lei 13.964/2019*. Advogada criminalista especialista em direitos das mulheres.

APRESENTAÇÃO

Escrever a apresentação de uma obra paradigmática como esta é tarefa de enorme responsabilidade. Soraia da Rosa Mendes, há bastante tempo, tem se colocado como uma das principais referências do campo feminista nas ciências criminais. Não apenas: coloca-se como alguém que leva a sério o binômio teoria/prática, no sentido do debate Foucault/Deleuze (1972), preocupada com o impacto social e a coerência das ideias que discute.

Não é apenas no campo da responsabilidade em que se situa minha tarefa, como também no do desafio. Certamente, represento(ei) o modelo de jurista do processo penal brasileiro discutido a seguir: alguém que (in)conscientemente promove(u) a desigualdade de gênero em um *locus* muito predominantemente masculino.

Desconstrução é a palavra com maior potência para descrever como me senti ao ler a obra, de forma privilegiada, ainda em sua versão inicial. Minha formação processual-penal está fundada dentro da epistemologia garantista de Luigi Ferrajoli. Sua descrição pessimista do poder punitivo estatal sempre me pareceu adequada, desde que compatibilizada com a leitura político-criminal da estratégia de redução de dores (Christie, 2016).

A perspectiva garantista segue importante. Porém, as leituras feitas por Ferrajoli e Baratta do sistema penal nada incorporam da epistemologia feminista na discussão do processo penal. Soraia dá um passo adiante, demonstrando o quanto as duras categorias da dogmática processual penal necessitam ser interpretadas de acordo com as perspectivas de gênero.

Além disso, a autora demonstra os motivos da permanência da invisibilidade dada à mulher no campo processual penal. Descreve de forma muito precisa, especialmente a partir da categoria do "sujeito--suposto-saber", como feudos acadêmicos são criados, mantidos, difundidos e expandidos. Sustentam-se em um discurso autointitulado como crítico-democrático, mas que envolve efetivamente coações, constrangimentos, silenciamentos e repetição de ideias.

Neste original, corajoso e empolgante texto, o/a leitor/a terá a oportunidade de repensar as bases de sua teoria e prática processual penal. Para além dos gabinetes (Vera Guilherme, 2017), dos autoritarismos macro e micropolíticos e do androcentrismo, Soraia mostra que é possível haver organicidade e coerência no campo do formalismo penal.

Após o arrebatador *Criminologia Feminista: Novos Paradigmas*, livro essencial ao nosso contexto, Soraia revoluciona novamente a dogmática no campo criminal. Desta vez, na área do processo penal. A comunidade acadêmica agradece!

Maringá, inverno de 2019.

Gustavo Noronha de Ávila

Doutor e Mestre em Ciências Criminais pela PUCRS

Pós-doutor em Psicologia pela PUCRS

Professor permanente do Programa de Pós-graduação em Ciências Jurídicas

(mestrado e doutorado) do Centro Universitário de Maringá

NOTA DA AUTORA À SEGUNDA EDIÇÃO

Eis que rapidamente chegamos à segunda edição do *Processo Penal Feminista*!

Costumo dizer que aceito o sucesso de minhas obras sem vaidades, mas também sem falsas modéstias, pois cada letra que jogo no papel resulta de muito trabalho e dedicação, e é, sumamente, o mero caminhar seguindo as pegadas da trajetória de tantas e tantas outras que vieram antes de mim. Se hoje aqui estou, é pelas trilhas abertas nas matas por minhas ancestrais. E a elas eu agradeço.

De outro lado, também preciso agradecer a cada uma (e cada um) que não somente adquiriu a primeira edição deste livro, mas que com seus comentários e menções fez dele parte de suas petições, pareceres, denúncias, sentenças, planos de ensino e também já uma referência citada em votos de Ministros e Ministras do Supremo Tribunal Federal.

Todas essas leitoras e todos esses leitores fazem, dia a dia, destas páginas uma força viva que lota minhas redes sociais de palavras que me mostram o quanto ainda podemos e queremos ganhar espaço nos mais importantes debates das Ciências Criminais a partir de uma epistemologia que entendo deva ser feminista interseccional e decolonial.

A todas e todos, marinheiras e marinheiros de primeira viagem, que embarcaram comigo nesta nau e impulsionaram esta nova expedição, somente tenho a repetir que: *"Sou, porque somos. Somos muitas. E estamos juntas".*

Nesta segunda edição, fiz alguns acréscimos que julguei importantes tendo em vista o parecer que fui convidada a emitir no Caso 12.263 (Márcia Barbosa de Souza e seus Familiares *vs.* Brasil), perante a Corte Interamericana de Direitos Humanos. Com base nesse mergulho nos autos dos processos criminais que tramitaram no final da década de 1990 em João Pessoa (Paraíba), pude aprofundar considerações que marcam o perfil de meus trabalhos: a relação entre teoria e prática.

Nesse sentido, vocês agora encontrarão aqui reflexões sobre como o processo penal feminista nos ancora para entender (e, quiçá, mudar!)

questões que vão do inquérito policial ao Tribunal do Júri, muito especialmente em relação ao direito das vítimas ao devido processo no que toca à desnecessária repetição da prova testemunhal colhida, à (des)construção da imagem da vítima nos autos dos processos criminais pela intervenção da mídia, ao procedimento de tomada de depoimento de vítimas e familiares e, mais uma vez, ao problema das nulidades.

Além disso, há também achegas minhas sobre o rito processual do Tribunal do Júri e o direito das vítimas ao julgamento em tempo razoável. E, ao final, a transcrição das recomendações que fiz à Corte para os fins de que o Estado Brasileiro evite a repetição do ocorrido. Entre as quais, em especial estão: i. a criação de dispositivos legais processuais penais explícitos e específicos para eivar com a nulidade absoluta todo e qualquer ato pré-processual ou processual penal que viole a dignidade humana das mulheres vítimas em crimes marcados pela violência de gênero, particularmente o feminicídio e os crimes contra a dignidade sexual; ii. a criação de dispositivos legais processuais penais que vedem a veiculação de notícias (entrevistas, reportagens etc.) que se refiram a conduta social, personalidade, sexualidade ou qualquer outra forma de "comportamento" da vítima direta naquilo que extrapola os fins do processo com o intuito de criar/reforçar estereótipos de gênero, no mínimo, até o encerramento definitivo do processo; e iii. a ampliação da definição legal de feminicídio a considerar mortes de mulheres em razão da misoginia, raça/etnia, orientação sexual, identidade de gênero, ideologia política, crença religiosa.

Por fim, também me dediquei a refletir sobre as inovações legislativas incorporadas durante o período pandêmico com o que tive oportunidade de discutir a retratação nos casos de crimes cometidos no contexto de violência doméstica e familiar. Com esse tema, pude tecer comentários sobre o que considero ser um mero dilema colonialista entre autonomia e proteção penal.

Desejo a todas e todos uma excelente leitura!

Brasília, outono do pandêmico ano de 2021.

Soraia Mendes

PREFÁCIO

«Não há direito de punir. Há apenas poder de punir.» Assim, Clarice Lispector, jovem estudante da Faculdade Nacional de Direito, inicia o artigo «Observações sobre o fundamento do direito de punir», em agosto de 1941, no *A Época*, órgão oficial do corpo discente da Faculdade (LISPECTOR, 1941).

Penso que começar por Clarice este prefácio ao *Processo Penal Feminista*, de Soraia Mendes, é um bom ponto de partida, perdoada a redundância, porque quem hoje lê a *Revista do CACO* (Centro Acadêmico Cândido de Oliveira) de meados do século passado deve no mínimo estranhar o isolamento a que a escritora estava *condenada*, uma mulher, a única, entre mais de uma dezena de articulistas e editores homens.

Algum tempo depois, com jeito memorialista, essa escritora maior de nosso idioma vai retratar em «O Grupo» o encontro com duas outras colegas mulheres que haviam estudado na mesma Faculdade da atual Universidade Federal do Rio de Janeiro (UFRJ). Exímia artesã de palavras, frases, ideias e sentidos, dona de uma lírica de causar inveja, será em «O Grupo» que revelará o significativo diálogo com um importante professor, nada menos que San Tiago Dantas, que viria a ser Ministro no governo Goulart. San Tiago lhe pergunta o que, afinal, Clarice fora fazer num curso de Direito. «Respondi-lhe que Direito Penal me interessava. Retrucou: "Ah bem, logo adivinhei. Você se interessou pela parte literária do Direito. Quem é jurista mesmo gosta é de Direito Civil"».[1]

O significado dessa experiência aparentemente singular manifesta-se em forma de conhecimento, em termos teóricos sólidos e profundos, de tocar a carne, neste *Processo Penal Feminista*, que é

---

[1] LISPECTOR, Clarice. O Grupo. Disponível em: <https://partesencontradas.wordpress.com/2013/04/29/o-grupo/>. Acesso em: 1º jun. 2019.

um livro fundamental para quem realmente se interessa em estudar direito processual penal, está sensível à dura realidade da opressão e da invisibilidade a que expressivos setores da nossa sociedade estão condenados e identifica, na articulação entre métodos e *corpus* conceitual tradicional, práticas sociais permanentes e discurso jurídico dominante, o aparelho que garante a sobrevivência de «aspectos particularistas, ideológicos, racistas e sexistas da ciência ocidental».

Processo Penal Feminista é um estudo de teoria do processo penal que rompe com cânones da disciplina e o faz na raiz, sendo revelador do jogo invisível que está na base das epistemologias tradicionais difundidas pelos supostos «porta-vozes autorizados» do Direito Processual Penal.

Há muitas virtudes na obra que as limitações do prefaciador não permitem explorar com a competência devida e que ficarão para o leitor apreciar sem essa antecipação de sentidos que em alguma medida caracteriza os prefácios.

No entanto, a convergência ideológica, essa aproximação típica das pessoas que dividem trincheiras em tempos sombrios e compartilham experiências e sofrimento, convergência talvez responsável pelo convite muito querido para ocupar essas páginas, habilita-me a falar também na primeira pessoa de aspectos do livro que considero fundamentais e inultrapassáveis em um contexto marcado pelo «objetivismo epistêmico» que segue por aí, aos quatro cantos, a desprezar a vida nua.

Em primeiro lugar, penso que *Processo Penal Feminista* conflita, propositadamente, com o paradigma dominante na disciplina, que para além de refletir determinada epistemologia é, nas palavras de Pierre Bourdieu, o instrumento eficaz de distribuição desigual de capital científico.

Do ponto de vista epistemológico, o discurso dominante entre teóricos e práticos do direito processual penal ignora o elemento político inerente a todo processo que tem por objetivo produzir conhecimento seguro a respeito de determinado objeto.

Boaventura de Sousa Santos e Maria Paula Meneses sublinham que "[t]oda experiência produz e reproduz conhecimento e, ao fazê-lo, pressupõe uma ou várias epistemologias. *Epistemologia é toda noção ou ideia, refletida ou não, sobre as condições do que conta como conhecimento válido. É por via do conhecimento válido que uma dada experiência social se torna intencional e inteligível.* Não há, pois, conhecimento sem práticas e atores sociais" (2010 – grifo meu).

Mesmo os esforços sinceros da crítica epistemológica contida, por exemplo, na *Teoria do Garantismo Penal* de Luigi Ferrajoli,[2] não escapam da armadilha que enreda todas as pessoas que desprezam a advertência de Boaventura e Maria Paula, de que não há conhecimento fora da experiência social, sendo inevitável incluir atores e contextos no processo mesmo de compreensão das condições de emissão dos juízos de verdade e falsidade que via de regra são os que chancelam o valor científico ou teórico dos enunciados.

Um ausente entendimento da alteridade, que tem por consequência provocar certa incapacidade de enxergar outras pessoas e outras experiências sociais além daquelas *uniformizadas* pelos *media* leva, por exemplo, a que a doutrina constitucional contemporânea tenda a ignorar a realidade e as práticas jurídicas dos Estados plurinacionais latino-americanos.[3] O pluralismo jurídico em tese será considerado válido *se* e somente *se* aprovado pelo Estado oficial, por meio das instituições próprias, cujas história e configuração parcializadas são escamoteadas das pessoas, levadas a acreditar em um hipotético interesse geral e abstrato, epistemologicamente neutro.

O dispositivo colonial esconde-se por trás do discurso da neutralidade científica que, embora matizado pelo reconhecimento irrecusável da subjetividade do investigador, retorna pela via analítica que requisita *status* de «verdadeiro» para enunciados formulados e verificados de acordo com determinados *standards* de investigação científica.

---

[2]   O esforço a que me refiro pode ser identificado na opção metodológica de Ferrajoli de se aproximar do tema da responsabilização criminal pela via epistemológica articulada a uma precisa teorização do Estado moderno, compatível quase com exclusividade com as origens do Estado na Europa, e uma filosofia do direito de corte analítico (FERRAJOLI, 2001).

[3]   A título de ilustração remeto ao trabalho crítico de Semper (2018) sobre os direitos dos povos originários que vivem na Colômbia.

Voltando a Boaventura e Maria Paula (2010):

O importante numa avaliação histórica do papel da ciência é ter presente que os *juízos epistemológicos sobre a ciência* não podem ser feitos sem tomar em conta a institucionalidade que se constitui com base nela. A epistemologia que conferiu à ciência a exclusividade do conhecimento válido traduziu-se num vasto aparato institucional – universidades, centros de pesquisa, sistema de peritos, pareceres técnicos –, e foi ele que tornou mais difícil ou mesmo impossível o diálogo entre a ciência e outros saberes.

Ora, essa dimensão institucional, apesar de crucial, ficou fora do radar epistemológico.

Com isso, *o conhecimento científico pode ocultar o contexto sociopolítico da sua produção subjacente à universalidade descontextualizada da sua pretensão de validade.*

É neste cenário institucional que o manejo do poder patriarcal é exercido com *naturalidade*. As questões de gênero são ignoradas, quando não tratadas com superficialidade ou vistas como caprichos de um grupo social que se recusa a fazer ciência nos moldes canônicos, aviltando-se toda aproximação teórica que vise incorporar as questões de gênero ao afazer da ordem da epistemologia, salvo quando colocadas, como sublinha a autora, no lugar daquelas questões sobre as pessoas «de quem se fala».

Esta atitude não é por certo exclusiva dos processualistas penais ou dos juristas, podendo ser encontrada mesmo entre os pensadores críticos dos mais variados campos do saber.

A propósito, Gayatri Spivak advertirá para a *história* do sujeito no pensamento ocidental moderno e contemporâneo e ainda para a noção de representação, ancorada tantas vezes em uma ideologia encobridora da realidade que se inclina na direção da homogeneização desse sujeito e sua unificação com pretensão totalizadora, diluindo e fazendo desaparecer as diferenças de toda natureza, mesmo que ditadas pela corporeidade.

Dirá Spivak que será possível notar essa diluição das diferenças quer nas grandes narrativas críticas, dirigidas a questionar a desigualdade inerente ao modo capitalista de produção, quer na crítica

PREFÁCIO | **XXI**

ao nível do micropoder, disperso em redes mediadas por discursos. Embora longa, convém reproduzir a opinião da autora da Índia:

> Não se pode fazer objeção a esse resumo minimalista do projeto de Marx, assim como não se pode ignorar que, em partes do *Anti-Édipo*, Deleuze e Guattari constroem seu argumento com base em uma compreensão brilhante, talvez "poética", da *teoria* de Marx sobre a forma do dinheiro. No entanto, poderíamos consolidar nossa crítica da seguinte maneira: a relação entre o capitalismo global (exploração econômica) e as alianças dos Estados-nação (dominação geopolítica) é tão macrológica que não pode ser responsável pela textura micrológica do poder. Para se compreender tal responsabilidade, deve-se procurar entender as teorias da ideologia – de formações do sujeito, que, micrológica e, muitas vezes, erraticamente, operam os interesses que solidificam as macrologias. Tais teorias não podem deixar de considerar os dois sentidos da categoria da representação. Devem observar como a encenação do mundo em representação – sua cena de escrita, sua *Darstellung* – dissimula a escolha e a necessidade de "heróis", procuradores paternos e agentes de poder – *Vertretung*.
>
> Na minha opinião a prática radical deve estar atenta a esse duplo sentido do termo representação, em vez de tentar reinserir o sujeito individual por meio de conceitos totalizadores de poder e de desejo (SPIVAK, 2014).

A *performance* ideológica que, no âmbito dos saberes, naturaliza o encobrimento e faz da *parte* o *todo* tem sido inclemente. Sacrifica personagens, desapropria ideias originais, escamoteia métodos, torna a crítica invisível.

Todos conhecem e com justiça reverenciam Alan Turing, que tem lugar de destaque na história da Inteligência Artificial, emoldurada a sua contribuição pelos feitos em favor dos Aliados na Segunda Guerra Mundial. Poucos, no entanto, sabem que foi Ada Lovelace quem, no distante 1840, concebeu-a como algo possível, praticável e útil (BODEN, 2017. p. 16-17).

Ao tratar do «sujeito-suposto-saber», no âmbito do processo penal, Soraia Mendes resgatará Augusta Generosa Estrela (1876/1879), Myrthes Gomes de Campos (1898), Maria Augusta Saraiva (1902),

PROCESSO PENAL FEMINISTA – Soraia da Rosa Mendes

Thereza Grisólia Tang (1954) e minha querida colega na magistratura do Rio de Janeiro, Maria Stella Villela Souto (1959), como protagonistas de uma história que ainda hoje se escreve a duras penas no universo jurídico brasileiro.[4]

À semelhança de Clarice, que surpreendia o jurista homem por querer ser advogada e o incomodava por querer pensar a sério o direito penal, Soraia Mendes retrata neste *Processo Penal Feminista* a árdua trajetória de Maria Stella para ser a primeira desembargadora mulher do Tribunal de Justiça do Rio de Janeiro.

A autora de *ABC do Processo Penal* foi preterida sete vezes na promoção, até que, em 1983, foi nomeada pelo Governador Leonel Brizola.

Na obra prefaciada, Soraia Mendes sublinha essas trajetórias não apenas para dar conta das estratégias de anulação da perspectiva de gênero no direito e, especificamente, no direito processual penal, mas para lançar luz sobre as razões e consequências mais profundas da diluição das diferenças na manipulação do «discurso competente» da disciplina. O fato de as mulheres «não serem vistas» em alguma medida fomentava – e fomenta – o fato de não serem lidas, olvidando-se de sua rica produção teórica e da prática das investigações empíricas que são essenciais para ancorarem a teoria no solo instável e movediço do sistema penal.

A autora fornece elementos bastante sólidos para alicerçar sua opinião.

A partir de investigações desenvolvidas por ela própria e por outras importantes pensadoras, como Nardin Budó e Eduarda Toscani Gindri, Soraia Mendes rastreia a divisão do trabalho social científico no campo do processo penal, a difusão dessa produção e o seu impacto no cenário de palestras, seminários e conferências, para demonstrar que, se há equilíbrio na produção jurídica no universo de artigos sele-

---

[4] Outras mulheres enfrentaram a resistência masculina, ativa ou silenciosa, no «mundo jurídico». Entre elas, penso que será justo o registro da atuação da excepcional Ester Kosovski, formada em Direito, em 1953, pela atual UERJ, doutora pela UFRJ (1981) e responsável direta pelos estudos de vitimologia no Brasil.

PREFÁCIO | XXIII

cionados por meio do sistema *double blind review*, a «cena principal» é ocupada majoritariamente por homens, o «sujeito-suposto-saber» por excelência do processo penal brasileiro.

Este «quarto do rei» no processo penal é um potente capital científico, que pesa na destinação de recursos para investigação, na definição dos temas a merecerem atenção e mesmo, o que é talvez mais relevante, na percepção das questões sensíveis ao gênero que atravessam as práticas penais, desde a dogmática à execução penal concreta e que terminam escamoteadas, tratadas como carentes de *status* de objeto do processo penal.

Não se trata de um desassossego causado por falta de atenção. A maturidade que anda ausente em setores do patriarcado está presente em uma perspectiva feminista de processo penal porque resulta do reconhecimento concreto e efetivo de uma comunidade que partilha as dores impostas por práticas de poder violentas, física e simbolicamente.

A referência na obra à «dororidade» no pensamento pujante de Vilma Piedade é indicativo seguro de que o processo histórico de constituição de sujeitos vulneráveis e subalternos, mulheres negras visadas e objetificadas, encontra determinação e alta competência teórica e capacidade prática de resistir à opressão e transformar esse estado de coisas.

Nesse aspecto, destacam-se duas observações: a primeira da ordem dos sujeitos como inerentes à própria epistemologia que as práticas penais requisitam; a outra, levada em conta pelo que de original representa a investigação jurídica com o olhar feminista.

Sobre o primeiro aspecto, *Processo Penal Feminista* afirma o que para muita gente não parece tão fácil de entender: «De fato, mulheres brancas, assim como homens negros e mulheres negras podem ser alistados para exercerem atos que sustentam essas relações de poder e que estabelecem o que conta como verdade» no campo da opressão.

Desse modo, mesmo na esfera do processo penal brasileiro, é compreensível que algumas juristas mulheres tenham ocupado o lugar de «porta-vozes autorizadas» do campo, reproduzindo, todavia, as condições e o ambiente que por muito tempo interditaram as discussões sobre a opressão derivada do sistema, sustentando relações de poder.

A transformação paradigmática proposta pela autora, portanto, não se limita à inclusão da voz feminista – ou das vozes feministas – silenciada historicamente.

O feminismo interseccional postula uma maneira diferente de conhecer, que implica na originalidade do saber que, ao menos no primeiro momento, rompe com as tradicionais oposições dicotômicas *verdadeiro* e *falso,* para instituir no campo do «novo» uma abertura na direção da liberdade epistêmica.

Soraia Mendes fala da epistemologia do ponto de vista feminista e interseccional como uma superação da epistemologia das significações de Luis Alberto Warat e da epistemologia garantista de Ferrajoli.

Antes de prosseguir e finalizar este prefácio, faço minhas as palavras de Soraia Mendes. Não se trata de pôr abaixo, inteiramente, a epistemologia garantista. De minha parte, teço críticas ao aporte teórico de Ferrajoli, relativamente à questão da verdade e aos critérios de verdade, que em minha opinião harmonizam-se com a lógica formal, mas, no mundo da vida, das diferenças e desigualdades e da política, podem fundamentar práticas que perpetuam injustiças históricas. Antes de garantir algo, há que se conquistar este algo, situação longe de se concretizar no Brasil atual. No entanto, é inegável que o SG oferece significativa proteção contra o arbítrio e contra o decisionismo.

Por último, como dito, a obra trata do feminismo interseccional que postula uma maneira diferente de conhecer, que implica a originalidade do saber.

A superação da dicotomia clássica nas ciências, *verdadeiro* vs. *falso*, demanda imaginação criativa. Ao se propor como «novo» em oposição ao pensamento jurídico tradicional, o processo penal feminista avança pelo território do não pensado.

Linda Zerilli invocará a «imaginação criativa» como ferramenta do *corpus* conceitual da epistemologia feminista cuja função consiste em configurar novos instrumentos que sejam aptos a enfrentar os problemas concretos colocados pelo Direito que se produz a partir de experiências sociais percebidas diferentemente do tradicional.

Aqui também é o caso de sair de cena e deixar Zerilli falar a partir da consciência de que o que tomamos por «natural» não raro resulta de acordos sociais e políticos de manutenção do *status quo*:

> El carácter apremiante de las normas y reglas sociales puede conducirnos a tratar nuestros acuerdos sociales como si fuesen necesarios, mientras que la naturaleza oculta de esa compulsión puede hacer que los tratemos como si fuesen voluntarios. (ZERILLI, 2008, p. 129)

> Si la imaginación creativa no sólo está más allá de lo verdadero y lo falso, sino que ha dejado de estar esclavizada por la funcionalidad, como plantea Castoriadis, surgen nuevas maneras de ver los cuerpos más allá de la economía del uso (por ejemplo, para la reproducción social y biológica) que define la cópula naturalizada del varón y la hembra en lo que Butler denomina "la matriz heterosexual". Como veremos en los capítulos III y IV, esta capacidad de posicionar un objeto fuera de la economía del uso es crucial para el feminismo centrado en la libertad y también para cualquier política no utilitarista, porque nos permite liberar nuestro juicio de los objetos y los acontecimientos del nexo casual en el que su aparición es prefigurada como una potencialidad cuya realidad se expresa en el hecho de que sean medios con respecto a un fin. (ZERILLI, 2008, p. 131-132)

> La posibilidad de interrumpir y alterar el sistema de representación en el que decidimos la cuestión de lo verdadero o lo falso implica la facultad de presentación o figuración, es decir, la capacidad de crear formas o figuras que no están dadas en la experiencia sensible o en el orden de los conceptos. (ZERILLI, 2008, p. 127)

> Las figuras de lo pensable de modo nuevo son esenciales para una forma de crítica feminista que resista la trampa de la epistemología y las tentaciones gemelas del dogmatismo y el escepticismo. Estas figuras son inherentes a un modo de juicio reflexivo y creativo. (ZERILLI, 2008, p. 132)

Soraia Mendes alerta a respeito e essa advertência generosa deve ser considerada por todas as pessoas, mas me permito sugerir, especialmente por nós, homens, que nos acostumamos tanto com o «quarto do rei» e o «quarto individual» e nossa posição de «porta-

-vozes autorizados do campo jurídico» que raramente nos damos conta da Outra: «Nós feministas estamos sempre em busca de fazer ouvir o que para muitos é indizível».

Ter sido privilegiado por ler em primeiríssima mão *Processo Penal Feminista* e ter o prazer de o prefaciar não elimina aquela sensação de que todos os homens que vierem a ler este belíssimo livro haverão de experimentar: que o nosso machismo está presente ainda quando buscamos enfrentá-lo e superá-lo (Soraia Mendes lembra que «... nem todos os homens brancos aceitam essas relações de poder opressivas. Alguns se revoltaram e subverteram instituições sociais e as ideias que as promovem»). Temos que estar atentos e, principalmente, não podemos e não devemos pactuar com as práticas jurídicas e sociais opressoras de gênero. Devemos nos posicionar.

No capítulo IV de *Processo Penal Feminista*, a autora se propõe a enfrentar – e de fato enfrenta – o difícil desafio epistemológico relacionado ao tema da prova penal, testando seus argumentos relativamente à valoração do depoimento da vítima nos crimes sexuais, encerrando, nas palavras de Soraia Mendes, «algumas referências exemplificativas de uma perspectiva epistemológica feminista para o processo».

A complexidade da tarefa por si é já uma resposta à pergunta retórica de San Tiago à Clarice, mencionada na abertura do prefácio. Neste contexto complexo não há nada de ficção, mas de teoria jurídica em seu melhor momento.

Teoria Jurídica Feminista.

Fica o convite ao leitor e à leitora.

Em 3 de junho de 2019.

Geraldo Prado

SUMÁRIO

INTRODUÇÃO XXXI

CAPÍTULO I

A PRODUÇÃO E A REPRODUÇÃO DO DISCURSO DO PROCESSO PENAL BRASILEIRO: UM DEBATE SOBRE PODER E INVISIBILIDADE 1

1.1. A produção e a reprodução dos discursos do processo penal na doutrina e na academia 7

1.2. A opressão interseccional e os processos de validação do conhecimento 17

CAPÍTULO II

ENTRE DEBATES, EMBATES E DIÁLOGOS: A EPISTEMOLOGIA VERIFICACIONISTA, A EPISTEMOLOGIA DAS SIGNIFICAÇÕES E A EPISTEMOLOGIA FEMINISTA INTERSECCIONAL 23

2.1. A epistemologia verificacionista 24

2.2. A epistemologia das significações (epistemologia do desejo e do reconhecimento do lugar plural da fala) 35

2.3. A epistemologia feminista: a epistemologia do ponto de vista feminista (*standpoint epistemology*) e a epistemologia do ponto de vista interseccional (*intersectional standpoint epistemology*) .. 40

    2.3.1. A epistemologia do ponto de vista feminista (*standpoint epistemology*) 46

    2.3.2. A epistemologia do ponto de vista interseccional (*intersectional standpoint epistemology*) 51

2.4. Meditações sobre uma epistemologia jurídica feminista para o processo penal brasileiro 54

CAPÍTULO III

GARANTISMO E FEMINISMO: UM LUGAR PARA O SISTEMA DE GARANTIAS (SG) 59

3.1. O sistema de garantias – SG 61

XXVIII | PROCESSO PENAL FEMINISTA – Soraia da Rosa Mendes

3.2. O sentido do sistema de garantias pelas lentes da epistemologia feminista 71

3.3. *Dear White Men* 74

CAPÍTULO IV

O PROCESSO PENAL FEMINISTA E SE *GOLDSCHMIDT* FOSSE FEMINISTA? 87

4.1. Vítimas e acusadas: o ser "mulher" no processo penal 92

4.2. Produção e valoração da prova 94

    4.2.1. O depoimento especial da ofendida 94

    4.2.2. A vítima coletiva em casos de crimes sexuais cometidos por autoridade profissional ou religiosa 99

    4.2.3. (Re)pensando a prova pericial nos crimes sexuais 104

4.3. Sujeitos processuais: a assistência à vítima como sujeito processual *sui generis* 112

4.4. Prisão cautelar e audiência de custódia: a credibilidade da palavra da mulher e a obrigatoriedade de conversão de prisão preventiva em prisão domiciliar de mulheres gestantes e/ou mães de filhos/as menores de 12 anos 117

4.5. Reflexões sobre o inquérito policial e o feminicídio de Estado.... 133

4.6. Investigação policial e retratação da vítima em tempos de pandemia: o mero dilema colonialista entre autonomia e proteção penal 149

4.7. Do inquérito policial ao Tribunal do Júri: considerações a partir do Caso 12.263 (Márcia Barbosa de Souza e seus Familiares *vs.* Brasil perante a Corte Interamericana de Direitos Humanos) 158

    4.7.1. Uma breve nota de esclarecimento 158

    4.7.2. Os aspectos constitucionais penais e processuais penais e o respeito ao direito de defesa das pessoas acusadas desde a fase inquisitorial 160

        4.7.2.1. O caso penal 160

        4.7.2.2. O inquérito policial e o direito de defesa do acusado 163

        4.7.2.3. O direito das vítimas ao devido processo 168

            4.7.2.3.1. A violação aos direitos das vítimas ao tratamento processual adequado (I): a desnecessária repetição da prova testemunhal colhida e a (des)construção da imagem da vítima nos autos dos processos criminais pela intervenção da mídia 169

4.7.2.3.2. A violação aos direitos das vítimas ao tratamento processual adequado (II): o procedimento de tomada de depoimento de vítimas e familiares no Brasil 179

4.7.2.3.3. A violação aos direitos das vítimas ao tratamento processual adequado (III): mais uma vez sobre a questão das nulidades 184

4.7.3. O rito processual do Tribunal do Júri e o direito das vítimas ao julgamento em tempo razoável 185

4.7.4. Recomendações ao Estado Brasileiro para evitar a repetição das violações verificadas no Caso Márcia 192

4.8. Decisão judicial: o direito à construção da narrativa de vida como elemento do direito de defesa 193

CONSIDERAÇÕES FINAIS (OU UMA PALAVRA SOBRE CIÊNCIAS CRIMINAIS E UMA EPISTEMOLOGIA JURÍDICA FEMINISTA INTERSECCIONAL DECOLONIAL) 209

REFERÊNCIAS 215

INTRODUÇÃO

Em 2014, quando meu livro *Criminologia Feminista: novos paradigmas* foi publicado, não era possível imaginar a enorme receptividade que a obra teria junto à academia brasileira. O desafio era enorme. Afinal, tratava-se da primeira obra brasileira a propor um referencial criminológico ancorado em uma perspectiva epistemológica e metodológica feminista. O sucesso de um trabalho tão específico, fruto de reflexões de um doutoramento encerrado em 2012, esgotar em apenas dois meses foi uma grata, mas também grande surpresa.

De fato, mais do que o sucesso editorial do texto, o que a necessidade de suas constantes novas tiragens e nova edição veio a demonstrar era algo que as inquietações, as inconformidades e os desassossegos que motivaram sua redação já prenunciavam: a constatação de que a maioria dos trabalhos, senão todos, encontrados no Brasil sobre a condição feminina, seja como autora de crimes, seja como vítima, encontrava-se até aquele momento referenciada em paradigmas criminológicos conformadores de categorias totalizantes, que se distanciam muito (ou totalmente) do que produziu a epistemologia feminista.

De modo assumidamente audacioso, como, por sinal, é característico das reflexões teóricas que se expressam na escrita feminista em todos os campos da ciência, dizia eu que a Criminologia se constituía como uma ciência de homens, para homens, circunstancialmente sobre as mulheres, mas que, pretensamente, se dizia para "todos". Ousei dialogar com Alessandro Baratta, referência para todos e todas nós, criminólogos e criminólogas críticas.

Dizia o querido mestre italiano que uma criminologia feminista poderia "desenvolver-se, de modo oportuno, somente na perspectiva epistemológica da criminologia crítica" (BARATTA, 1999, p. 39). Audaciosamente, por outro lado, disse eu que, dadas as limitações metodológicas e epistemológicas da criminologia crítica, seria esta – a

Criminologia Crítica – a que somente poderá sobreviver se amparada na perspectiva epistemológica de uma criminologia feminista.

Infelizmente, embora passados mais de cinco anos da escrita do *Criminologia Feminista*, os problemas vivenciados pelas brasileiras na vida real não se esgotaram a ponto de que as problemáticas acadêmicas ao redor dos direitos fundamentais das mulheres à proteção e à autodeterminação (MENDES, 2017a) pudessem deixar de ser objeto da pesquisa criminológica feminista. Sem embargo, sem abandonar a Criminologia Feminista, entendo ser o momento de um passo adiante em busca de adentrar os verdadeiros espaços onde o poder se concentra nas Ciências Criminais.

Minha crítica agudizou-se. Nesse processo de reflexão profundamente desconfortante, tornou-se possível compreender que as dinâmicas do poder de formação do discurso no campo das ciências criminais não estão na esfera da construção da análise crítica dos fenômenos, mas, sim, nos dogmas que orientam o quando, o como, o por quem e o para quem as decisões são tomadas. E esse é o lugar da dogmática, que, no Brasil, foi e é um espaço de privilégio masculino.

Nesta obra, a leitora e o leitor encontraram o sumo das reflexões teóricas que visam demonstrar a invisibilidade feminina na vida doutrinária processual penal brasileira e a possibilidade de pensar para além de um hermético sistema juspositivista (para usar a terminologia de seu formulador).

Este trabalho é fruto de mais um período de dedicação acadêmica à pesquisa, desta vez, em nível de estágio pós-doutoral junto ao Programa de Pós-graduação em Teorias Jurídicas Contemporâneas da Faculdade Nacional de Direito da Universidade Federal do Rio de Janeiro – PPGD/UFRJ que recebeu academicamente o título de "E se Goldschmidt fosse feminista? O processo penal brasileiro desde (um)a epistemologia feminista". E, como a leitora e o leitor poderão perceber, é novamente um trabalho marcado por inquietações, inconformidades e desassossegos.

Inquietações quanto ao processo de formação do discurso como instrumento de poder no campo das Ciências Criminais. Desassossegos pela ausência feminina na literatura científica no processo penal brasileiro. Inconformidades com paradigmas epistemológicos excludentes da possibilidade de formação de discursos por quaisquer sujeitos de fala que busquem trazer suas vivências e experiências como elementos a partir dos quais é possível (re)pensar os pontos de início e chegada de um processo verdadeiramente democrático.

Mais uma vez lembrando o que já tive oportunidade de escrever em *Criminologia Feminista: novos paradigmas*, nas Ciências Criminais, nós, mulheres, sempre fomos muito mais "faladas", do que efetivamente falamos. Uma constatação, por sinal, não por coincidência muito similar ao que Lélia Gonzales já apontava em relação aos discursos sobre as mulheres negras e a importância do lugar de sujeito do discurso.

Valendo-se das categorias de infante e de sujeito-suposto-saber do pensamento lacaniano, Gonzales foi magistral em apontar aquelas que não são sujeito do seu próprio discurso porquanto somente "faladas" pelos outros. A criança, ao ser falada pelos adultos na terceira pessoa, é, consequentemente, excluída, ignorada, colocada como ausente, apesar da sua presença. Ela – a criança – reproduz o discurso dos adultos sobre ela e fala de si em terceira pessoa. Como dizia Gonzales (2011, p. 13-14), "da mesma forma, nós mulheres e não brancas, fomos 'faladas', definidas e classificadas por um sistema ideológico de dominação que nos infantiliza".

Em outra posição, encontra-se o sujeito-suposto-saber, como aquele que de modo imaginária identifica-se com determinadas figuras (mãe, pai, psicanalista, professor etc.) às quais se atribui um saber que necessariamente elas não possuem. Para Gonzales (2011, p. 14), a categoria de sujeito-suposto-saber possibilita compreender os mecanismos psíquicos inconscientes que se conformam na superioridade que o colonizado atribui ao colonizador. Explicando, com isso, que o eurocentrismo e seu efeito neocolonialista são formas alienadas de uma teoria e de uma prática que se percebem como liberadora, mas que não o são.

Em minha perspectiva, com a reflexão de Gonzales, é possível traçar o paralelo entre o papel da doutrina dominante (e da que a ela se opõe, porém já como um discurso competente, tal como o define Marilena Chaui), e as possibilidades teóricas que podemos – e devemos – construir em todas as áreas do conhecimento, inclusive dentro do que se produz sobre o processo penal enquanto teoria e práxis.

Fomos, sempre fomos, e continuamos a ser mais "faladas" do que efetivamente falamos neste campo do direito. Mas, quiçá ainda mais grave, seja o fato de que, quando falamos, continuemos a repetir aquilo que nos foi ensinado pelo sujeito do suposto-saber com base em teorias estrangeiras que só na superfície a nós, mulheres, aparentam ser libertadoras. Quero demonstrar isso ao tratar da epistemologia do processo penal.

Foi pensando sobre interdições no público e no privado, em desigualdades produzidas por poderes jurídicos e extrajurídicos e, fundamentalmente, em direitos fundamentais das mulheres, enquanto balizadores de garantias processuais penais, que este trabalho estruturou-se valendo-se do quarto como uma metáfora que expressa a libertação do pensamento jurídico feminista.

Segundo Michelle Perrot em *História do Quartos,* por meio da história social da habitação, é possível compreender muito das relações sociais e políticas de uma época, vista tanto na história dos operários desesperados à procura de "um quarto na cidade", quanto na história carcerária concentrada na cela, ou, enfim, na história das mulheres em busca de um "quarto para si".

Da escrita histórica feminista de Perrot, assim como da crítica feita por Virgínia Woolf em *Um Teto Todo Seu* (WOOLF, 1985), sobre a falta de recursos e de investimento nas mulheres na literatura no começo do século XX, entendo que o processo penal brasileiro surge e sustenta-se até hoje como um campo eminentemente masculino no qual, em quartos bem definidos ideologicamente, tanto o pensamento alinhado ao poder estabelecido quanto o pensamento crítico se acomodam.

Tais quartos são, em verdade, *loci* de homens a afirmarem-se e autorreferenciarem-se. Lugares muitas vezes – ou na maioria das vezes – reconhecidos como os do sujeito-suposto-saber em um processo de construção de conhecimento infantilizador.

A pesquisa que realizei para chegar até este ponto foi bem mais vasta em termos da busca de dados em campo que buscasse responder a questões como "por que os homens são tão bem-sucedidos e reconhecidos no campo processual penal e as mulheres não?".

Sem a mínima pretensão de encontrar uma resposta única para uma interrogação tão genérica quanto esta, investigar quem são os sujeitos de produção dos discursos do processo penal fundamentalmente na doutrina brasileira e quem são os agentes de reprodução destes mesmos discursos do processo penal na academia possibilitou comprovar que, no quadro geral, todos, produtores e reprodutores, são majoritariamente homens.

Os dados obtidos em campo (com gráficos e quadros formulados) já foram objeto de publicação mais técnica e menos alongada. Interessando-me inaugurar nesta obra o debate sobre a epistemológica feminista em sua fricção como a epistemologia verificacionista e seu diálogo com a epistemologia das significações. Este me parece ser o cerne do processo penal feminista (PPF).

A arquitetura do sistema de garantias (SG) representa, como mais adiante reafirmarei, um significativo e inafastável barômetro democrático. Contudo, nenhuma estrutura teórica ergue-se sem que esteja alicerçada em um sólido referencial epistemológico que, por vezes, como também adiante pretendo demonstrar, ao fechar-se em um esquema normativo com pretensão de objetividade, culmina com a interdição da emergência de narrativas de sujeitos e seus lugares de fala, posto que não pensados pela norma.

Sob essa última perspectiva, meu objetivo é apresentar três vertentes epistemológicas: a epistemologia verificacionista, proposta por Luigi Ferrajoli, com a qual debaterei – ou, no mais das vezes, embaterei –; a epistemologia das significações ou epistemologia jurídica da complexidade significativa, de Luís Alberto Warat, com a qual pretendo dialogar; e a epistemologia feminista do ponto de vista dos aportes de Sandra Harding (*standpoint*) e Patrícia Hill Collins (*intersectional standpoint epistemology*), nas quais me referencio.

Não tenho como objetivo a análise crítica de toda a legislação processual brasileira sob a perspectiva epistemológica feminista. Não porque não me pareça possível, mas por entender que seja esta proposta um projeto a ser realizado a longo prazo, e, quiçá, a partir das reflexões aqui lançadas, fruto de uma obra coletiva de processualistas feministas.

Por outro lado, entendo que o arcabouço epistemológico que proponho, ainda que fundante, correria o risco de ser rotulado como uma abstração teórica caso não, ainda que minimamente, demonstre o potencial que a experiência das mulheres no processo penal representa. Daí por que também me dedico nesta obra a refletir sobre a experiência feminina no/com o processo penal de modo a evidenciar a necessidade de produzirmos leituras e interpretações doutrinárias também capazes de justificar significativas mudanças na práxis judiciária.

Por fim, aos desavisados e/ou desavisadas vale o alerta: do tudo o aqui escrito não se trata de distanciar-se completamente do garantismo. De melhor sorte, trata-se, sim, de submetê-lo ao crivo das vozes silenciadas de quem tem a liberdade e dignidade humana em jogo, ocupando o espaço reservado à vítima, à ré ou à condenada. Assim, não se há de tomar esta obra como um manifesto antigarantista, mas de um diálogo sobre o sentido do sistema de garantias – SG desde uma perspectiva epistemológica feminista.

CAPÍTULO I

A PRODUÇÃO E A REPRODUÇÃO DO DISCURSO DO PROCESSO PENAL BRASILEIRO: UM DEBATE SOBRE PODER E INVISIBILIDADE

> *"Eu hoje represento a loucura*
> *Mais o que você quiser*
> *Tudo que você vê sair da boca*
> *De uma grande mulher*
> *Porém louca!"*
> ("Luz del fuego", Rita Lee).

O poder tem o específico efeito de produzir desigualdades consistentes tanto nas relações de assimetria de poder/dever, quanto no não reconhecimento das identidades. E a igualdade – ou melhor, seria dizer a desigualdade – para as mulheres é uma questão que cruza a história, de um modo bem especial no campo jurídico, no qual o lugar reservado a nós sempre foi preferencialmente o "canto" destinado ao banco das rés.

No século XIX, o exercício da advocacia por mulheres[1], por exemplo, foi motivo de grande agitação no restrito círculo europeu.

---

[1] Vale lembrar sempre que a exclusão das mulheres das profissões jurídicas é precedida por sua exclusão do campo educacional. Na França, por exemplo, em 28 de junho de 1836, uma lei facultativa pede às comunas a abertura de escolas para as mulheres. Mas os presidentes das câmaras preferem manter-se na tradição e admitir somente escolas paroquiais que não implicavam maiores recursos de parte do Estado. Somente em 10 de abril de 1867, foi determinado que todos os conselhos com mais de 500 habitantes fossem obrigados a abrir escolas femininas. Na Inglaterra não foi diferente. Em 1792, Mary Wollstonecraft escreveu *A Vindication of de Rights of Woman*,

Justificando-se a exclusão da mulher deste espaço público com argumentos retóricos que iam desde a *"pudicitia"* (modéstia ou virtude sexual), a capacidade de sedução das mulheres, que colocariam os juízes "em risco", até ao descontrole feminino que nenhum magistrado seria capaz de conter. Assim, por exemplo, como registra Arnaud--Duc (1990, p. 112), na França o exercício da advocacia somente foi admitido por lei às mulheres em 1900.

Nos Estados Unidos, tem-se o registro da primeira advogada em Iowa em 1869, embora o direito de sustentar causas perante um tribunal federal somente tenha sido admitido em 1879.

No Brasil[2], somente em 19 de abril de 1879, por ordem de D. Pedro II, foi aprovada uma lei autorizando a presença feminina nos cursos superiores. Uma decisão imperial que se deveu à Augusta Generosa Estrela que, tendo concluído sua graduação em medicina, em New York, em 1876, com uma bolsa de estudos concedida pelo próprio Imperador, foi impedida de exercer a profissão ao retornar ao Brasil (BLAY e CONCEIÇÃO, 1991, p. 51).

No campo jurídico, coube à Myrthes Gomes de Campos a tarefa de desbravar o terreno da Faculdade Livre de Ciências Jurídicas e Sociais do Rio de Janeiro também no final do século XIX. Myrthes

---

no qual abordou muitas questões sobre o papel da mulher na sociedade e da importância da educação para sua efetivação. Entretanto, é somente em 1847 que começaram a ser ministradas aulas (*lectures to ladies*) no *King's College* de Londres, para certificar que suas alunas detinham, frise-se, a capacidade de exercer a função de governanta ou preceptora.

[2] No Brasil, somente em 1832 surge a primeira lei sobre educação das mulheres, permitindo que frequentassem as escolas elementares; as instituições de ensino mais adiantado eram proibidas a elas. E somente em 1879, as mulheres têm autorização do governo para estudar em instituições de ensino superior; mas as que seguiam este caminho eram criticadas pela sociedade. Nísia Floresta dizia, já no primeiro parágrafo do *Opúsculo Humanitário*, que, *enquanto no velho e novo mundo vai ressoando o brado – emancipação da mulher – nossa débil voz se levanta, na capital do império de Santa Cruz, clamando: educai as mulheres!* Segundo os dados levantados por Floresta, por volta de 1852, dos 55.500 estudantes brasileiros, somente 8.433 eram meninas. E os programas das escolas voltados a estas últimas eram dedicados aos deveres domésticos.

Cap. I · A PRODUÇÃO E A REPRODUÇÃO DO DISCURSO DO PROCESSO PENAL BRASILEIRO | 3

concluiu o bacharelado em Direito em 1898. Contudo, somente em 1906, conseguiu ingressar no quadro de sócios efetivos do então Instituto dos Advogados do Brasil, condição necessária para o exercício profissional da advocacia.

Em São Paulo, Maria Augusta Saraiva, a primeira mulher bacharel em direito daquele Estado, ingressou na Faculdade de Direito do Largo São Francisco, em 1897. Maria Augusta concluiu o curso, em 1902, e chegou a exercer a advocacia; contudo, os obstáculos impostos por sua condição de mulher fizeram com que abandonasse a carreira. A pesquisa realizada por Blay e Conceição (1991, p. 51) nos arquivos das antigas escolas superiores do Estado paulista, que vieram a constituir mais tarde a Universidade de São Paulo – USP, dão conta de que após a diplomação de Maria Augusta, somente nove anos depois, em 1911, é registrada a presença de outra mulher no curso de direito.

De fato, no Brasil, as mulheres começam a aumentar em número nas carreiras tidas como mais "tradicionais" somente a partir dos anos 40 do século XX. Entre estes cursos tidos como mais "tradicionais" (medicina, engenharia e direito), o de direito é o que apresenta maior presença feminina, mas, ainda assim, infinitamente inferior à presença masculina (BLAY e CONCEIÇÃO, 1991, p. 52).

Na verdade, se tomarmos a diplomação de Myrthes Gomes de Campos como um marco temporal para o ingresso das mulheres nas carreiras jurídicas brasileiras, perceberemos que foram necessários 55 anos para que uma juíza fosse empossada no Brasil. Um feito realizado pela magistrada de Santa Catarina, Thereza Grisólia Tang, em 1954. E, se tomarmos essa primeira posse na magistratura verificaremos que foram precisos outros 46 anos até que uma mulher, Ellen Gracie, fosse admitida no Supremo Tribunal Federal – STF, no ano 2000.

Considerando girar esse trabalho em torno da discussão mais específica atinente ao processo penal brasileiro e dos percalços enfrentados pelas mulheres neste campo, vale registrar o pioneirismo das publicações de Regina Maria Correia cuja obra *Da prática penal: síntese da doutrina, jurisprudência, formulários* data de 1951; de Yara Muller Leite, cujas publicações *Como requerer em juízo: formulário criminal* e *Dos processos criminais: modelos processuais* datam de

1952 e 1957, respectivamente. E, além delas, de Maria Stella Villela Souto (mais tarde Maria Stella Villela Souto Lopes Rodrigues), e seu *ABC do Processo Penal* de 1959, obra composta de dois volumes, produzida ainda durante seu doutorado em Direito e publicada pela editora Forense, somente após o estrondoso sucesso que fez o *ABC do Direito Penal* (trabalho produzido ainda durante sua graduação em direito) a partir de uma edição custeada com recursos próprios.

Nascida em 1932 e formada aos vinte e dois anos em direito pela antiga Faculdade de Direito do Brasil, hoje Faculdade de Direito da Universidade Federal do Rio de Janeiro – UFRJ, Maria Stella exerceu a advocacia por cinco anos, após os quais prestou concurso público para a carreira da magistratura, sendo a primeira mulher a ser nomeada desembargadora do Tribunal de Justiça do Rio de Janeiro, em 1983, na sétima vez em que figurava na lista de promoção.

Em entrevista concedida em 2000 ao historiador Jorge Luís Rocha e parcialmente reproduzida na *Revista Eletrônica Interação* (2008), ao ser perguntada sobre seu concurso para a magistratura e se era verdade que um dos desembargadores que compunham a banca examinadora teria lhe dito que "faria o impossível para reprová-la", Maria Stella, já como desembargadora aposentada, respondeu:

> É verdade. O fato se passou da seguinte maneira: eu estava aqui no Tribunal de Justiça... Então, era aqui... o da Guanabara. Quando eu ia entrando no plenário, o desembargador Narcélio de Queiroz – que era o examinador de Penal – saiu da banca e foi me receber naquela cancela de entrada e disse: "Olha, Maria Stella, eu vou fazer o impossível para lhe reprovar. Não tenho nada contra a sua pessoa, mas acho que não é cargo para mulher."

Sobre sua promoção para o Tribunal de Justiça do Rio de Janeiro, contou a processualista:

> Olha... Eu costumo dizer, para que se tenha uma ideia da preocupação que tinham os desembargadores com as mulheres chegando ao Tribunal de Justiça, que a minha promoção foi bíblica, porque eu lutei sete vezes para entrar na lista. Eu requeria e não conseguia. Da última vez que requeri, eu fui preterida por um colega de que até gosto muito, mas... Isso foi um fato muito marcante.

Eu fui preterida por um colega que nem era da carreira. Ele era do Quinto. E eu estava empatada com ele. O Tribunal se reuniu em sessão sigilosa e (...), quando foram reabertas as portas, qual não foi a minha surpresa: ele teve a preferência do Tribunal de Justiça. Nós dois éramos do Alçada, mas... Ele tinha entrado pelo Quinto. Ele passou à minha frente, e eu tive que esperar, então, a sétima vez. Na sétima vez, eu entrei na lista, fiquei em primeiro lugar, e confesso que não esperava a promoção porque os meus outros dois colegas, além de serem representantes da magistratura masculina, tinham conhecimentos políticos que eu não tinha. E, qual não foi a minha surpresa, o governador do Estado, então... Era o Dr. Leonel Brizola... Ele escolheu a mim. Fui promovida a desembargadora por merecimento e fui a primeira mulher desembargadora do novo Tribunal de Justiça do estado do Rio de Janeiro. A repercussão foi grande. Não sei nem se devo fazer constar isso, mas é um fato histórico. O presidente ficou – segundo eu soube – tão aborrecido com a minha promoção, que não me deu posse.

Ele se recusou a me dar posse e foi almoçar com o prefeito. Delegou poderes ao vice para que presidisse a sessão. Acontece que o vice era o meu padrinho. Então, eu tive que, na última hora, escolher um outro padrinho para tomar posse. Por aí, o senhor vê que era muito difícil a aceitação de uma mulher no Tribunal de Justiça.

Enfim, como já tive oportunidade de escrever em *Criminologia Feminista: novos paradigmas* (2017a), nas Ciências Criminais, nós, mulheres, sempre fomos muito mais "faladas" no mundo do direito do que efetivamente falamos. Algo similar ao que Lélia Gonzales (2017a) já referira em relação aos discursos sobre as mulheres negras (2017a) e a importância do lugar de sujeito do discurso. Para ela, as categorias de infante e de sujeito-suposto-saber do pensamento lacaniano auxiliam a reflexão sobre aquele que não é sujeito do seu próprio discurso à medida que é falado pelos outros.

O conceito de infante se constitui a partir de uma análise da formação psíquica da criança que, ao ser falado pelos adultos na terceira pessoa, é, consequentemente, excluída, ignorada, colocada como ausente, apesar da sua presença. A criança reproduz o discurso dos adultos sobre ela e fala de si em terceira pessoa, até o momento em que aprende a trocar os pronomes pessoais. Como dizia Gonzales (2011, p. 13-14):

> Da mesma forma, nós mulheres e não brancas, fomos "faladas", definidas e classificadas por um sistema ideológico de dominação que nos infantiliza. Ao impormos um lugar inferior no interior da sua hierarquia (apoiadas nas nossas condições biológicas de sexo e raça), suprime nossa humanidade justamente porque nos nega o direito de ser sujeitos não só do nosso próprio discurso, senão da nossa própria história. E desnecessário dizer que com todas essas características, nós estamos referindo ao sistema patriarcal-racista.

Por outro lado, a categoria de sujeito-suposto-saber, refere-se às identificações imaginárias com determinadas figuras, para as quais se atribui um saber que elas não possuem (mãe, pai, psicanalista, professor etc.). Para Gonzales (2011, p. 14), a categoria de sujeito-suposto-saber possibilita compreender os mecanismos psíquicos inconscientes que se explicam na superioridade que o colonizado atribui ao colonizador. Nesse sentido, o eurocentrismo e seu efeito neocolonialista supramencionados também são formas alienadas de uma teoria e de uma prática que se percebem como liberadora, mas que não o são.

Entendo que, com a reflexão de Gonzales, é possível traçar o paralelo entre o papel da doutrina dominante (e da que a ela se opõe, porém já como um discurso competente[3]), e as possibilidades teóricas que podemos – e devemos – construir em todas as áreas do conhecimento, inclusive dentro do que se produz sobre o processo penal enquanto teoria e práxis. Fomos, sempre fomos, e continuamos a ser

---

[3] Discurso competente é aquele que pode ser proferido, ouvido e aceito como verdadeiro ou autorizado. É o discurso instituído que se confunde com a linguagem institucionalmente permitida ou autorizada, ou seja, como um discurso no qual os interlocutores já foram previamente reconhecidos como tendo o direito de falar e ouvir, no qual os lugares e as circunstâncias já foram predeterminados para que seja permitido falar e ouvir e, enfim, no qual o conteúdo e a forma já foram autorizados segundo os cânones de sua própria competência (CHAUI, 2007, p. 19).

Cap. I · A PRODUÇÃO E A REPRODUÇÃO DO DISCURSO DO PROCESSO PENAL BRASILEIRO | 7

mais "faladas" do que efetivamente falamos neste campo do direito. E, quando falamos, continuamos a repetir aquilo que nos foi ensinado pelo sujeito do suposto-saber com base em teorias estrangeiras que só na superfície a nós, mulheres, aparentam ser libertadoras, como demonstrarei no capítulo seguinte ao tratar da epistemologia do processo penal.

1.1. A PRODUÇÃO E A REPRODUÇÃO DOS DISCURSOS DO PROCESSO PENAL NA DOUTRINA E NA ACADEMIA

Foi pensando sobre interdições no público e no privado, em desigualdades produzidas por poderes jurídicos e extrajurídicos e, fundamentalmente, em direitos fundamentais das mulheres, enquanto balizadores de garantias processuais penais, que este trabalho estruturou-se valendo-se do quarto como uma metáfora que expressa a libertação do pensamento jurídico feminista.

Tal como afirma Michelle Perrot em *História do Quartos,* por meio da história social da habitação, é possível compreender muito das relações sociais e políticas de uma época, vista tanto na história dos operários desesperados à procura de "um quarto na cidade", na história carcerária concentrada na cela, ou, enfim, na história das mulheres em busca de um "quarto para si".

De outro lado, assim como na crítica feita por Virgínia Woolf em *Um Teto Todo Seu* (WOOLF, 1985), sobre a falta de recursos e de investimento nas mulheres na literatura no começo do século XX, o processo penal brasileiro aparece hoje, quase cem anos após a primeira publicação dessa obra magistral (que ocorreu em 1929), como um campo eminentemente masculino estabelecido em quartos bem definidos ideologicamente, tanto em relação ao pensamento alinhado ao poder estabelecido, quanto ao pensamento crítico. Tais quartos são, em verdade, *loci* de homens a afirmarem-se e autorreferenciarem-se, sendo muitas vezes – ou na maioria das vezes – reconhecidos como sujeito-suposto-saber em um processo de construção de conhecimento infantilizador.

Um exemplo ilustrativo talvez ajude a compreender essa dimensão.

Vejamos:

Em 2015, foi publicada por uma das maiores editoras jurídicas do país a obra denominada *Doutrinas Essenciais Direito Penal e Processo Penal*, reunindo artigos escritos por renomados juristas brasileiros e estrangeiros, em uma coleção de oito volumes, com mais de seis mil páginas, composta por 386 textos. Nela, é possível contabilizar que dentre os quase 400 autores somente 57 eram mulheres, sendo que em onze artigos elas figuravam como coautoras em parceria com autores e, em outros seis, como tradutoras de trabalhos estrangeiros (MENDES, 2016).

A tomar esta obra como exemplo, o que nós, mulheres penalistas e processualistas penais, pensamos e falamos sobre direito material e processo gira em torno de 13% do que se considera ser doutrina essencial em nosso país. Contudo, no intuito de apurar um pouco mais a pesquisa, selecionei dois temas específicos: um relacionado às demandas das mulheres por proteção na esfera penal (violência doméstica) e outro de caráter mais geral, mas que demanda um recorte de gênero (Lei de Drogas).

O resultado foi ainda mais espantoso, pois naquele tema para o qual (e pelo qual) muitas pesquisadoras debruçam anos de seus estudos – violência de gênero –, nos artigos publicados, figuravam quatro autores para também quatro autoras. E, no tema mais geral – drogas –, dos seis trabalhos somente dois eram subscritos por juristas mulheres (sendo um deles em coautoria com um penalista homem).

No que tocou à violência de gênero, mais aterrador que o fato de que justamente um tema como esse seja equanimemente "partilhado" com autores homens, foi a constatação de que o tratamento a ele dispensado era insípido, como se em nada dissesse com o gênero e pudesse ser analisado sob a perspectiva puramente constitucional, penal ou processual penal (MENDES, 2016).

Quanto à política de drogas, tema sobre o qual muitas pesquisadoras feministas têm acúmulo, surpreendeu o fato de que em momento algum houvesse referência à especificidade de gênero em um país como o nosso, no qual a população carcerária composta por mulheres cresce 10,7% ao mês, sendo 62% do encarceramento feminino em decorrência do envolvimento com o tráfico de drogas,

Cap. I • A PRODUÇÃO E A REPRODUÇÃO DO DISCURSO DO PROCESSO PENAL BRASILEIRO | 9

segundo os dados consolidados no Levantamento Nacional de Informações Penitenciárias – Infopen Mulheres (2018)[4].

O que se pode perceber com esse singelo exemplo é que nossas vozes continuam a ser silenciadas nas obras e, como veremos adiante, na academia e nos eventos jurídicos. Ou seja, o espaço que nos é reservado é o de uma minúscula escrivaninha posta em algum canto dos quartos dos homens.

Metaforicamente, o processo penal brasileiro organiza-se em quartos nos quais são homens os personagens que protagonizam o que se pensa e compreende neste campo do saber. Homens que ou habitam o quarto do rei, ou conquistaram um quarto individual. Porém, em ambos as habitações, poucas são as mulheres admitidas a entrar. Se permitido é o acesso, este se dá somente com o cumprimento da condição de que se observe o requisito essencial de não tirar a venda que lhes encobre os olhos e desvelar o sujeito- suposto-saber. Isto é, de, preferencialmente, não trazerem consigo a experiência feminina com o processo como fundamento epistemológico do que se compreende por conhecimento processual efetivamente libertário para todos e todas.

Em um cenário imaginário, penso o processo penal como uma estrutura composta de dois quartos: o quarto do rei e o quarto individual.

O quarto do rei é o lugar "de espetáculo, palco, centro e instrumento do poder. Nele o rei se levanta e se deita, mas pouco dorme (...)". Um lugar onde "(...) tudo é para o público" (PERROT, 2011, p. 35). É um quarto espetacularizado, midiatizado, como tão bem já foi apresentado por Casara (2015a).

Lugar onde pensa e repousa o rei, seu quarto é o "centro de um sistema de poder, panóptico em seu desejo" (PERROT, 2011). De lá, o rei quer tudo ver e tudo saber, e para esse fim,

---

[4] Importa ressaltar que, embora tenha aqui sido utilizado o "Levantamento Infopen Mulheres", divulgado em 2018, à época da publicação da obra a que me refiro estavam disponíveis os dados do "Infopen Mulheres 2014", que, desafortunadamente, não difeririam muito quanto à alarmante realidade do sistema prisional feminino brasileiro.

> (...) serve-se de todos os meios: abertura de cartas, interceptadas e copiadas pelos seus serviços para serem citadas se preciso for: não segredo de correspondência; o servilismo dos cortesãos "que lhe falavam às vezes secretamente nos gabinetes dos fundos": esses famosos "fundos" que formam os bastidores da realeza; o recurso aos suíços, empregados para espionagem pública e galante; e, mais que tudo, a conivência dos camareiros, intermediários de *placets*, de pedidos de audiência, sempre à escuta de boatos, rumores e fofocas, aos quais o rei presta uma atenção complacente" (PERROT, 2011, p. 35).

Não há de se esperar que o quarto do rei seja aberto, plural, flexível às demandas das mulheres e suas experiências, por exemplo, com os processos de vitimização em crimes sexuais e violência doméstica, ou de criminalização em razão do tráfico de drogas. A análise da estrutura do quarto do rei foi e é objeto de vários trabalhos (CARVALHO, 2008; CASARA, 2015b; ROSA, 2015; LOPES JR., 2017; entre outros), com os quais há acordo em sua percepção crítica do que seja um processo penal autoritário.

Sem embargo, por outro lado, há outro quarto. Uma habitação onde não se encontra o centro do poder, mas pela qual circulam os escritores, os pensadores. Um quarto que representa a realização de um espaço de onde aflora a crítica. O lugar, por excelência, do pensamento, propício à escrita pessoal, à escrita de si, por si (PERROT, 2011, p. 90). Esse é o quarto individual, e é de lá que surge o pensamento crítico com o qual as juristas feministas querem dialogar.

Como diz Perrot, lembrando Foucault[5], o "quarto cristaliza as relações entre o espaço e o tempo".

> O quarto é uma caixa, real ou imaginária. (...) O quarto protege: você, seus pensamentos, suas cartas, seus móveis, seus objetos. Muralha, ele afasta o intruso. Refúgio, ele acolhe. Depósito, ele acumula. (PERROT, 2011, p. 16).

---

[5] Para Foucault, dever-se-ia escrever uma história dos espaços, que seria também uma história dos poderes, desde as grandes estratégias da geopolítica até as pequenas táticas do hábitat.

Cap. I · A PRODUÇÃO E A REPRODUÇÃO DO DISCURSO DO PROCESSO PENAL BRASILEIRO | 11

De modo semelhante à história dos quartos registrada por Perrot, no lugar masculino onde cresce a também masculina inteligência processualista penal brasileira, o quarto individual é tão visitado quanto o quarto do rei. Algumas poucas mulheres têm sua escrivaninha neste quarto, contudo, como já disse, sem que questionem as premissas a partir das quais deveria emergir um pensamento crítico e libertário que, por suposto, não pode ser excludente do feminino.

Menos do que uma escrivaninha no quarto individual, o que queremos é decidir conjuntamente sobre a mobília que o guarnece, as tintas das paredes e, principalmente, sobre a porta e as janelas, que queremos sem trincos ou grades e, sempre, abertas em direção à rua.

Resultado de palestras proferidas por Woolf no *Newnham College* e *Girton College* (faculdades onde somente mulheres estudavam) em 1928, o livro *Um Teto Todo Seu* circunda a realidade e a ficção. Nele, a autora trata sobre as mulheres autoras, as mulheres personagens e as mulheres na história, traçando um panorama de como a visão social do sexo importa, influencia e mesmo determina as possibilidades de atuação de cada um. Woolf não poderia ser mais atual para o universo jurídico, em especial no quarto de onde proclama ser a liberdade a regra.

Não se presta este trabalho ao fim de descortinar completamente o cenário que se abre a partir da realidade do quarto que faltava às escritoras do início do século XX, aqui transformado em metáfora, bem como o potencial que a obra de Woolf apresenta para a compreensão do universo feminino[6]. Contudo, tomando suas reflexões enquanto

---

[6] De fato, em *Profissões para mulheres e outros artigos feministas*, estão reunidos sete ensaios da autora, nos quais ela questiona a visão tradicional da mulher como "anjo do lar" e expõe as dificuldades da inserção feminina no mundo profissional e intelectual da época. Em *Mrs. Dalloway*, Clarissa, a protagonista, ao aceitar o casamento abre mão não apenas de sonhos, mas também de sua identidade. Deixa de ser "Clarissa" para ser "Mrs. Dalloway"; deixa de fazer as coisas para si e passa a fazer o que for preciso para agradar aos outros. Por outro lado, a relação tensa da protagonista com Miss Kilman, uma professora de História, dotada de senso crítico e engajada em causas sociais, assim como no universo burguês criticado por Woolf, representa nos dias atuais a presença perturbadora de mulheres

mulher na literatura como parâmetro para a análise dos dias atuais, o que percebemos é que, nos últimos anos, a participação feminina tem crescido em número em todos os segmentos da esfera jurídica.

Somos juízas, promotoras, procuradoras, professoras, delegadas, defensoras públicas, advogadas, desembargadoras e ministras. Todavia, muitas ainda são as dificuldades que enfrentamos para que continuemos a crescer não só em quantidade. Nossa participação no espaço público jurídico ainda é meramente formal.

Como diz Nancy Fraser, a pesquisa feminista tem documentado uma síndrome demonstrativa de que, em locais de discussão mistos, há uma tendência de que os homens interrompam as mulheres mais do que estas os interrompem; de que falem mais, por mais tempo e com maior frequência que as mulheres; e de que as intervenções das mulheres sejam, com mais frequência, ignoradas ou não respondidas. E daí por que pessoas que integram grupos sociais subordinados, tais como as mulheres, o povo negro e a população LGBTQIA+ terem encontrado vantagens em constituir públicos alternativos, que a autora designa como contrapúblicos subalternos, contrapostos ao espaço público único.

Em contraposição ao quarto do rei, mas também ao quarto individual, a "aspiração das mulheres de dispor de um quarto brota de todos os lados" (PERROT, 2011, p. 159), pois o que a participação desigual dos diversos atores e atrizes na esfera pública mostra é que, toda vez que um grupo de desiguais discute alguma questão e algo transparece como de interesse geral, via de regra, este é o dos dominantes (PINTO, 2004, p. 51).

---

que pensam o processo desde as experiências femininas – não é por acaso a simpatia de Miss Kilman pelas causas sociais e da politização feminina, um dos motivos lhe rendeu a demissão do emprego, por expressar suas opiniões sobre a guerra. Por intermédio dessa personagem, reforça-se que a politização da mulher não deve necessariamente coadunar com as ideias políticas androcêntricas (CARVALHO, 2012). O que são a doutrina, os periódicos, os eventos jurídicos se não realidades artificiais, assim como a sociedade londrina em que conviviam Mrs. Dalloway e Miss Kilman? O que é a realidade da docência no Brasil se não a história de Miss Kilman?

Cap.I · A PRODUÇÃO E A REPRODUÇÃO DO DISCURSO DO PROCESSO PENAL BRASILEIRO | 13

Sair em busca de um quarto para as mulheres no processo penal brasileiro em companhia de Virgínia Woolf é visualizar, no mundo jurídico de hoje, a realidade por ela constatada no início do século passado, em relação às mulheres escritoras que sonhavam com "um pouco de dinheiro e um quarto só para si" para poderem escrever. E é, ainda mais, mergulhar em um universo onde, tal como no literário, a autoria feminina é marcada pelo dito e o não dito de discursos dos mais diversos segmentos sociais (CARVALHO, 2012).

Woolf (1985, p. 41-43), entre a ficção e a realidade, inquire suas interlocutoras com perguntas que muito pouco precisam ser adaptadas para contemplar a realidade do mundo jurídico ainda hoje. Perguntava ela às estudantes inglesas:

> Por que um sexo é tão próspero e o outro tão pobre? Que efeito tem a pobreza sobre a ficção?
>
> Quais as condições necessárias para a criação de obras de arte?
>
> Vocês têm noção de quantos livros sobre mulheres são escritos no decorrer de um ano?
>
> Vocês têm noção de quantos são escritos por homens?
>
> Têm ciência de que vocês são talvez o animal mais debatido no universo?

De certo modo, sinteticamente, parafraseando as questões postas por Woolf em *Um Teto Todo Seu*, podemos nos perguntar por que os homens são tão bem-sucedidos e reconhecidos no campo processual penal e as mulheres não? Obviamente, qualquer tentativa de buscar uma resposta única para uma interrogação tão genérica quanto esta estaria fora de qualquer parâmetro de cientificidade.

Contudo, é possível traçarmos algumas linhas gerais a respeito do reconhecimento – ou não reconhecimento – das mulheres nesta seara a partir de duas questões mais específicas: um, os sujeitos da reprodução dos discursos do processo penal na academia; e, dois, sobre os agentes de produção dos discursos do processo penal.

A começar pelo bloco um, é de nos perguntarmos se quem reproduz os discursos do processo penal na academia brasileira são homens ou mulheres; e se obras e/ou outros textos de autoria feminina são citados como referências de estudos e leituras. E, no bloco dois, sobre quem produz os discursos do processo penal, poderemos nos perguntar: que efeito a falta de reconhecimento e de apoio institucional tem sobre a produção científica feminina sobre processo penal; quais são as condições necessárias para a inserção feminina em eventos, doutrina, periódicos; e quantos são os livros e/ou artigos escritos por mulheres no Brasil.

Pesquisa por mim realizada em 2017 reportou que 76% de um grupo de 270 pessoas questionadas nunca, durante toda a graduação em Direito, recebeu a indicação de leitura de algum texto ou livro na área do processo penal que tenha sido escrito por uma jurista do gênero feminino. Podemos, por isso, falar de um discurso "sem gênero" no processo penal brasileiro? Logicamente que não[7].

Como nos ensina Foucault, os discursos na sociedade são controlados, selecionados e organizados, sendo que uma das formas de manter esse controle é mediante as instituições que instauram e/ou reproduzem discursos específicos. Não à toa, Foucault cita a Pedagogia, os livros, as bibliotecas, as sociedades dos sábios de antigamente e os laboratórios atuais como suportes que buscam dominar e conduzir os discursos, visando instaurar uma verdade.

O sistema educacional sustenta e/ou modifica a apropriação dos discursos. Como já nos ensinou Foucault há muitas décadas, o ensino, ao mesmo tempo que é um instrumento de acesso aos discursos também limita o sujeito na medida em que prescreve o que é e o que não é permitido acessar. Trata-se de um dispositivo político para o controle e a apropriação dos discursos.

---

[7] Das 650 pessoas atingidas pela pesquisa, 270 optaram por participar, o que representa 41% do público que acessou o instrumento. Por gênero, 82% do grupo participante identificaram-se como mulheres, e 18%, como homens. Não tenho a pretensão de apresentar, nesta obra, as respostas para todas essas questões. Entretanto, utilizando-me de alguns instrumentos relativamente singelos nos dias de hoje, em que nos encontramos todas e todos nas teias das redes sociais, posso apresentar alguns resultados de pesquisas que realizei ao longo dos últimos tempos e que podem ser um tanto perturbadores.

Cap.I • A PRODUÇÃO E A REPRODUÇÃO DO DISCURSO DO PROCESSO PENAL BRASILEIRO | 15

Existem rituais, ou seja, normas presentes no âmbito pesquisado, conforme supracitado, que definem a posição que o pensamento das mulheres deve ocupar no processo penal. O sistema de ensino jurídico é, mais uma vez lembrando Foucault, uma ritualização da palavra, uma qualificação e uma fixação de papéis para quem "fala" e de quem é "falado". O campo jurídico, por sua vez, é um terreno fértil para a constituição de grupos doutrinários detentores de expertise em como distribuir e apropriar-se do discurso.

Pode soar estranho neste momento que um discurso essencialmente sobre formas e procedimentos, como é o do processo penal, possa ser engendrado e que isso tenha consequências diretas sobre as práticas judiciárias. Todavia, tal como me dedicarei a mostrar no próximo capítulo, a construção deste discurso a partir de um sistema coordenado de normas positivadas cujo nascedouro é a legalidade estrita sem que se questione "quem" o produziu acaba por refletir diretamente na práxis em relação "a quem" se destina, especialmente quando esse "quem" é uma mulher.

Como contou Maria Stella Villela Souto ao historiador Jorge Luís Rocha (2008) a edição do *ABC do Processo Penal* passou por, digamos, um processo de "provação" de seu livro anterior, publicado com recursos próprios, até que recebesse atenção de alguma grande editora. Disse ela na entrevista:

> (...) esse livro *ABC do Direito Penal* foi que abriu a série dos *ABCs*. Ele foi feito por mim no quarto ano do curso de Direito. Eu, após as aulas de Penal, como um grupinho de colegas não entendia bem as aulas me pedia para trocar em miúdos e... eu fazia isso. Um deles me sugeriu que colocasse essas pequenas aulas – vamos dizer assim, se nós podemos chamar, assim, de aulas – num livro para que beneficiasse aos demais colegas, porque eu tinha a linguagem deles. Então, me veio a ideia de fazer dessas pequenas aulas um abc. E chamei *ABC* por isso. Porque era um mínimo que um aluno deveria saber para depois poder consultar os livros de doutrina, os tratados etc. Então, fiz o primeiro *ABC*. Naquela época, eu estava no quarto ano de Direito. Era muito nova. Além de tudo, muito franzina. Os editores não me deram nenhuma atenção. E o meu pai resolveu financiar a minha primeira edição do *ABC*, através da Editora Noite. Ele tinha conhecimentos lá. Financeiramente,

ele bancou o livro e, para minha surpresa, a primeira edição com mil exemplares esgotou-se no mês do lançamento e, depois, as editoras começaram a me procurar pedindo preferência. Eu publiquei o *Direito Penal* nessa ocasião. O *Processo Penal*, quando eu estava fazendo o curso de Doutorado. Ambos me serviram de título no concurso para juiz. Depois veio o *Processo Civil*. Agora, recentemente, depois de aposentada, publiquei o de *Cautelares e Procedimentos Especiais*. Mas sempre na linha do *ABC*. Estou, agora que aprendi informática, depois de aposentada... Fui fazer um aprendizado, porque não conhecia o computador, e agora já fui apresentada, e já estou me valendo dele... Estou ampliando e melhorando o *ABC do Direito Penal*, mas sem fugir da linha do *ABC*, porque eu acho muito importante. É o primeiro degrau... vamos dizer... o abc, mesmo, do estudante do Direito. Com isso pretendo contribuir para o ensino do Direito.

A história dos livros publicados por Maria Stella nos anos cinquenta do século passado não difere muito das "provações" pelas quais ainda hoje passam as mulheres para produzir conhecimento e ver esse conhecimento difundido mediante a publicação em livros e artigos e/ou em debates públicos nos eventos jurídicos[8].

Interessante agregar aqui a pesquisa realizada pelas professoras Marília de Nardin Budó e Eduarda Toscani Gindri, intitulada "Privilégios de gênero e acesso ao discurso acadêmico no campo das ciências criminais", na qual foi realizada a análise de conteúdo da programação e anais de 19 eventos cuja composição é construída a partir da seleção de trabalhos pelo sistema *double blind review*, realizados entre os anos de 2012 e 2016.

As pesquisadoras também analisaram o conteúdo da programação de eventos cuja participação é dada por convites para a realização de palestras, participação em painéis, mesas ou realização de conferên-

---

[8] De 3 de maio a 4 de agosto de 2017, mediante um questionário estruturado foi possível conhecer a experiência feminina no campo das ciências criminais no Brasil. Participaram da pesquisa 54 professoras. Como foi possível registrar, 84% de 50 das entrevistas responderam negativamente à seguinte pergunta: "No que se refere à publicação de livros, você considera que homens e mulheres têm igual tratamento de parte das editoras?".

Cap.I • A PRODUÇÃO E A REPRODUÇÃO DO DISCURSO DO PROCESSO PENAL BRASILEIRO | 17

cias. A análise é dada pela verificação da composição de gênero desses eventos, bem como as temáticas cruzadas com a divisão por gênero.

Os resultados encontrados por Budó e Gindre apontam para um equilíbrio na representação das mulheres autoras de trabalhos acadêmicos selecionados por meio do sistema *double blind review*. Por outro lado, confirmam o que as entrevistadas relataram na medida em que, nos espaços de poder (coordenação dos GTs), bem como nos espaços cujo acesso é dado por critérios eminentemente políticos, de amizade, levando ou não em consideração o mérito, como nas conferências e painéis a públicos numerosos, as mulheres encontram-se claramente sub-representadas.

1.2. A OPRESSÃO INTERSECCIONAL E OS PROCESSOS DE VALIDAÇÃO DO CONHECIMENTO

Não vem de hoje a denúncia levada a efeito pela epistemologia feminista e pela epistemologia feminista negra de que mecanismos de exclusão de gênero e raça determinam o relevo que tomam os valores, as experiências, os objetivos e as interpretações dos grupos dominantes no processo de produção do conhecimento em diferentes áreas. Sendo, contudo, em pleno século XXI, ainda incrivelmente necessário sublinhar que esses valores, as experiências, os objetivos e as interpretações não representam a humanidade como um todo.

No intuito de melhor compreender o que significa a exclusão de formação discursiva na esfera pública jurídica do processo penal, tomei como tarefa realizar a compilação de obras de autoria individual escritas por mulheres nesta área. Para esta pesquisa, utilizei a base de dados da Biblioteca Ministro Oscar Saraiva, do Superior Tribunal de Justiça – STJ – e da Rede Virtual de Bibliotecas – RVBi.

O acervo da Biblioteca Ministro Oscar Saraiva, do STJ, compõe--se de cerca de 170 mil documentos em formato impresso (livros, artigos de periódicos e coleções especiais) e mais de 100 mil documentos jurídicos em formato digital na Biblioteca Digital Jurídica – BDJur. Já a base de dados da RVBi, coordenada pela Biblioteca do Senado Federal, integra outras 12 bibliotecas, possibilitando a consulta de um catálogo que ultrapassa mais de 1 milhão de documentos.

PROCESSO PENAL FEMINISTA – Soraia da Rosa Mendes

Metodologicamente, a pesquisa foi iniciada pela busca da palavra-chave "processo penal" no acervo, retornando com um conjunto de 15.919 títulos entre livros, artigos de periódicos e jornalísticos, publicações de leis e organizadas por gabinetes parlamentares, coleções especiais e materiais de audiovisual. De posse desse banco, foi realizada a filtragem de todos os trabalhos[9] nos quais constassem como autoras, coautoras, organizadoras e/ou colaboradoras, totalizando aproximadamente 695[10] nomes.

Em uma segunda filtragem, foram excluídos do rol das 695 as obras estrangeiras, as publicações de gabinete[11] de parlamentares, as que diziam respeito tão somente a coletâneas organizativas da legislação[12], os materiais de natureza audiovisual, os capítulos de livros e os artigos. Destes últimos, foram desconsiderados tanto artigos de natureza científica (publicados em veículos cientificamente qualificados), quanto os publicados em veículos de comunicação comum. Por fim, em relação aos trabalhos catalogados como "manuscritos", foram contabilizados aqueles que ultrapassaram 80 laudas de paginação.

Importa lembrar que não foi realizada a filtragem geral entre os mais de 15 mil títulos para verificar quantos dos escritos pelos homens repetem-se em listas e listas das bibliotecas. Contudo, a considerar o resultado geral, é nítido que o total da escrita feminina encontrada é ainda menor do que o encontrado na pesquisa referida no primeiro capítulo, a partir da obra *Doutrinas Essenciais em Direito Penal e Processo Penal*, que dava conta de um quantitativo de 13% de trabalhos publicados em processo penal com a participação feminina.

---

[9] Foram considerados livros, capítulos de livros e artigos, nestes últimos incluindo os de cunho jornalístico que retornaram como resposta à pesquisa na base de dados das bibliotecas. Pontualmente, também retornaram como resultado da busca trabalhos de natureza audiovisual.

[10] Consideramos este levantamento aproximativo, tendo em vista a existência, nesta primeira filtragem, de alguns nomes de gênero neutro. Na segunda filtragem, no intuito de maior precisão, todos os nomes neutros foram retirados.

[11] Foram excluídas referências, tais como: BRASIL, 2017; e BRASIL 2015.

[12] Refiro-me a publicações tais como: CÉSPEDES; ROCHA, 2017a e 2017b.

De fato, considerando a segunda filtragem, excluídas ainda as obras que se repetiam por várias edições[13], encontramos um total de 127 obras de autoria de 109 juristas brasileiras. Ou seja, estimativamente, na melhor de todas as hipóteses, somos em torno de 1% do conhecimento autoral individual no campo do processo penal brasileiro. A pesquisa não teve a pretensão de ser exaustiva, pois ainda que consideremos o número de trabalhos encontrados, é possível que muitos estejam fora dos bancos de dados das bibliotecas acessadas.

Quero salientar também não ter sido objeto de minha preocupação inicial a separação de autoras e suas obras desde uma perspectiva político-criminal. Contudo, quero deixar claro que, se não o fiz, não foi em nome de uma suposta sororidade, pois não creio que esta concepção de "solidariedade entre mulheres" seja, por si só, capaz de nos alcançar a todas sem as distinções de raça e classe que estruturam o sistema de opressão existente em nosso país.

Segundo De los Ríos (2009, p. 126), sororidade é uma dimensão ética, política e prática do feminismo contemporâneo. É uma experiência das mulheres que leva à busca de relacionamentos positivos e à aliança existencial e política, corpo a corpo, subjetividade a subjetividade com outras mulheres, para contribuir com ações específicas para a eliminação social de todas as formas de opressão e apoio mútuo para alcançar o poder genérico de todos e o empoderamento vital de cada mulher.

Contudo, desde algum tempo, soa-me muito mais inclusivo em nossa diversidade o conceito de "dororidade" construído a partir da "dor" compartilhada das mulheres negras, como o cunhou Vilma Piedade. A dororidade "contém as sombras, o vazio, a ausência, a fala silenciada, a dor causada pelo Racismo. E essa Dor é preta" (PIEDADE, 2017, p. 16).

Tomando a dororidade como norte, penso que, no campo das Ciências Criminais, ainda há muito que ser dito sobre a relação, no mais das vezes, de incompreensão entre as perspectivas episte-

---

[13] Esses, para exemplificar, são os casos das obras de Ada Pellegrini Grinover e Maria Elizabeth Queijo.

mológicas e metodológicas feministas e o até hoje assentado como discurso competente nas Ciências Criminais. Longo ainda parece ser o caminho a ser trilhado para que efetivamente possamos pensar em uma verdadeira presença, não somente "feminina", mas epistemologicamente feminista no que é escrito, publicado e lido em nosso país neste campo.

De fato, ainda é atual a necessidade de denúncia (desde muito, levada a efeito pela epistemologia feminista e pela epistemologia feminista negra) no que se refere aos mecanismos de exclusão de gênero, raça e classe determinantes para o relevo dado aos valores, às experiências, aos objetivos e às interpretações dos grupos dominantes. Ao refletir sobre isso, impossível tornou-se não perceber como a lógica colonial de dominação de corpos, almas e episteme foram (e ainda são) ópera no campo das Ciências Criminais, espaço donde também se assenta meu lugar de fala como mulher negra.

Há muito nos ensinou bell hooks[14] (1990; 1992; 2004) que o sexismo, embora seja um sistema de dominação institucionalizado, nunca determinou de maneira absoluta o destino de todas as mulheres nesta sociedade. Ser oprimido significa ausência de escolhas. E esse é o primeiro ponto de contato entre o oprimido e o opressor.

Muitas mulheres em nossa sociedade, como diz hooks, têm a possibilidade de escolher, por mais imperfeitas que sejam as escolhas. Muitas não se juntam a organizações que lutam contra o sexismo, precisamente porque o sexismo não significou uma falta absoluta de escolhas para si. Elas até podem saber que sofrem discriminação com base em seu sexo, mas não qualificam sua experiência de opressão (HOOKS, 2004, p. 37).

Sob o capitalismo, o patriarcado é estruturado de tal forma que o sexismo restringe o comportamento das mulheres em alguns campos, enquanto, em outras esferas, é permitida a libertação dessas limitações. A ausência de restrições extremas leva muitas mulheres a ignorar

---

[14] De acordo com a autora (Glória Watkins), "bell hooks" é de ser escrito propositadamente em letras minúsculas, pois se trata de pseudônimo adotado por ela em homenagem à sua bisavó materna, que assim se chamava.

as áreas em que são exploradas ou que sofrem discriminação, o que lhes leva a crer que não sejam oprimidas (HOOKS, 2004, p. 37-38).

Em síntese, embora seja possível que estejamos todas em uma mesma listagem de "autoras de processo penal", não estamos todas no mesmo barco. Algo que me proponho a demonstrar nas considerações finais desta obra, nas quais apresento as linhas gerais do que entendo ser uma perspectiva epistemológica jurídica feminista interseccional decolonial.

De qualquer sorte, o que urge demonstrar aqui e agora é que, como registra Patricia Collins, nos Estados Unidos, as instituições sociais que legitimam o conhecimento, bem como as epistemologias ocidentocêntricas que o fundamentam, constituem duas partes inter- -relacionadas dos processos dominantes de validação do conhecimento.

Segundo ela, nos processos de "credenciamento" do conhecimento, em geral, estudiosos, editores e outros especialistas representam interesses específicos de natureza política e epistemológica. E, como esses *experts* são, em regra, homens brancos de elite, os processos de validação do conhecimento mediante publicações refletem os interesses desse grupo (COLLINS, 2000, p. 253). Esse processo é absolutamente verdadeiro também no Brasil, como a pesquisa pode refletir.

Existem dois critérios políticos que influenciam os processos de validação do conhecimento (COLLINS, 2000). Primeiro, as alegações de conhecimento são avaliadas por um grupo de especialistas cujos membros trazem consigo uma série de experiências sedimentadas que reflete em seu agir diferentes formas de opressões interseccionais (gênero, raça e classe). Como ela constata, nenhum estudioso consegue evitar totalmente a interferência de sua cultura e, assim, um agir opressor.

Em segundo lugar, também o grupo de avaliadores precisa manter sua credibilidade, tal como definida pela população maior da qual faz parte, e por isso o conhecimento que valida retroalimenta a validação de seu próprio conhecimento. Este o caso do exemplo das *Doutrinas Essenciais* que citei aqui. Quem credencia o conhecimento ali posto, sem sequer perquirir sobre paridade de gênero, tem também seu conhecimento credenciado, de modo que todos saem reconhecidos na esfera pública jurídica brasileira como produtores e publicadores do que é "essencial" em direito penal e processo penal.

É importante que se diga também, ainda com Collins, que, embora concebidos para representar e proteger os interesses de homens brancos poderosos, nem as escolas, o governo, a mídia e outras instituições sociais que abrigam esses processos, nem as epistemologias reais que promovem são necessariamente geridas somente pelos próprios homens brancos.

De fato, mulheres brancas, assim como homens negros e mulheres negras podem ser alistados para exercerem atos que sustentam essas relações de poder e que estabelecem o que conta como verdade. Além disso, é importante lembrar que nem todos os homens brancos aceitam essas relações de poder opressoras. Alguns se revoltaram e subverteram instituições sociais e as ideias que promovem (COLLINS, 2000, p. 253).

Se no início do século XX, para Woolf, estava em aberto a pergunta "Quem pode medir a fúria e a violência do coração de um poeta quando preso e emaranhado em um corpo de mulher?" (WOOLF, 1985, p. 72), para as juristas do começo do século XXI metaforicamente ainda vale o mesmo questionamento: afinal, quem pode medir a fúria e a violência do coração de uma jurista quando preso e emaranhado em um corpo de mulher?

Enfim, em *Um Teto Todo Seu*, Woolf nos leva a um passeio por Londres, aos jardins de uma faculdade, aos jantares e às conversas, onde sua personagem descobre o quanto a mulher do século XIX e XX ainda estava presa dentro de si mesma, a ponto de não conseguir expor uma ideia própria e, o mais difícil, sem amarguras, rancores e raiva.

> e pensei em como é desagradável ficar presa do lado de fora; e pensei em como talvez seja pior ficar presa do lado de dentro (p. 39)

Também as juristas vivem presas dentro de si. E, por vezes, também é difícil que os donos dos quartos compreendam uma ideia própria sem que a ponham sob o rótulo da subjetividade, normalmente condenada como se científica não fosse.

O caminho percorrido até aqui tem sido espinhoso e é natural a revolta de quem percebe as correntes que lhe prende. Sim, temos cá nossas amarguras, nossos rancores e, por vezes, nossa raiva. Mas como não os ter à vista de tudo o que foi descrito até aqui?

CAPÍTULO II

ENTRE DEBATES, EMBATES E DIÁLOGOS: A EPISTEMOLOGIA VERIFICACIONISTA, A EPISTEMOLOGIA DAS SIGNIFICAÇÕES E A EPISTEMOLOGIA FEMINISTA INTERSECCIONAL

> *"Eu hoje represento a cigarra*
> *Que ainda vai cantar*
> *Nesse formigueiro quem tem ouvidos*
> *Vai poder escutar*
> *Meu grito!"*
> ("Luz del fuego", Rita Lee)

Para a epistemologia (ou teoria do conhecimento), duas são as grandes questões "O que é conhecimento?" e "O que podemos conhecer?", das quais aflora uma terceira que é "Como conhecemos o que conhecemos?" (GRECO, 2012, p. 15). Tradicionalmente o conhecimento objetivo é uma meta tanto da filosofia ocidental quanto de qualquer ciência de base empírica, seja social, seja natural. Daí por que, como diz Chanter (2011, p. 88), não ser acidental que a matemática tenha oferecido um modelo a Descartes.

Muito se fala do garantismo a partir da arquitetura do sistema de garantias (SG), o qual representa, como mais adiante reafirmarei, um significativo e inafastável barômetro democrático. Contudo, nenhuma estrutura teórica ergue-se sem que se encontre alicerçada em um sólido referencial epistemológico que, por vezes, como também adiante pretendo demonstrar, ao fechar-se em um esquema normativo com pretensão de objetividade, tem o condão de interditar a emergência de lugares de fala de sujeitos sequer pensados pela norma.

Desde essa última perspectiva, meu objetivo neste capítulo é apresentar três vertentes epistemológicas: a epistemologia verificacionista, proposta por Luigi Ferrajoli, com a qual debaterei – ou, no mais das vezes, embaterei; a epistemologia das significações ou epistemologia jurídica da complexidade significativa, de Luís Alberto Warat, com a qual pretendo dialogar; e a epistemologia feminista do ponto de vista de Sandra Harding (*standpoint*) e de Patricia Hill Collins (*intersectional standpoint epistemology*), nas quais me referencio.

Conforme o leitor e a leitora devem ter percebido, desde a introdução e o primeiro capítulo deste trabalho, no papel de autora não me coloco aqui como um ser onipresente, mas como um sujeito presente e inter-relacionado com o objeto pesquisado. Falo, portanto, em primeira pessoa. Da mesma maneira, também devem ter percebido que o esforço narrativo aqui é sempre em busca da linguagem inclusiva, na medida do possível substituindo termos gendrados por expressões sem gendrificação.

Sem embargo, nos dois primeiros pontos de minha abordagem neste capítulo, considerando-os muito mais descritivos do pensamento de seus autores – Ferrajoli e Warat –, não usarei a linguagem inclusiva, posto que não usada por eles. Penso, pois, que, em determinados aspectos, e para os fins aos quais me proponho sinalizar que a base da qual emerge o sistema de garantias é eminentemente masculina, preservar a narrativa dos autores, em especial de Luigi Ferrajoli, tem um caráter simbólico relevante.

Assim, voltarei a corporificar-me no texto e a utilizar um léxico inclusivo no terceiro ponto, no qual registro a teoria feminista do conhecimento, que, por suposto, é minha zona de conforto epistêmico.

2.1. A EPISTEMOLOGIA VERIFICACIONISTA

Como largamente é difundido um dos principais problemas de uma teoria do direito é oferecer ferramentas conceituais necessárias para diferenciar enunciados jurídicos verdadeiros de enunciados jurídicos falsos (MORESO e NAVARRO, 2008, p. 7). Assim, Luigi Ferrajoli se propõe pensar o problema dos procedimentos de formação e critérios idôneos de controle que sustentam a validade dos conceitos jurídicos e de seu uso nos discursos dos juízes e dos juristas,

Cap. II • ENTRE DEBATES, EMBATES E DIÁLOGOS: A EPISTEMOLOGIA | 25

considerando como fundamentais as três hipóteses concernentes, respectivamente, à validade, ao caráter metacientífico e às finalidades pragmáticas da metaciência do direito.

Para ele, a validade é tomada em um sentido ambivalente: tanto no sentido lógico de coerência (ou consistência) dos discursos sobre o direito, quanto no sentido propriamente jurídico de correspondência (ou fidelidade) de tais discursos aos discursos do direito.

O segundo significado aplica-se somente de forma indireta aos enunciados da teoria geral (como norma jurídica, direito subjetivo, antinomia etc.), assim como sua utilização em discursos teóricos que são elaborados mediante assunções e definições convencionais, não vinculadas diretamente com os usos linguísticos do legislador, mas unicamente ao requisito de sua coerência interna e a da adequação explicativa do seu conjunto.

De tal modo, esse segundo significado refere-se aos conceitos e aos enunciados da dogmática jurídica (furto, homicídio, prescrição etc.) assim como sua utilização em proposições de qualificação jurídica que são, por outro lado, construídas mediante interpretações e definições lexicográficas, baseadas na análise da linguagem normativa, e que são utilizadas operativamente na aplicação da lei e tipicamente nas decisões judiciais. Nesse sentido, entende Ferrajoli (2008, p. 80) que é inválida a definição de um conceito lógico e jurídico tanto por incoerência com as proposições de um dado artigo de lei, quanto por falta de coerência com a formulação textual das normas indicadas.

No que toca à segunda hipótese supraenunciada, qual seja a do caráter metametacientífico, ao entregar à metaciência jurídica a função de indicar condições de validade jurídica e de lógica dos conceitos e dos enunciados utilizados na ciência e na prática jurídica, Ferrajoli adota implicitamente a tese de que aquela tem uma função prescritiva e não somente descritiva. Entende, portanto, que a epistemologia jurídica é essencialmente prescritiva.

De fato, como compreende o autor, mesmo quando descreve o que fazem os juristas, suas descrições (salvo em que figurem nos discursos da sociologia ou de história da ciência) estão sempre referidas a métodos e procedimentos cuja crítica ou aceitação não são deriváveis daquelas, por impedimento da lei de Hume, mas são fruto de opções e prescrições. Como diz ele: "a metaciência jurídica, precisamente porque está interessada na individualização das condições de validade (também) jurídica dos conceitos e dos enunciados da dogmática, é prescritiva em um sentido mais forte" (FERRAJOLI, 2008, p. 81).

Para ele, há uma vinculação entre as condições de validade e as condições de cientificidade dos enunciados sobre o direito. Se, diz ele, por ciência entendemos banalmente um conjunto orgânico de enunciados aceitos como verdadeiros em torno de um universo determinado, é possível falar propriamente de ciência do "direito" somente em referência aos modernos direitos "positivos", consistentes em universos de normas das quais é possível garantir sua vigência ou existência sobre a base de regras de reconhecimento que estabelecem com relativa certeza suas condições de validade.

Enfim, no que tange às finalidades pragmáticas da metaciência, entende o jurista que, se a função da metaciência do direito é, especialmente, indicar as condições de validade jurídica dos usos operativos dos conceitos elaborados pela ciência do direito, essa função será melhor satisfeita quanto mais claramente se encontrem estabelecidas normativamente essas condições no ordenamento objeto de investigação.

É por isso que a metaciência jurídica comporta uma opção teórico-política a favor de modelos de ordenamento que incluam normas sobre a produção de normas que permitam juízos de validade jurídica o mais certo e controlável possível. E, dado que o direito positivo é um produto humano, uma metaciência como esta, do mesmo modo que a ciência orientada por ela, está destinada a retroatuar sobre o próprio ordenamento, favorecendo técnicas legislativas e judiciais – como as típicas do Estado de Direito – aptas para garantir a máxima decidibilidade e controlabilidade dos juízos de validade e invalidade predicáveis das qualificações normativas. Para Ferrajoli (2008, p. 83):

> A epistemologia jurídica, em suma, não é somente prescritiva, senão que é mais fecunda teórica e praticamente quanto mais restritivas são as condições de (decidibilidade e controle dela) validade dos conceitos enunciados por ela prescritos.

Cap. II • ENTRE DEBATES, EMBATES E DIÁLOGOS: A EPISTEMOLOGIA | 27

Em prol de um modelo epistemológico "antiliberal", Ferrajoli defende um modelo juspositivista (não neopositivista) da ciência jurídica moderna que, em grandes linhas, deve ser entendido como uma concepção do trabalho do jurista segundo a qual o que esse diz do direito deve corresponder – sob pena de falsidade ou de falta de fundamentação ou de invalidade – ao que dizem as normas ditadas pelo legislador.

Em tal sentido, o postulado epistemológico do positivismo jurídico se identifica com o princípio da legalidade, ou seja, com a regra que prescreve, nos ordenamentos jurídicos que incluem esse princípio com norma positiva, considerar "válidas" todas as expressões "juridicamente verdadeiras" e só elas, dado que estão sustentadas em análises dos discursos normativos do legislador.

Para Ferrajoli, é este postulado que: "i. permite a aceitação dos enunciados da dogmática se, e somente se, forem antecedidos por proposições controláveis e qualificáveis como verdadeiras, de locuções meta- normativas do tipo 'o artigo x diz que...', 'segundo a norma' ou 'segundo os sentidos' ou 'segundo a lei l ou seus artigos z y w está permitido, proibido ou é obrigatório que...'; e, ii. permite a aceitação dos conceitos da dogmática se, e somente se, sua elaboração não é o fruto de definições convencionais livremente estipuladas pelo jurista (ou pelo juiz), senão que são definições lexicográficas vinculadas às convenções legislativas e, por isso, qualificáveis e controláveis como verdadeiras sobre a base de análise da linguagem jurídica" (FERRAJOLI, 2008, p. 84-85).

Para Ferrajoli, a análise do princípio da legalidade constitui o capítulo central da reflexão epistemológica sobre os discursos (dos juristas e dos juízes) sobre o direito. Para justificar as decisões que concluem um juízo penal, não basta – mesmo que o ordenamento inclua e cumpra o princípio da estrita legalidade penal – que essas decisões produzam resultados ou que "cumpram" genericamente as funções de garantir segurança e prevenção que são próprias do direito penal.

Não bastam o consenso da comunidade, nem mesmo que seja oriundo de amplíssima maioria, tampouco o consenso unânime. Nada pode justificar que se sacrifique a liberdade de alguém cuja responsabilidade penal não tenha sido "verificada" a favor do interesse ou da vontade dos intervenientes no consenso.

Este é um postulado político do direito penal liberal, segundo o qual a única justificação aceitável das decisões é a verdade de seus pressupostos jurídicos e fáticos entendida a verdade precisamente no sentido de correspondência o mais aproximada possível das motivações das normas aplicadas e aos fatos julgados.

A coerência e a aceitabilidade justificada são, em resumo, os critérios subjetivos sobre cuja base o juiz valora e decide acerca da verdade ou da atendibilidade das provas fáticas aportadas e das qualificações jurídicas propostas. Todavia, no âmbito jurisdicional, o único significado das palavras "verdadeiro" e "atendível" é a correspondência aos fatos e às normas por parte das teses que são defendidas.

Só se referem à verdade, neste sentido, os critérios de coerência e de aceitabilidade justificada, os quais podem, de fato, impedir a preferência sobre o caso concreto de interesses ou vontades mais ou menos gerais e vincular as decisões judiciais à estrita legalidade, isto é, aos fatos empíricos taxativamente denotados pela lei, que a acusação tem a carga de provar e a defesa o direito de refutar.

Não há carga de prova nem possibilidade de defesa ante a acusação de ser um inimigo ou um sujeito perigoso ou outras imputações similares, privadas de denotação: só as asserções, e não as valorações, ainda que estejam argumentadas ou justificadas, podem ser objeto do contraditório ou *thema decidendum* em um processo. Como diz Ferrajoli (2008, p. 96):

> Certamente, este modelo cognitivo de justificação das decisões é muito mais rígido e exigente que outros esquemas puramente decisionistas – moralistas, eficientistas ou consensualistas – que também tem sido teorizados e postos em prática na teoria do direito penal; e resulta também claro que sua defesa reflete uma opção política a favor de um modelo de direito penal idôneo para limitar o arbítrio punitivo e para proteger no máximo grau a liberdade dos cidadãos. Sem embargo, esse modelo define a natureza da jurisdição no moderno estado de direito. E o que este exige no nível epistemológico e político é, precisamente, o que o princípio da estrita legalidade, incluído nos ordenamentos penais

Cap. II · ENTRE DEBATES, EMBATES E DIÁLOGOS: A EPISTEMOLOGIA | 29

liberais, garante no nível normativo: que a validade das decisões penais está condicionada à verdade empírica de suas motivações.

Em resumo, para Ferrajoli, o princípio da legalidade é uma norma positiva dos modernos ordenamentos jurídicos que – conforme tenha sido elaborada (só) em sentido lato ou (também) em sentido estrito – vincula ou não à verdade, em sentido mais ou menos aproximativo de "correspondência" aos enunciados jurídicos em função do grau de taxatividade alcançado por esses, os juízos sobre a validade dos enunciados sobre o direito, formulados pelos operadores jurídicos (em particular, nas motivações jurídicas das sentenças penais).

Contudo, como dito, também entende o autor que esse princípio retroatua no plano metacientífico, conferindo ao postulado epistemológico do juspositivismo que se funda nele um caráter prescritivo mais ou menos forte em relação à ciência do direito. Assim, para ele, o primeiro postulado do juspositivismo, que é a formulação metacientífica do princípio da legalidade em sentido lato, estabelece a condição necessária (ainda que não suficiente) do caráter empírico e descritivo da ciência jurídica.

Como ele explica, a ciência do direito se distingue do seu objeto (o direito positivo) quando (e na medida em que) existe uma norma (ou um conjunto de normas) que permite reconhecer todas as normas positivamente vigentes, e somente elas, ou bem objetivamente pertencentes ao ordenamento indagado. Essa norma é, precisamente, o princípio da (mera) legalidade. Portanto, em nível jurídico, diz respeito à produção de normas que prescreve a sujeição a normas superiores como condição da vigência das produzidas; em nível teórico, é um princípio ou critério de reconhecimento daquelas vigentes, desde que produzidas pelos modos e pelas autoridades legalmente prescritas; e em nível metacientífico, é uma regra dirigida ao jurista, que identifica como objeto ou universo do discurso exaustivo e exclusivo a todas as normas das que possa defender a vigência, sobre a base do princípio jurídico da legalidade (FERRAJOLI, 2008, p. 98).

Ferrajoli (2008, p. 98) entende por "ciência jurídica os discursos sobre o direito aceitáveis como verdadeiros por estarem dotados de semântica ou referência empírica ou, ainda, de um objeto ou universo determinado", que para ele refere-se aos ordenamentos que incluem o princípio da mera legalidade. Daí por que, para o autor, ser esse princípio constitutivo da positividade – ou objetividade do direito como princípio positivo – e do caráter empírico ou descritivo do conhecimento científico.

O segundo postulado do juspositivismo segundo Ferrajoli, que é a reformulação metacientífica do princípio da legalidade em sentido estrito, estabelece a condição suficiente (a parte de necessária) do caráter empírico e descritivo da ciência jurídica. Os conceitos das ciências do direito estão dotados de denotação, no sentido de que seus usos em asserções jurídicas têm valor de verdade, se, e somente se, a eles se puder associar essa denotação sobre a base de análise da linguagem jurídica, formulada de acordo com o princípio jurídico da estrita legalidade.

Saindo do campo da epistemologia da decisão judicial para o nível da epistemologia da ciência jurídica, é possível dizer que a interpretação doutrinária do jurista consiste na redefinição léxica das condições de uso dos conceitos definidos pelas normas da linguagem jurídica com o fim de guiar seu uso na linguagem científica e na interpretação operativa ou jurisprudencial.

Está claro que os critérios de validade e de controle das teses do jurista dependem da semântica da linguagem do legislador; quanto mais indeterminada e/ou valorativa for a regra de uso legislativa de um conceito jurídico, tanto mais discricionais e desvinculadas das leis serão não só seu uso judicial como também sua redefinição e seus usos doutrinários.

De modo correlato ao princípio da legalidade (tomado por Ferrajoli como uma regra semântica de formação da linguagem jurídica que permite a verificabilidade das teses judiciais que aplicam o segundo postulado do positivismo jurídico), pode ser considerado também como uma regra semântica de formação da linguagem científica que permite a verificabilidade das teses doutrinárias formuladas com essa linguagem.

Também neste caso, entende Ferrajoli que a verdade é a correspondência, ainda que aproximativa, em um duplo sentido. Em primeiro lugar, no sentido de que é verdadeira ou falsa (referida à lei) a redefinição lexicográfica de "furto" ou "obsceno" e, em segundo

Cap. II · ENTRE DEBATES, EMBATES E DIÁLOGOS: A EPISTEMOLOGIA | 31

lugar, no sentido de que – dada essa redefinição – é verdadeiro ou falso (referido aos fatos) que tal coisa é um furto ou uma obscenidade. Portanto, se a lei satisfaz o princípio jurídico da estrita legalidade, ou seja, oferece ela própria uma denotação relativamente unívoca do conceito jurídico (como é o caso, por exemplo, do furto) resultam aproximadamente verificáveis e falseáveis tanto sua definição doutrinária como os seus usos operativos.

Por outro lado, se a lei não oferece uma denotação adequadamente unívoca do conceito jurídico (como obsceno, por exemplo), duas situações podem ocorrer: ou a definição doutrinária é uma redefinição meramente lexicográfica que se limita a repetir assertivamente os termos valorativos usados pela lei (p. ex., é obsceno aquilo que atenta contra o sentido majoritário de pudor); ou a definição doutrinária é, em realidade, uma redefinição convencional que precisa normativamente a denotação do conceito legal (p. ex.: é obscena qualquer relação sexual praticada em público). Neste caso, a redefinição não é verdadeira nem falsa, ainda que sejam verificáveis ou falseáveis sobre a base dela os usos do conceito assim redefinido.

Para Ferrajoli (2008, p. 100), os dois postulados do juspositivismo são prescritivos em sentido forte ou jurídico se os dois correspondentes princípios de legalidade estiverem presentes e forem satisfeitos pelo ordenamento jurídico de referência. E, por outro lado, só neste caso é possível falar de ciência jurídica no sentido de um conjunto de asserções sobre o direito aceitáveis como verdadeiras.

A inclusão no ordenamento do princípio da mera legalidade é, de fato, a condição que permite afirmar as teses que enunciam a vigência das normas. O cumprimento adicional do princípio da estrita legalidade é a condição para afirmar as teses, doutrinárias e judiciais, que fazem uso dos conceitos utilizados pelas normas.

Isto vale, como alerta o autor, obviamente, somente de forma aproximativa e tendencial, dado que a taxatividade ou a estrita legalidade das leis não é nunca perfeita e resulta inevitável certo grau de integração normativa do objeto de investigação por parte dos juristas (e dos juízes): nenhum direito, desde este ponto de vista, é jamais integramente "positivo". Segundo ele, de fato, podemos e devemos falar, portanto, de graus de cientificidade, em função do grau em

32 | PROCESSO PENAL FEMINISTA – Soraia da Rosa Mendes

que se cumpra o princípio de estrita legalidade e possa satisfazer-se o correspondente postulado metacientífico.

É importante notar que a verdade jurídica para Ferrajoli está vinculada a um ordenamento em que o princípio da estrita legalidade está constitucionalizado. Assim, se o ordenamento não reconhece sequer o princípio da mera legalidade, como ocorre em ordenamentos de direito jurisprudencial, não se poderá falar de verdade "jurídica" (tampouco de validade) em sentido algum. Para ele, os princípios da legalidade, em especial, estrita o valor político da imunidade do cidadão ante a arbitrariedade punitiva na medida em que "asseguram o modelo epistemológico, ilustrado até o momento, de relativa certeza de quais são as leis aplicáveis, e de quais são seus conteúdos ou significados normativos.

Para ele, a epistemologia juspositivista desenvolve um papel crítico interno e externo a respeito do direito, objeto da ciência. O papel interno tem o objetivo de invalidar juridicamente as leis que não cumprem o modelo epistemológico, que é também um modelo constitucional; já o externo tem o objetivo de reformar a estrutura legal e, talvez, constitucional do ordenamento[1].

Com isso, diz Ferrajoli que, "nenhuma outra ciência, como a jurídica, pode pretender criticar e reformar seu objeto" (2008, p. 104) e que (2008, p. 105):

> Os juristas, portanto, constroem ou, ao menos, participam da construção de seu próprio objeto: não somente no sentido idealista, comum em todas as demais ciências, de que o objeto de estudo é pensado, interpretado ou reconstruído por eles mediante suas categorias teóricas, mas também no sentido, se assim se quiser,

---

[1] Como referido anteriormente, não se presta esta passagem da pesquisa senão à revisão descritiva do que afirma Luigi Ferrajoli para os fins aqui visados sobre a perspectiva epistemológica por ele apresentada. Contudo, especificamente ao que concerne ao constitucionalismo e à fricção entre o constitucionalismo positivista e o por ele denominado "jus-positivismo reforçado", vale referência aos debates travados pelo autor no Brasil e fora dele. Nesse sentido, cito FERRAJOLI, 2012; e TRINDADE; STRECK; FERRAJOLI, 2012.

realista de que o direito é criado por homens e estes o fazem e refazem, em grande medida, sobre a base das doutrinas e das teorias elaboradas pelos juristas.

E segue ele (2008, p. 105):

> Esta circunstância, observe-se bem, não incide por si mesma no caráter "científico" dos discursos dos juristas, referindo-se unicamente à sua forma sintática e à sua referência semântica: na medida em que é criado por homens e, além disso, precisamente por ser "positivo", o direito é em todo caso um conjunto de dados empíricos; e de qualquer fenômeno empírico pode ter-se conhecimento científico. Sem embargo, essa circunstância deixa claro o caráter civil e político da meta-ciência jurídica, cujos imperativos estão vinculados ao modelo de direito não somente dado, mas também perseguido pelo jurista, sobre as bases dos princípios de legitimação interna do próprio ordenamento indagado ou de princípios de justificação externos ao mesmo.

Para Ferrajoli, somente seria necessário adotar uma opção política se os princípios de legalidade não estivessem incorporados no ordenamento como normas positivas. De outra banda, ainda neste caso, segundo ele "seria também lícita uma epistemologia verificacionista que recomendasse aos juristas formular os conceitos jurídicos de forma que seu uso esteja dotado de valores de verdade" (FERRAJOLI, 2008, p. 107). E arremata entendendo que isso é o que os juristas têm feito quase sempre, ou, ao menos têm tentado fazer, inclusive em sistemas jurídicos não codificados. Essa análise é por ele próprio denominada dimensão pragmática da ciência jurídica, ou seja, nos momentos em que, na atividade do jurista, intervêm inevitavelmente escolhas e valorações. Uma dimensão cuja natureza varia em função dos distintos tipos de ordenamentos jurídicos. Em suas palavras:

> Não existe, com efeito, uma epistemologia da ciência jurídica válida para qualquer ordenamento, para qualquer tempo e qualquer lugar (...) Dado que o direito não é um fenômeno natural, mas um produto social, cuja natureza e estrutura varia em função do tempo e o lugar, a epistemologia da ciência do direito depende de

forma estreita da natureza do direito mesmo, é dizer, da linguagem em que este consiste, e tem variado de acordo com as mudanças de paradigma que o direito tem sofrido em sua história milenar. (FERRAJOLI, 2008, p. 112-113).

O direito positivo moderno nasce no momento que se afirma o princípio da legalidade como metanorma de reconhecimento, como garantia da segurança jurídica e da liberdade diante da arbitrariedade. É devido ao princípio da legalidade que se implementa na codificação todas as normas jurídicas e, por isso, todas as regras de linguagem jurídica existem e são válidas na medida em que sejam "ditadas" por autoridades estabelecidas sobre a base de outras normas de competência normativa.

Em consequência, os discursos da ciência jurídica deixam de ser imediatamente formativos para ser preferentemente "interpretativos" dos textos legislativos, isto é, explicativos de um objeto, que é autônomo e independente da ciência.

A dogmática é, assim, o conjunto destes discursos dirigidos a interpretar, explicar e coordenar os significados expressos na linguagem legal. Por causa do princípio da legalidade, estes textos assumem para o jurista o valor de "dogmas", no sentido de que é sobre a base deles que se funda a aceitabilidade dos conceitos e das teses elaboradas por ele.

Contudo, é claro que a interpretação da linguagem legal, que constitui o conhecimento desse objeto específico, não é nunca uma atividade puramente cognitiva em razão dos limites mais ou menos amplos de indeterminação semântica das formulações normativas. Essas formulações exigem inevitavelmente escolhas interpretativas baseadas em juízos de valor. Para Ferrajoli, com a afirmação do paradigma juspositivista, é aberto um espaço autônomo para a teoria do direito. De fato, nem todos os conceitos e as teses da ciência jurídica são fruto de "interpretações" dos textos legislativos. Existem também conceitos e teses teóricas elaborados pelos juristas independentemente da análise da linguagem legal. Desta forma,

> conceitos de norma, obrigação, direito subjetivo, validade, ordenamento e similares, cujos significados não são obtidos a partir

da interpretação da linguagem legal, mas que se trata de construções de caráter convencional, fruto de decisões discricionais, condicionadas por seu alcance empírico e por sua capacidade explicativa. E é nestas decisões donde reside também um primeiro e inevitável aspecto da dimensão normativa da teoria do direito. Inclusive uma teoria do direito axiomatizada, desenvolvida em uma linguagem artificial e rigorosamente formalizada, é uma teoria neutra na derivação de teoremas a partir das premissas estipuladas, mas fruto de escolhas baseadas também em juízos de valor, na estipulação das premissas, tanto se estas são postulados como definições. (FERRAJOLI, 2008, p. 115-116).

Em defesa da epistemologia verificacionista, Ferrajoli afirma que a ciência do direito, justamente porque o direito, diferentemente da natureza, é muito afetado pelo que ele denomina de "fugas céticas e irracionais" de quem o maneja, e qualquer proposta epistemológica antiverificacionista é, de fato, solidária com tendências substancialistas e decisionistas que, na prática, tendem sempre a levar a vantagem. O que, como ele diz (2008, p. 108): "francamente, não me parece adequado nos tempos atuais, que estas tendências tenham também apoio da epistemologia."

2.2. A EPISTEMOLOGIA DAS SIGNIFICAÇÕES (EPISTEMOLOGIA DO DESEJO E DO RECONHECIMENTO DO LUGAR PLURAL DA FALA)

Ao afirmar que o conhecimento conceitual do direito é incapaz de explicar os efeitos sociais e as reações políticas que pode provocar, que, em outra mirada, somente podem ser compreendidos por meio de um ponto de vista epistemológico, Warat nos apresenta uma nova perspectiva epistemológica: epistemologia das significações. Uma tentativa de constituição de um plano reflexivo que nega a identidade entre conceito e significação e que, com isso, tenderia a construir uma análise discursiva capaz de mostrar as dimensões referenciais ou conotativas dos diferentes tipos de enunciados que se realizam na práxis do Direito (WARAT, 2004b, p. 193).

Para Warat, é inadmissível conceber a epistemologia como o conjunto de critérios capazes de transformar a doxa em episteme.

Para ele, a epistemologia é como que uma "doxologia", ou seja, como uma teoria sobre as condições de produção e efeitos sociais dos diferentes discursos, integrados na doxa. Warat (2004b, p. 194) mostra com clareza que, com o saber crítico, o máximo que se pode obter é a substituição de certas opiniões institucionalizadas por outras, que, por sua vez, também pretendem institucionalizar-se e converter-se em discurso competente, tal como já anunciado por Marilena Chaui (2007, p. 19).

A única alternativa possível para que o saber crítico efetivamente supere sua própria redução a saber institucionalizado está em compreender o poder das significações que integram o conjunto dos discursos dos juristas, que institucionalmente são avalizados pelo sentido comum teórico e admitidos como conhecimento científico (WARAT, 2004, p. 194).

O sentido comum teórico dos juristas, definido como a montagem de noções, representações, imagens, saberes presentes nas diversas práticas jurídicas, funciona como um arsenal de ideologias práticas. Em síntese, essa montagem corresponde a normas que disciplinam ideologicamente o trabalho profissional dos juristas. Segundo o autor (WARAT, 1993, p. 101):

> no trabalho jurídico, os diversos profissionais (juízes, advogados, professores, doutrinadores) são fortemente influenciados pelo "senso comum teórico". Trata-se de um pano de fundo que condiciona todas as atividades cotidianas. Sem ele não pode existir prática jurídica, isto é, não se tem como produzir decisões ou significados socialmente legitimáveis.

Como explica o autor, o senso comum teórico jamais se situa externamente à materialidade ideológica. Existe, portanto, dois tipos de teorias: as teorias ideológicas (senso comum teórico) e as teorias científicas.

O tipo de teoria que senso comum teórico representa, mais profundamente, é "um sistema de conhecimentos que organiza os dados da realidade, pretendendo assegurar a reprodução dos valores e práticas predominantes" (WARAT, 1993, p. 102). Isto é, o senso comum teórico apresenta um conjunto de questões onde as respostas já estão predeterminadas. O senso comum teórico não tem a pretensão de construir um objeto de conhecimento sobre a realidade social, mas de normatizá-la e justificá-la por meio de um conhecimento padronizado.

As teorias científicas, por outro lado, produzem uma transformação deste saber ideológico na medida em que constroem um objeto de conhecimento que expõe os dados em suas determinações estruturais e conjunturais. Para Warat, a cisão epistemológica ocorre quando se opera a análise dos modos em que o saber ideológico "normatiza" e "normaliza" sua descrição do real (WARAT, 1993, p. 102).

Segundo Warat, o senso comum teórico baseia-se em valores, seus critérios para a compreensão dos dados são morais e "o uso dos dados como álibi consolidador de valores permite detectar uma função mítica para o senso comum. O mito (...) fará remissão ao real como mero suporte material de um processo de reforço dos valores aceitos" (WARAT, 1993, p. 102). A teoria científica, neste contexto, deve intervir no ideológico acumulado para desmascará-lo, pois "só desideologizando os dados ideologicamente compreendidos pode-se alcançar o significado histórico dos mesmos" (WARAT, 1993, p. 102).

No campo do direito, Warat diz que as teorias jurídicas existentes devem ser caracterizadas como senso comum teórico. Segundo ele, "o saber jurídico emana da necessidade de justificar a ordem jurídica, e não de explicá-la", manifestando-se por meio de uma filosofia especulativa que oculta o papel social do direito e de um trabalho técnico de sistematização das normas positivas com o que é indiretamente complementada a "mensagem ideológica das filosofias especulativas dos juristas" (WARAT, 1993, p. 103).

> Em consequência do trabalho ideológico aludido, o senso comum teórico se erige num código dominante dos significados jurídicos. O senso comum teórico cumpre, assim, diversos papéis: prescritivo (pode ser visto como parte do próprio direito positivo), político, decisório e, inclusive, retórico (WARAT, 1993, p. 103).

Outro aspecto destacado por Warat sobre a teoria ideológica no campo jurídico é o trabalho científico sobre o direito como objeto social, que deve começar por uma leitura sintomática dele. Uma leitura que, para o autor, já em 1979 (! – ponto de exclamação 1), deve se orientar em duas direções: da filosofia jurídica e da dogmática jurídica. Essas duas vias complementarmente podem nos ajudar, como ele professa, a compreender os aspectos hermenêuticos e retóricos do saber do direito.

Dizia Warat em 1994 (! – ponto de exclamação 2) que a "cultura jurídica da aparência" estava começando a formar parte dos movimentos contradogmáticos, que estavam entrando no terreno enganoso do hiper-real, vivendo o seu "período especial"[2] (2004a, p. 175). Citando Mario Benedetti, para quem deixa-se de ser livre quando se aposta em uma fidelidade sem dúvidas, que afirmava que o que se tinha a combater não era necessariamente o sentido da dogmática jurídica, mas o dogmatismo dos contradogmáticos (WARAT, 2004a, p. 175).

> Em um certo sentido estou buscando um caminho para apostar em um contradogmatismo para homens livres. Homens – diz Benedetti – sem paternalismos, nem soberbas, sem ínfulas nem desplantes, intelectuais que podem contribuir na investigação da realidade (WARAT, 2004a, p. 176).

A tensão presente nas formas de pensamento da dogmática jurídica reside no embate entre o criativo e o alienante (Warat, 2004a, p. 180). Segundo Warat (incluindo-se em sua própria crítica), a tanática da ilusão dogmático-jurídica foi configurando-se em uma tendência contradogmática que "nunca levou em consideração o lado erótico (criativo) da dogmática jurídica" (Warat, 2004a, p. 180).

---

[2] "Período especial" é uma metáfora alusiva ao período pelo qual passava Cuba na década de 90 do século passado. Dizia ele (2004a, p. 174): "Cuba transita pelo chamado 'período especial', onde a luta pelos alimentos transformou- -se numa penúria cotidiana. Os cubanos, que fazem da festa de casamento uma ilusão irrenunciável (fazem questão do bolo de casamento), têm sérias dificuldades para conseguir os ingredientes do insubstituível bolo. Por isso, muitos casais optam por fazer um bolo de papelão, especialmente fabricado para que possam ser fotografados. O que conta é a imagem, o artifício. A imagem separada do que tem que ser visceral. A foto e seus truques no lugar do olhar".

Para ele, a "condição dogmática deve ser entendida como um lugar modelo a imitar o "eu do direito" identificado no estabelecimento do laço social e seus conflitos (Warat, 2004a, p. 179)".

A historicidade da lei e os atos de interpretação não são revelação da verdade, eles constituem sempre um nó no qual se entrelaçam redes de significação que tornam inteligíveis a produção de sentidos normativos. Uma dessas redes está constituída pela condição dogmática. Sem ela não é possível estabelecer nenhuma relação jurídica com o vivenciado. A atribuição do sentido jurídico tem sempre a ilusão da condição dogmática como seu disparador. Aqui, a ilusão não é outra coisa que a expressão de um desejo. Desejo que, embora altere a realidade deformando-a, não a renega nem cria uma irrealidade (WARAT, 2004a, p. 180).

Como diz Warat, a releitura da função dogmática jurídica pelas lentes da epistemologia não proporcionou uma resposta satisfatória dentre várias questões por ter privilegiado um tipo de conhecimento que caiu na armadilha de reduzir o problema do saber à necessidade de um controle teórico que minimizou o caráter fundante "para o direito da construção da subjetividade e dos processos imaginários e inconscientes de identificação" (WARAT, 2004a, p. 181).

Ele vê como onipotente uma epistemologia jurídica que pretende ser estrita, que desdenha qualquer significação para os enunciados da dogmática jurídica, declarando-os no lugar de "aceitar que as palavras dogmáticas não significam tudo o que se quer que elas signifiquem (WARAT, 2004a, p. 181)".

No fundo, o que a epistemologia jurídica se negou a aceitar é o fato de que as práticas do direito repousam na repressão do caráter impossível da administração da justiça, da segurança e da equidade; que essa repressão é a garantia para a preservação e reprodução do caráter instituído do direito. Uma forma também de possibilitar uma automática conversão das formas instituintes em instituídas (Warat, 2004, p. 181).

Mais do que ambíguo ou impreciso, para Warat, o discurso da lei é enigmático (2004c, p. 351). Como ele diz (2004c, p. 351):

Poucas ousadias e muitas fantasias perfeitas recobrem as teorias sobre a interpretação da lei. Métodos ilusórios, enobrecidas crenças, desapercebidos silêncios envolvem as práticas interpretativas dos juristas de ofício. Teorias e práticas encarregadas de garantir a institucionalização da produção judicial da normatividade e seus efeitos de poder na comunidade. Práticas, mitos e teorias refinadas que se ligam estreitamente aos processos de controle da produção dos discursos jurídicos.

Warat descortina o discurso jurídico afirmando que ele – o discurso – joga estrategicamente com os ocultamentos para justificar decisões, disfarça a repartição do poder e propaga, dissimuladamente, padrões culpabilizantes (2004c, p. 354). Predomina no discurso jurídico a crença sustentada em uma reivindicação de objetivismo imprescindível, na ótica dos juristas, para a compreensão do social e de sua lei.

Ou seja, defendem os juristas que o direito pode ser entendido como um conjunto objetivo e coerente apreendido conceitualmente (2004c, p. 357). Esquecem-se, entretanto, que o político precisa de espaços indefinidos abertos ao devir dos sentidos e que o direito é uma instância simbólica do político. Isto é, o que "nunca pode ser negado se nossos desejos caminham para a produção de uma forma social democrática" (2004, p. 359).

Eis uma síntese da epistemologia das significações que menos não é do que uma epistemologia do desejo ou do reconhecimento do lugar plural da fala.

2.3. A EPISTEMOLOGIA FEMINISTA: A EPISTEMOLOGIA DO PONTO DE VISTA FEMINISTA (*STANDPOINT EPISTEMOLOGY*) E A EPISTEMOLOGIA DO PONTO DE VISTA INTERSECCIONAL (*INTERSECTIONAL STANDPOINT EPISTEMOLOGY*)

É possível dizer que, a partir do século XIX, especialmente em obras como as de Kierkegaard e Nietzsche, começa a ser delineada uma crítica ao racionalismo desde a qual o conhecimento não passa de uma interpretação e de uma atribuição de sentidos, jamais uma explicação da realidade. Entretanto, é mais tarde com Foucault, Derrida, Lyotard, Baudrillard e Paul Ricoeur que é decretada a crise da razão e da ciência europeia com a ênfase de que todo o conhecimento é parcial e provisório.

É a partir desse momento que também começa a ser considerada ultrapassada a produção do conhecimento surgida da mente brilhante de um cientista isolado em seu gabinete, que testa seu método acabado na realidade empírica, livre das emoções desviantes do contato social. O processo de conhecimento passa a ser concebido como algo construído por indivíduos em interação, em diálogo, com pontos de vista. Pessoas da ciência, capazes de compreender suas observações, teorias e hipóteses, sem um método pronto. Surge, então, um campo e uma forma de produção de conhecimento que critica o modo dominante de fazer ciência.

Com esse legado a epistemologia feminista surge como crítica dos aspectos particularistas, ideológicos, racistas e sexistas da ciência ocidental, mostrando que a produção do conhecimento, que tradicionalmente ocorre pressupõe um conceito universal de homem, em regra, branco e heterossexual. Ela desmascara as noções de objetividade e neutralidade na medida em que são impregnadas por valores masculinos.

Para a epistemologia feminista, o sujeito do conhecimento é considerado como efeito das determinações culturais, inserido em um campo complexo de relações sociais, sexuais e étnicas. E os critérios de objetividade e neutralidade que supostamente garantem a "verdade" do conhecimento caem por terra, ao serem submetidos ao modo feminista de pensar que assume a dimensão subjetiva, emotiva e intuitiva do conhecimento. Abandona-se, assim, a pretensão de ser a objetividade e a neutralidade, herdadas do positivismo, como única e válida para a construção do conhecimento.

A Epistemologia Feminista surge como um campo de pesquisa da Epistemologia Social, que está preocupada em investigar o papel do gênero nas diversas atividades epistêmicas. Considerando que existe preconceito de gênero infiltrado nas mais variadas áreas do conhecimento humano, parte do pressuposto de que esses preconceitos são expressos em "determinadas afirmações e facilitado[s] pelos princípios disciplinares básicos. A experiência das mulheres torna-se invisível ou distorcida, assim como as relações de gênero" (LONGINO, 2012, p. 506).

Entre os questionamentos apresentados pelas teóricas feministas, emerge a crítica ao sujeito cartesiano como um sujeito descorporificado. Esse sujeito purificado, que nega o corpo, é, desde a perspectiva feminista, um sujeito europeu e branco, que, ao libertar-se do corpo, na verdade liberta-se *dos outros* (o feminino, o não branco).

Adotado como algo distinto e indubitável, tornando-se o ponto de referência e discernimento, fundamento de todas as outras certezas, o sujeito pensante foi a primeira certeza estabelecida por René Descartes nas *Meditações Metafísicas*. Para ele, o sujeito é a fonte de todo conhecimento, assim incluindo a racionalidade, que possibilita a autonomia e a ruptura com autoridades e saberes estabelecidos.

O conhecimento buscado por Descartes deveria ser livre de influências externas, o *cogito* cartesiano (esse sujeito que pensa logo existe) garante a certeza dentro de si mesmo, distinto da Igreja (tão influente na época) e do Estado. A fonte da autoridade é encontrada na razão, uma "razão purificada e descorporificada" (LONGINO, 2012, p. 514). O corpo é considerado por Descartes fonte de erro, pois os sentidos já o enganaram uma vez e podem enganá-lo novamente.

É um sujeito descorporificado que pode realizar atos de pura razão. É um eu descorporificado que é "base da razão e da vontade, da cognição e da ação, enquanto o corpo repudiado se torna mero mecanismo" (LONGINO, 2012, p. 514). Longino destaca que os posteriores problemas da filosofia são oriundos, justamente, dessa separação entre o sujeito e seu corpo.

Como propõe a teoria feminista, não é suficiente que o sujeito deixe de ser tomado como um ponto de partida, mas que seja considerado dinamicamente como efeito das determinações culturais, uma vez que está inserido em um campo de complexas relações sociais, sexuais e étnicas. "A mulher", portanto, não deve ser pensada como uma essência biológica predeterminada, mas como uma identidade construída social e culturalmente no jogo das relações sociais e sexuais, pelas práticas disciplinadoras e pelos discursos/saberes instituintes (RAGO, 2006, p. 27).

Nós, feministas, portanto, reivindicamos o corpo, pois assumimos que o conhecimento só é possível ao sujeito corporificado. Tal como afirma Sandra Harding, "devemos evitar a posição 'objetivista' que pretende ocultar as crenças e práticas culturais do pesquisador, enquanto manipula as crenças e práticas do objeto de investigação para poder expô-lo" (HARDING, 2002, p. 23). De modo que nossas crenças e nossos comportamentos culturais modelam, sim, os resultados de nossas análises enquanto pesquisadoras feministas. E não poderia ser diferente, na medida em que, como afirma Harding

> nos perguntamos como é possível não querer proclamar a realidade das coisas diante de nossos "dominadores" e de nós mesmas, expressando assim nossa oposição aos silêncios e mentiras emanados dos discursos patriarcais e de nossa consciência domesticada. (HARDING, 2002, p. 10).

O modo feminista de pensar rompeu com os modelos hierárquicos de funcionamento da ciência e com vários pressupostos da pesquisa científica, sendo possível afirmar que as mulheres estão construindo uma linguagem nova, com a criação de seus argumentos a partir de suas próprias premissas (SHOWALTER, 1994, p. 29). Como aponta Rago (2006, p. 31):

> Podemos pensar em uma epistemologia feminista, para além do marxismo e das fenomenologias, como uma forma específica de redução do conhecimento que traz a marca específica feminina, tendencialmente libertária, emancipadora. Há uma construção cultural da identidade feminina, da subjetividade feminina, da cultura feminina, que estão evidenciadas no momento em que as mulheres entram em massa no mercado, em que ocupam posições masculinas e em que a cultura e a linguagem se feminizam. As mulheres entram no espaço público e nos espaços do saber, transformando inevitavelmente esses campos, recolocando as questões, questionando, colocando novas questões, transformando radicalmente. Sem dúvida alguma, há *um aporte feminino/ista específico, diferenciador, energizante, libertário,* que rompe com um enquadramento conceitual normativo.

Trata-se de uma epistemologia que sustenta a legitimidade dos apelos à subjetividade e à necessidade de unir os campos intelectual e emocional (HARDING, 1996, p. 124-127). Observando a forma relacional e concreta das mulheres, é possível captar aspectos diferentes da natureza e da vida social que são inacessíveis em investigações baseadas nas atividades características dos homens (MENDES, 2017a).

A epistemologia feminista aponta para a superação do conhecimento como um processo meramente racional, reconhecendo a incorporação da dimensão subjetiva, emotiva, intuitiva no processo de conhecimento e, com isso, questionando a divisão corpo/mente, sentimento/razão (RAGO, 2006, p. 32).

Os estudos de gênero se organizam em torno de paradigmas metodológicos de uma forma semelhante ao que ocorre nos saberes disciplinares, mas também de outra forma distinta e peculiar (MACHADO, 1998, p. 109). E é com estes estudos de gênero e as indagações sobre as epistemologias que, ao lado dos outros estilos de fazer ciência social, surgiu um estilo que dá mais lugar à reflexão sobre a subjetividade de quem pesquisa sobre a construção das subjetividades dos sujeitos sociais.

De acordo com Rago (2006), o feminismo propõe uma nova relação entre teoria e prática, delineando um novo sujeito epistêmico, não isolado do mundo, mas inscrito no coração dele. Um ser humano não isento e imparcial, mas subjetivo e que afirma sua particularidade.

> Ao contrário do cientista em relação ao seu objeto de conhecimento, o que permitiria produzir um conhecimento neutro, livre de interferências subjetivas, clama-se pelo envolvimento do sujeito com seu objeto. Busca-se uma nova ideia da produção do conhecimento: não o cientista isolado em seu gabinete, testando seu método acabado na realidade empírica, livre das emoções desviantes do contato social, mas um processo de conhecimento construído por indivíduos em interação, em diálogo crítico, contrastando seus diferentes pontos de vista, alterando suas observações, teorias e hipóteses, sem um método pronto (RAGO, 2006, p. 32-33).

Há décadas, o feminismo vem demonstrando que a participação feminina no campo científico tem a virtude de ampliar a perspectiva da própria ciência e com isso desmascarar a noção tradicional de que pesquisadores são isentos de uma "identidade social". Pelo contrário, não somente eles – os homens – a têm, como a preservam de maneira que isso não é irrelevante para os resultados das pesquisas realizadas.

Dada essa constatação, para as feministas empiristas, as mulheres enquanto grupo são mais propensas a produzir resultados não tendenciosos e, sim, mais objetivos do que os homens enquanto grupo. Contudo, para as empiristas, é possível obter resultados substituindo homens cientistas por mulheres cientistas ainda que preservando as mesmas normas metodológicas da ciência, pois elas entendem que o sexismo e o androcentrismo são tendenciosidades sociais corrigíveis por um rigor metodológico, isto é, por uma obediência estrita às normas metodológicas de investigação científica.

Na percepção de Harding (1993a), a maior vantagem do empirismo feminista é denunciar que "as ciências têm estado cegas a suas próprias práticas e resultados de pesquisa, sexistas e androcêntricos". Mas, ao final, e essa é a maior debilidade de seus argumentos, as empiristas feministas "tentam encaixar projetos feministas em padrões prevalecentes de 'boa ciência' e 'boa filosofia'. Como diz Harding (1993a, p. 53):

> Este conservadorismo possibilita que muitas pessoas compreendam a importância da pesquisa feminista em biologia e ciências sociais sem se sentir desleal aos métodos e normas de suas tradições de pesquisa. O empirismo feminista espontâneo parece exigir maior rigor na utilização desses métodos e seguindo essas normas. No entanto, esse conservadorismo é também a fraqueza dessa filosofia; esta teoria do conhecimento se recusa totalmente a abordar as limitações das concepções dominantes de método e explicação e as formas em que as concepções restringem e distorcem os resultados da pesquisa e pensam sobre essa pesquisa, mesmo quando essas concepções dominantes são rigorosamente respeitadas.

Para Harding (1993a), essa natureza radical do empirismo feminista não deve ser subestimada, pois argumenta de forma persuasiva que as ciências foram cegas às suas próprias práticas e aos resultados de pesquisa, tanto sexistas como androcêntricas. E isso abre a possibilidade para outra questão fundamental: as lógicas existentes de pesquisa e explicação são realmente tão inocentes neste "crime" como o empirismo insiste ou são parte de sua causa? (1993 p. 53).

Em busca desta resposta, assumindo eu o ponto de vista feminista como meu referencial específico, penso que convém estender um pouco mais este aspecto e tratar de dois vieses igualmente importantes do *standpoint*: a epistemologia do ponto de vista feminista (*standpoint epistemology*) e a epistemologia do ponto de vista interseccional (*intersectional standpoint epistemology*).

2.3.1. A epistemologia do ponto de vista feminista (*standpoint epistemology*)

Um primeiro e importante aspecto da intervenção feminista na ciência, desde o delineado pelas teóricas do ponto de vista, é o rechaço às pretensões positivistas, muito especialmente no que se refere ao distanciamento entre o sujeito conhecedor e seu objeto e aos paradigmas de neutralidade e objetividade. Entretanto, como já tive a oportunidade de escrever (MENDES, 2017b) não há uma única perspectiva epistemológica feminista.

Na maioria das versões da teoria do ponto de vista, existem certas posições sociais que permitem o desenvolvimento de melhores entendimentos. Assim, a epistemologia marxista, por exemplo, privilegiando o ponto de vista da classe trabalhadora, busca compreender o caráter econômico e relacional da produção e suas consequências.

Na teoria do ponto de vista feminista, o privilégio epistêmico é atribuído ao ponto de vista das mulheres e/ou outras pessoas oprimidas (KOBRYNOWICZ e SPRAGUE, 2006 p. 27). Ou seja, as teóricas do ponto de vista voltam sua atenção para o posicionamento histórico-material das práticas e experiências das mulheres de modo que o sujeito conhecedor mantém uma relação diferenciada com o objeto. Eis aí uma das mais importantes contribuições epistemológicas da teoria do ponto de vista à ciência: a objetividade forte.

Em 1986, ao publicar *"The science question in the feminism"* e lançar os alicerces da teoria do ponto de vista feminista, Harding esclarece que o referencial feminista tem origem no pensamento hegeliano sobre as relações entre senhor e escravo, assim como está fundamentado nas obras de Marx, Engels e, especialmente, de Lukács. Uma proposição que, em resumo, argumenta que a posição dominante do homem na vida social gera compreensões parciais e perversas, enquanto a postura subjugada das mulheres representa a possibilidade de compreensões mais completas e menos perversas (HARDING, 1986, p. 26).

Para Harding, o feminismo e os movimentos de mulheres proporcionam teoria e motivação para questionamentos e para a luta política capazes de transformar a perspectiva das mulheres dentro de um "ponto de vista" – uma base moral e cientificamente preferível para as nossas e interpretações sobre a natureza e a vida social. Conforme a autora, entretanto, as críticas feministas sobre as ciências naturais e sociais, sejam elas expressas por homens ou por mulheres, estão lastreadas em uma compreensão universal de "experiência feminina" conforme entendidas pelo feminismo. E isso, como ela já apontava, era problemático.

Afinal, como poderia haver "um" ponto de vista feminista se a experiência social das mulheres é diferente em razão da classe, da raça e da cultura?

O incômodo de Harding era, portanto, real. E ela mesma o expressou na suposição de que, se assim fosse, talvez a realidade pudesse ter somente "uma" estrutura, apenas da perspectiva falsamente universalizante do mestre. E que o ponto de vista, neste aspecto, estaria ainda demasiadamente enraizado em uma problemática política de identidades essencializadas (1986, p. 26-27). Assim, em 1993, então, com a publicação de *Rethinking standpoint epistemology: "what is strong objectivity?"*, Harding reformula a teoria do ponto de vista, com a recusa à essencialização dos sujeitos do conhecimento.

A reformulação do ponto de vista feminista incorporou alguns dos elementos que Harding "antes distinguia de sua própria posição, preferindo vê-los, em 1986, como característicos de uma terceira abordagem que rotulou como 'pós-modernismo feminista" (CHANTER,

2011, p. 92). Uma abordagem que abre um enorme espaço para a investigação das identidades fragmentadas pela vida moderna (1986, p. 28), além de demonstrar ceticismo em relação a afirmações universalizantes sobre a existência, a natureza e os poderes da razão, do progresso, da ciência, da linguagem e do sujeito/*self* (1986, p. 27-28).

Deste modo, a teoria do ponto de vista passa a falar de identidades fragmentadas, ou, como chamou Harding, da "lógica dos sujeitos múltiplos". Em suas palavras (1993a, p. 66):

> Esta lógica de sujeitos múltiplos leva ao reconhecimento de que o sujeito do conhecimento feminista libertador também deve ser, em um sentido importante, o sujeito de todos os outros projetos de conhecimento libertário. Isso é verdade no sentido coletivo de "sujeito do conhecimento", porque as mulheres lésbicas, pobres e racialmente marginalizadas são todas mulheres e, portanto, todas as feministas terão que entender como gênero, raça, classe e sexualidade são usados para se construir entre si. Assim terá de ser tanto para que o feminismo seja libertário para as mulheres marginalizadas, mas também para que seja um aviso para mulheres do grupo dominante sobre suas próprias situações. Se não fosse assim, não haveria maneira de distinguir entre o feminismo e o interesse próprio limitado das mulheres do grupo dominante – assim como o pensamento androcêntrico convencional não permite nenhum critério para distinguir entre "melhores crenças" e aqueles que servem a autointeresse dos homens como homens. (O pensamento burguês não permite nenhum critério para identificar o interesse próprio especificamente burguês, o pensamento racista, a identificação de interesses racistas, e assim por diante).

Diferentemente da ciência tradicional que afirma existir um mundo, uma verdade e uma só ciência que se encarrega de compreendê-lo, a perspectiva feminista é a de que o conhecimento seja situado, de maneira que o sujeito conhecedor/a também reflita perspectivas particulares de sujeito. Desta forma, o feminismo rompe com a concepção do sujeito mítico cognoscente universal, que é único e eterno (MENDES, 2017b).

> O que se conhece, e como se conhece, depende da situação e da perspectiva do sujeito conhecedor/a. E esta situação depende de

múltiplos fatores e situações sociais, tais como raça, orientação sexual, origem, região do mundo em que vive. O sexo-gênero forma uma situação social e, assim como todos os demais elementos, não é externo ao conhecimento, mas parte integrante dele. (MENDES, 2014, p. 85).

A concepção de conhecimento situado não implica, entretanto, o abandono à busca da objetividade científica, tal como entendem tanto por Harding, como Donna Haraway (1995). Para Haraway, uma posição relativista apresenta tantos problemas quanto a posição universalista, pois ambas acabam por desconsiderar o significado maior do conhecimento situado.

O feminismo trata das ciências do sujeito múltiplo com (pelo menos) visão dupla, de uma visão crítica consistente com um posicionamento crítico no espaço social gerado por não homogêneos. A tradução é sempre interpretativa, crítica e parcial (HARAWAY, 1995, p. 336-337). E eis aqui, como aponta Haraway, o terreno para o diálogo, para a racionalidade e para a objetividade, que seja sensível ao poder, não pluralista.

Não se trata sequer dos desenhos os desenhos míticos da física e das matemáticas – incorretamente caricaturizados na ideologia anticientífica como precisos, como um conhecimento muito simples – que representou modelos hostis aos paradigmas feministas do conhecimento científico, mas dos sonhos do que é perfeitamente conhecido nas posições permanentemente militarizadas e nas produções científicas de alta tecnologia, nos truques divinos do paradigma das guerras galácticas do conhecimento racional. Portanto, a localização aborda a vulnerabilidade e se opõe às políticas de encerramento, de finalidade ou, tomando de empréstimo as palavras de Althusser, a objetividade feminista resiste a "simplificação em última instância". Isso ocorre porque a encarnação feminista se opõe à fixação e é inescrutável sobre as redes de alienação diferencial. A posição feminista não é única, porque nossos mapas exigem muitas dimensões para essa metáfora dê base a nossas visões. Mas o fim de uma epistemologia e uma política de posições responsáveis e comprometidas procuradas pelos princípios do ponto de vista feminista permanecem ainda mais poderosos. O objetivo é que existem melhores versões do mundo, isto é, a "ciência". (HARAWAY, 1995, p. 337-338).

Como diz Harding, a objetividade forte exige que o sujeito do conhecimento seja colocado no mesmo plano crítico e causal que os objetos do conhecimento, requerendo que pensemos em uma "reflexividade forte", pois as crenças culturais (ou quase em toda a cultura) funcionam como evidências em cada etapa do inquérito científico: na seleção de problemas, na formação de hipóteses, no projeto de pesquisa (incluindo a organização de comunidades de pesquisa), na coleta de dados, na interpretação e triagem de dados, nas decisões sobre quando parar a pesquisa, na forma como os resultados da pesquisa é relatada, e assim por diante (HARDING, 1993b, p. 69).

O sujeito do conhecimento – a comunidade social individual e historicamente localizada, cujas crenças não estudadas por seus membros são comumente rotuladas como "não conhecimento" – devem ser consideradas como parte do objeto do conhecimento a partir do método científico. Todos os tipos de procedimentos de maximização da objetividade centrados na natureza e/ou nas relações sociais que são objeto direto de observação e reflexão também devem se concentrar em quem observa e relaciona-se com o objeto (HARDING, 1993b, p. 69).

É preciso que se reconheça que um estudo que se pretenda crítico dos cientistas e suas comunidades só pode ser feito a partir daqueles cuja vida tenha sido marginalizada por essas comunidades. Assim, a objetividade forte exige que os cientistas e suas comunidades sejam integrados em projetos que promovam a democracia por razões científicas e epistemológicas, bem como morais e políticas (HARDING, 1993b, p. 69).

Ademais, conforme a autora, somente os valores coercitivos – como é o racismo, o classismo e o sexismo – deterioram a objetividade. Mas, em oposição a estes valores coercitivos, existem valores participativos (de não racismo, não classismo ou não sexismo) que diminuem as deformações e mistificações das explicações e ideias de nossa cultura. Segundo Harding (1996, p. 215), estes valores participativos são condições prévias constituintes ou uma reconceituação da objetividade.

Cap. II · ENTRE DEBATES, EMBATES E DIÁLOGOS: A EPISTEMOLOGIA | 51

Como se pode perceber, o projeto feminista não é somente o de redefinir a objetividade no intuito de acomodar as maneiras previamente excluídas ou mal construídas de conhecer, na medida em que nos convencemos de que o conhecimento é interessado, de que os produtores de conhecimento nunca estão livres de posições políticas. Pelo contrário, trata-se de aceitar que todo conhecimento é passível de contestação, que ele deve continuar a ser contraditado e que as condições sob as quais tais contestações possam ser expressas ou debatidas, no interesse de torná-las disponíveis publicamente precisam ser preservadas (CHANTER, 2011, p. 93).

2.3.2. A epistemologia do ponto de vista interseccional (*intersectional standpoint epistemology*)

Indubitavelmente, as construções teóricas e as ferramentas de análise advindas do esforço epistêmico das feministas do ponto de vista representaram um enorme avanço científico para a compreensão da realidade a partir da própria realidade de sujeitos corporificados e situados, orientados por uma objetividade forte e um imperativo reflexivo. Contudo, é preciso ir além. E o passo adiante vem com o trabalho produzido pelas teóricas feministas negras, em especial, tais como Patricia Hill Collins, Kimberlé Williams Crenshaw e bell hooks.

Conforme Patricia Collins (2000), o imperativo do "conhecimento situado" opera de forma desigual e em vários graus, de modo que se referir a "mulheres" genericamente não concentra a capacidade de capturar a complexidade e, de fato, a injustiça epistêmica envolvida na adição de "todas" em categoria tão unificada. É fato que as "mulheres" são prejudicadas, diminuídas, e/ou deixadas de lado nas epistemologias do *mainstream* anglo-americano e no conhecimento produzido sob sua égide. Por outro lado, a identidade "mulher" não é capaz de carregar em si a diversidade de quem somos enquanto pobres, pretas, idosas, hispânicas, indígenas, lésbicas etc.

Essas chamadas "identidades", como aponta Kimberlé Crenshaw (1991), raramente podem ser isoladas. Pelo contrário, elas se cruzam, interseccionam e funcionam de maneira interativa complexa em todas as sociedades, sejam elas grandes ou pequenas. De fato, Crenshaw cunhou o termo "intersecção" justamente para explicar como a opressão racial e a opressão de gênero interagem na vida das mulheres negras. E, mais recentemente, o termo foi revisto e expandido para capturar uma maior variedade de múltiplos aspectos da "identidade" que podem operar em diversas situações político-epistemológicas (BAILEY, 2010).

Esta epistemologia alternativa, como diz Collins, utiliza-se de padrões e critérios de adequação metodológica mais apropriados às experiências das mulheres negras para os fins do conhecimento situado. Trata-se, por óbvio, como afirma Collins, de uma epistemologia desvalorizada pelos processos dominantes de validação do conhecimento. Mas ela existe, com contribuições reais e potenciais para o pensamento feminista negro (COLLINS, 2000, 256).

A existência do pensamento feminista negro sugere outro caminho para as verdades universais que podem acompanhar a "identidade verdadeira do quem se é". Como diz Collins, a subjetividade das mulheres negras está no centro da análise para examinar o conhecimento adquirido e compartilhado por mulheres afro-americanas como um grupo e o conhecimento mais especializado produzido por intelectuais negras, além das condições sociais que moldam os dois tipos de pensamento. Essa abordagem permite descrever a tensão criativa ligando como as condições sociais influenciaram o ponto de vista das mulheres negras e como o poder das próprias ideias proporcionou a muitas mulheres afro-americanas a força para moldar essas mesmas condições sociais. (COLLINS, 2000, p. 269).

Para Collins, a abordagem do pensamento feminista negro está situada em um contexto de dominação e não como um sistema de ideias divorciado da realidade política e econômica. Daí por que ela apresenta o pensamento feminista negro como conhecimento subjugado, na medida em que as mulheres afro-americanas lutaram por muito tempo para encontrar locais alternativos e epistemologias para validar suas próprias autodefinições. Em resumo, como ela diz, seus estudos apontam para o ponto de vista subjugado e situado das mulheres afro-americanas para entender o pensamento feminista negro como uma perspectiva parcial da dominação.

Como as experiências femininas negras dos EUA se acumulam tanto no ser preta quanto no ser mulher, uma epistemologia alterna-

Cap. II · ENTRE DEBATES, EMBATES E DIÁLOGOS: A EPISTEMOLOGIA | 53

tiva usada para rearticular o ponto de vista das mulheres negras deve refletir a convergência de ambos os conjuntos de experiências. A raça e o gênero podem ser analiticamente distintos, mas, na vida cotidiana das mulheres negras, eles trabalham juntos. (COLLINS, 2000, p. 269).

Assim como as mulheres negras e africanas dos EUA encontraram diversos padrões de opressões cruzadas, gerando agendas semelhantes sobre o que importava em seus feminismos, um processo semelhante pode estar em ação em relação às epistemologias dos grupos oprimidos. Deste modo, o significado de uma epistemologia feminista negra pode estar na sua capacidade de enriquecer a nossa compreensão de como os grupos subordinados criam conhecimento que promove tanto o seu empoderamento como a justiça social. Nas palavras de Collins (2000, p. 269-270):

> Esta abordagem para o pensamento feminista negro permite que as mulheres afro-americanas explorem as implicações epistemológicas da política transversal. Eventualmente, essa abordagem pode nos levar a um ponto em que, afirma Elsa Barkley Brown, "todas as pessoas podem aprender a se centrar em outra experiência, validar e julgá-lo por suas próprias normas sem necessidade de comparação ou necessidade de adotar esse quadro como seu próprio" (1989, 922). Em tal política, "não é necessário" decodificar "qualquer pessoa para centralizar outra pessoa; um tem que constantemente, de forma adequada, 'pivô do centro'" (p. 922).

Em vez de enfatizar como o ponto de vista das mulheres negras e sua epistemologia diferem daquelas das mulheres brancas, homens negros e outras coletividades, as experiências das mulheres negras servem como uma localização social específica para examinar pontos de conexão entre epistemologias múltiplas. Ver a epistemologia feminista negra desta forma desafia as análises aditivas da opressão alegando que as mulheres negras têm uma visão mais precisa da opressão do que outros grupos. Tais abordagens sugerem que a opressão pode ser quantificada e comparada e que a adição de camadas de opressão produz um ponto de vista potencialmente mais claro.

Uma implicação de alguns usos da teoria do ponto de vista é que, quanto mais subordinado o grupo, mais pura a visão disponível para eles. Este é o resultado das origens das abordagens de ponto de vista na teoria social marxista, refletindo o pensamento binário de suas origens ocidentais. Ironicamente, ao quantificar e classificar as opressões humanas, os teóricos do ponto de vista invocam critérios de adequação metodológica semelhantes aos do positivismo. Embora tentem afirmar que as mulheres negras são mais oprimidas do que todas as pessoas e, portanto, têm o melhor ponto de vista para entender os mecanismos, processos e efeitos da opressão, esse não é o caso. (COLLINS, 2000, p. 270).

Como afirma Collins, as ideias que são validadas como verdadeiras por mulheres afro-americanas, homens afro-americanos, lésbicas latinas, mulheres asiático-americanas, homens porto-riquenhos e outros grupos com pontos de vista distintivos, com cada grupo usando as abordagens epistemológicas crescendo de sua forma única ponto de vista, tornam-se as verdades mais "objetivas".

> Cada grupo fala do seu próprio ponto de vista e compartilha seu próprio conhecimento parcial e situado. E isso porque cada grupo percebe sua própria verdade como parcial, seu conhecimento está inacabado. Cada grupo se torna mais capaz de considerar os pontos de vista de outros grupos sem renunciar à singularidade de seu próprio ponto de vista ou suprimir as perspectivas parciais de outros grupos. (...) Parcialidade, e não universalidade, é condição de ser ouvida; indivíduos e grupos que encaminham reivindicações de conhecimento sem possuir sua posição são considerados menos credíveis do que aqueles que fazem. (COLLINS, 2000, p. 270).

E é no desassossego das inquietações trazidas por Warat, Harding e Collins que encerro este ponto do tópico para abrir o seguinte com a formulação de alguns questionamentos epistemológicos ao que se constitui como discurso competente com pretensão crítica.

2.4. MEDITAÇÕES SOBRE UMA EPISTEMOLOGIA JURÍDICA FEMINISTA PARA O PROCESSO PENAL BRASILEIRO

Para pensar as possíveis orientações em cujo marco poderia surgir uma ciência feminista, é de se observar como as teorias do conhecimento que conhecemos foram sendo construídas. E, para tanto, é importante sublinhar que aquilo que consideramos como questões epistemológicas modernas nasceram como uma "meditação" sobre as consequências da aparição da ciência moderna. Descartes, Locke, Hume e Kant procuraram dar sentido ao tipo de busca do saber posto em prática por Copérnico, Galileu e Newton.

Como diz Harding (1996a, p. 123),

> os criadores das epistemologias modernas meditavam sobre o que entendiam que era uma ciência criada por trabalhadores artesanais individuais. Sua percepção da natureza e das atividades do que acreditavam era a mente individual "desencarnada" ainda que humana que se considerava desligada de compromissos sociais e orientada à busca decidida da verdade evidente e certa, segue sendo o fundamento de que surgem as que reconhecemos como questões epistemológicas.

No contexto do que venho expondo até o momento, é necessário reconhecer como o discurso científico proposto por Ferrajoli torna-se estratégico, na medida em que utiliza "a verdade como um jogo que acarreta efeitos políticos" (WARAT, 1983).

> Quando a coerência e a vigilância lógico-conceitual são invocadas em uma ordem de significações políticas, elas operam como uma espécie de exorcismo semiológico que oculta e impede, sob a aparência de rigor, a detectação dos efeitos políticos de um discurso. Ao colocar para os discursos das ciências sociais a questão do poder, as regras de objetivação tornam-se marcas sagradas, que roubam às relações conceituais a sua função referencial, tornando-se abertas aos efeitos do poder. (WARAT, 1983, p. 99).

O que percebem Warat e também as teóricas feministas é que uma análise sobre o sentido estratégico dos discursos das ciências sociais passa pela reconstrução e determinação do seu valor político, quando emergem do senso comum dos cientistas.

> Destacar a constituição de uma história das verdades jurídicas quer dizer integrar e ampliar o universo sagrado do conhecimento

jurídico, revelando suas implicações extradiscursivas, mostrando as razões que convertem o conhecimento jurídico em uma das linguagens do poder. (WARAT, 1983, p. 106).

Dentro de uma perspectiva de diálogo entre feminismo e significação, não é possível que a legalidade seja explicada tão somente no nível conceitual, como acaba por fazer Ferrajoli, mas sim por meio do significado jurídico e as associações extrarreferenciais que a ele são atribuídas por meio do sentido comum teórico dos juristas (WARAT, 2004, p. 193).

> É uma ilusão infecunda e obscurantista a suposição de que, mediante a crítica ao conhecimento do Direito existente, pode ser produzido um tipo de saber, apto para realizar funções jurídicas diferentes ou alternativas a que as instituições regidas por normas, vem atualmente produzindo. O conhecimento crítico, quando efetua juízos sobre o saber jurídico acumulado, o denuncia como ideológico, como um conjunto de crenças, que não podem alcançar o estatuto das enunciações científicas (2004, p. 194).

Segue ele dizendo que:

> Desta forma, se verifica que a produção de um saber crítico se encontra norteado pelas mesmas obsessões da ortodoxia epistemológica, que, a partir de uma interrogação sobre a cientificidade da ciência, pretende impor normas e critérios em torno da positividade do conhecimento científico. Assim, o saber crítico, adaptando certos hábitos epistemológicos consagrados, postula ser dono de um lugar, fora do poder, de uma verdade indiscutível, com a qual crê poder instaurar um conhecimento, apto para uma transformação radical do Direito e da sociedade, o que não deixa de ser uma ilusão, eticamente diferenciada (2004, p. 194).

Contudo, como dito, é possível ao saber crítico ganhar essa luta, na medida em que consiga compreender o poder das significações que integram o conjunto dos discursos dos juristas, que institucionalmente são avalizados pelo sentido comum teórico e admitidos como conhecimento científico (WARAT, 2004, p. 194).

O que a tradição epistemológica pretende é transformar a doxa em episteme, valendo-se, para tanto, de um procedimento ilusório que tenta aparentemente reduzir a significação do discurso jurídico ao seu nível conceitual. Isso sem advertir, entretanto, que a instância epistêmica, em lugar de empobrecer, enriquece a significação, já que agrega ao conceito articulações conotativas, que trata de impor por meio do paradigma conceitual que elaborou, ainda que seja a práxis que atribua plenamente significação aos conceitos (WARAT, 2004, p. 194-195).

Como disse Warat sobre a dogmática, em momentos como o atual (ele referia-se a 1993! – ponto de exclamação 3):

> onde cinicamente se produzem televisamente as múltiplas formas de dissuasão do político-econômico-afetivo, é preciso dar uma olhada em direção ao indizível, o que não se permite dizer. Em outras palavras: encontrar-se com o que não é permitido dizer (que no fundo é o inconsciente político) encontrar-se com o outro lado da lei. E esse outro lado, para mim é o novo lugar do "Estado de Direito" e da dogmática jurídica. Uma nova forma de exercício da cidadania o direito de dizer o indizível. O direito que o "corpo da lei" receba os seus indizíveis (WARAT, 2004, p. 176).

Nós feministas estamos sempre em busca de fazer ouvir o que para muitos é indizível.

Não estou aqui, portanto, para levantar bandeira contra a lei (ou, melhor, ao princípio da legalidade), mas, parafraseando Warat, para reivindicar que não se feche os olhos para o fato de que a falta de proteção abstrata dada pela lei do direito leva à impunidade, e esse fechar de olhos permite que as mulheres da terra latino-americana sejam repetidamente lastimadas pelo horror das violências, condenadas a viver esquecidas do mundo, pois estão esquecidas em alguma página de processo.[3]

---

[3] "É hora de não fechar os olhos e denunciar que a falta de proteção abstrata, dada pela lei do direito, leva à impunidade, permite que a terra latino--americana seja repetidamente lastimada pelo horror: condenando aos

Não deixa de ser verdadeiro que as garantias penais e, especialmente aqui, processuais penais, tal como afirma Ferrajoli (2006, p. 147) asseguram condições epistemológicas da verificabilidade e verificação, servindo para diminuir a incerteza das premissas jurídicas e das conclusões fáticas, assim como para reduzir a subjetividade do juízo e aumentar o caráter jurídico-autorizativo da verdade processual. Também é verdadeiro que a investigação judicial não é uma busca puramente intelectual, mas, sim, o pressuposto de decisões sobre a liberdade de homens e mulheres, nas quais o poder, na ausência de limites normativos, tende a prevalecer de forma autoritária.

No entanto, o apego incondicional, não dialógico e irreflexivo às inferências normativas, em um modelo meramente instrumental nos marcos de uma "epistemologia aplicada" tanto pode quanto efetivamente reverte-se em um exercício autoritário de poder na medida em que a forma de conceber o processo penal *a priori* em sua finalidade distancia-se das experiências, das narrativas, das marcas nos corpos, das histórias das mulheres no sistema de justiça criminal.

A proposta ideologicamente apresentada no SG é o ponto de comunicação entre o garantismo e o feminismo que, entretanto, partindo de referenciais epistemológicos distintos, distanciam-se quanto ao sentido político da legalidade que jamais terá o condão de constituir uma verdade inafastável por decorrer desta mesma legalidade, ainda que "estrita".

Penso que, menos do que uma epistemologia jurídica preocupada com as questões fundamentais do conhecimento, e, por suposto, de sua razão política que pode ser sexista, racista e LGBTQIA+fóbica, o garantismo salva-se, como adiante veremos, como uma epistemologia justificativa de proposições sobre questões de fato que são apresentadas em um processo judicial (Matida e Herdy, 2016, p. 209). Se assim for, não há empecilho algum para não considerar as garantias processuais da necessidade da prova, possibilidade de refutação e convicção justificada como de natureza epistemológica no processo penal. É o que pretendo mostrar no próximo capítulo.

---

que nela vivem a ser os esquecidos do mundo, pois se esqueceram da lei (WARAT, 2004, p. 177).

CAPÍTULO III

GARANTISMO E FEMINISMO: UM LUGAR PARA O SISTEMA DE GARANTIAS (SG)

"Fama de porra louca, tudo bem!
Minha mãe é Maria Ninguém..."
("Pagu", Rita Lee e Zélia Duncan)

Como já tive oportunidade de dizer linhas atrás, esta obra não se presta ao fim de descortinar completamente o cenário que se abre a partir da realidade do quarto que faltava às escritoras do início do século XX, aqui transformado em metáfora, bem como do potencial que a obra de Woolf apresenta para a compreensão do universo feminino. Por outro lado, ela tampouco se prestará a tomar a obra de Goldschmidt, que dá subtítulo a estas reflexões, como elemento probatório central do sexismo que impera no campo processual penal brasileiro. Assim como o quarto é uma metáfora, Goldschmidt é um personagem, não um autor a ser estudado.

De certo modo, tomando do pensamento *goldschmidtiano* que o processo penal é um medidor dos elementos autoritários ou democráticos de uma Constituição, querer um processo visto como um instrumento a serviço da máxima eficácia do sistema de garantias constitucionais está dentro do horizonte das mulheres enquanto titulares de direitos e garantias fundamentais.

Em termos didáticos, diferentemente de Tamar Pitch, para quem o direito das mulheres constitui-se uma disciplina científica e acadêmica a partir dos fracassos das políticas de igualdade tanto formal quanto substancial e com um impulso cognoscitivo e político, não pretendo propor – ao menos por ora – uma nova disciplina destinada ao direito das mulheres, na qual estaria incluído um direito processual penal feminista.

Quer me parecer que ainda vivamos o tempo da denúncia e da construção de outra concepção de processo desde a epistemologia feminista[1], tal como é o que me propus a iniciar aqui.

No entanto, a pergunta que talvez não queira calar para quem até aqui chegou na leitura deste texto seja: em que, afinal, um giro epistemológico do verificacionismo ao feminismo poderá representar na prática uma mudança no campo do processo penal?

Em primeiro lugar, tenho a dizer que este capítulo não tem como objetivo a análise crítica de toda a legislação processual brasileira desde a perspectiva epistemológica feminista. Não porque não me pareça possível, mas por entender que seja esta proposta um projeto a ser realizado a longo prazo, e, quiçá, a partir das reflexões aqui lançadas, fruto de uma obra coletiva de processualistas feministas.

Por outro lado, entendo também que, para além da denúncia que o quadro traçado no primeiro capítulo também tem a finalidade de significar, o arcabouço filosófico trazido no segundo capítulo, ainda que fundante, correria o risco de ser rotulado como uma abstração teórica, se não for, ainda que minimamente, demonstrado o potencial que a experiência das mulheres no processo penal representa.

Daí por que me dedicarei neste capítulo a refletir sobre a experiência feminina no/com o processo penal de modo a evidenciar a necessidade de produzirmos leituras e interpretações doutrinárias

---

[1]   Segundo Pitch (2003, p. 261), Tove Stang Dahl indica três fontes de conhecimento fundamentais para a construção da nova disciplina: as doutrinas jurídicas, os dados empíricos e os valores morais e políticos. O direito das mulheres não pode tão somente inverter e atravessar os limites dos diversos ramos do direito, precisamente porque a vida concreta das mulheres não se deixa encerrar nem compreender pelas rígidas regras do privado ou do direito público. Estas, de outro lado, devem ser entendidas – e aí a necessidade de recorrer a instrumentos das ciências sociais – e interpretadas politicamente à luz de valores como justiça e liberdade. E justiça e liberdade não são somente valores axiomáticos como nas doutrinas do direito natural, mas valores que se constroem "desde baixo", quer dizer, cabendo admiti-los como resultados das experiências concretas e das valorações que emergem, tanto do movimento de mulheres em geral como de práticas específicas.

Cap. III · GARANTISMO E FEMINISMO: UM LUGAR PARA O SG   **61**

também capazes de justificar significativas mudanças na práxis judiciária.

Como afirmei linhas atrás, não se trata de se distanciar completamente do garantismo, mas de submetê-lo, nos limites do Sistema de Garantias (SG), ao crivo das vozes silenciadas de quem tem a liberdade e dignidade humana em jogo, seja ocupando o espaço reservado à vítima, à ré ou à condenada.

Desta forma, neste capítulo me dedicarei a apresentar em um primeiro momento o sistema de garantias (SG), tal como definido por Ferrajoli para, na sequência, expor o sentido deste sistema desde uma perspectiva epistemológica feminista.

3.1. O SISTEMA DE GARANTIAS – SG

Como afirma Alexandre de Morais da Rosa, o processo penal é "um caminho necessário para alcançar-se a pena, condicionando o poder de penar à estrita observância das regras do jogo" (2015). Regras definidas a partir de garantias processuais penais que se expressam no contexto de um sistema garantista, por sua vez incorporado mais ou menos na íntegra às constituições e codificações dos ordenamentos jurídicos desenvolvidos enquanto princípios jurídicos do Estado de Direito moderno (FERRAJOLI, 2006, p. 91). Nos dizeres de Ferrajoli, estes princípios são:

1) princípio da retributividade (ou da consequência da pena em relação ao delito);
2) princípio da legalidade (lato e estrito);
3) princípio da necessidade (ou da economia no direito penal);
4) princípio da ofensividade ou lesividade do evento;
5) princípio da materialidade (ou exterioridade da ação);
6) princípio da culpabilidade (ou da responsabilidade penal);
7) princípio da jurisdicionalidade (sentido lato ou estrito);
8) princípio acusatório (ou da separação entre juiz e acusação);
9) princípio do ônus da prova (ou da verificação); e
10) princípio do contraditório ou da defesa ou da falseabilidade.

Cada um destes princípios corresponde a um axioma que tem implicações deônticas, normativas ou de dever ser, dando vida a modelos igualmente deônticos, normativos ou axiológicos. Por outro lado, tratam-se de *conditio sine qua non*, de garantias jurídicas para afirmação da responsabilidade penal e para a aplicação da pena. De modo sintético, é possível organizar o esquema proposto por Ferrajoli em axiomas correspondentes a máximas latinas e, por consequência, a princípios de direito penal e processual penal, dentro do seguinte quadro:

Axioma	Máxima latina	Princípio de Direito Penal e Processual Penal
A1	*Nulla poena sine crimine*	Retributividade
A2	*Nullum crimen sine lege*	Legalidade
A3	*Nulla lex (poenalis) sine necessitate*	Necessidade
A4	*Nulla necessitas sine injuria*	Lesividade
A5	*Nulla injuria sine actione*	Materialidade
A6	*Nulla actio sine culpa*	Culpabilidade
A7	*Nulla culpa sine judicio*	Jurisdicionalidade
A8	*Nullum judicium sine accusatione*	Acusatório
A9	*Nulla acusatio sine probatione*	Ônus da prova
A10	*Nulla probatio sine defensione*	Contraditório

Os princípios 1, 2 e 3 (retributividade, legalidade e necessidade) respondem às perguntas do "quando" e "como" punir, expressando garantias da pena. Já os princípios de números 4, 5 e 6 (lesividade materialidade e culpabilidade) preenchem os questionamentos do "quando e como proibir", refletindo as garantias relativas ao delito. E, por fim, os princípios 7, 8, 9 e 10 (jurisdicionalidade, acusatório, ônus da prova e contraditório ou defesa ou da falseabilidade) preenchem a lacuna do saber "quando e como julgar", sendo estas as garantias atinentes ao processo.

QUANDO E COMO PUNIR		
Garantias relativas à pena		
A1	*Nulla poena sine crimine*	Retributividade
A2	*Nullum crimen sine lege*	Legalidade
A3	*Nulla lex (poenalis) sine necessitate*	Necessidade
QUANDO E COMO PROIBIR		
Garantias relativas ao delito		
A4	*Nulla necessitas sine injuria*	Lesividade
A5	*Nulla injuria sine actione*	Materialidade
A6	*Nulla actio sine culpa*	Culpabilidade
QUANDO E COMO JULGAR		
Garantias relativas ao processo		
A7	*Nulla culpa sine judicio*	Jurisdicionalidade
A8	*Nullum judicium sine accusatione*	Acusatório
A9	*Nulla acusatio sine probatione*	Ônus da prova
A10	*Nulla probatio sine defensione*	Contraditório

A partir deste quadro principiológico, é possível compreender que a responsabilidade penal depende de um conjunto de condições normativamente exigidas para que uma pessoa seja submetida à pena que, segundo Ferrajoli (2006), encerram-se em onze termos convencionalmente escolhidos para a formulação dos princípios que conduzirão o sistema. São estes termos: pena, delito, lei, necessidade, ofensa, ação, culpabilidade, juízo, acusação, prova e defesa.

Dentre todas, as condições mais problemáticas, posto que sua satisfação jamais será perfeita, são "prova" e "defesa" no sentido de sua verificabilidade e refutabilidade em abstrato e de verificação e refutação em concreto. Isso porque, tal como afirma Ferrajoli,

> um direito penal totalmente "com verdade", se se entender "verdade" em sentido objetivo, representa uma utopia que é tão

importante perseguir quanto ilusório e perigoso acreditar que seja possível alcançar.

De fato, o sistema de garantias formulado por Ferrajoli emerge a partir da correspondência, tanto do que é legislado quanto do que é decidido ao princípio da legalidade estrita (A3). De modo mais amplo e cogente do que a mera legalidade ou legalidade lata (A2), princípio pelo qual exige-se a lei como condição necessária da pena e do delito, isto é, como condição de vigência ou existência das normas, o princípio da legalidade estrita exige todas as demais garantias como condições necessárias da legalidade penal. Ou seja, trata-se de condição de validade ou legitimidade das leis vigentes. Como diz Ferrajoli: "Graças ao primeiro princípio, a lei é condicionante, graças ao segundo, é condicionada" (2006, p. 98).

O princípio convencionalista da mera legalidade ou legalidade lata (A2) é uma norma dirigida aos juízes, correspondendo à reserva legal. Já o princípio cognitivo de legalidade estrita (A3) é uma norma metalegal dirigida ao legislador. Trata-se da reserva absoluta de lei (lei em sentido substancial).

O convencionalismo penal é um dos elementos-chave da epistemologia garantista, tal como resulta do princípio da legalidade estrita, na determinação abstrata do que é punível. Exige que duas condições sejam observadas: uma, o caráter formal ou legal do critério de definição do desvio (reserva legal), dirigido ao juiz como expressão da mera legalidade; e, duas, o caráter empírico ou fático das hipóteses-desvio legalmente definidas, vinculado à legalidade estrita proposta como uma técnica legislativa específica dirigida a excluir, posto que arbitrárias e discriminatórias as convenções penais não referidas a fatos, mas diretamente a pessoas e, portanto, com caráter "constitutivo" e não "regulamentar" daquilo que é punível.

Um segundo elemento-chave para a epistemologia garantista é a compreensão de que o cognitivismo processual se refere à determinação concreta do desvio punível. Esse é o requisito que afeta, naturalmente, aquela única parte dos pronunciamentos jurisdicionais que vem constituída por suas "motivações", quer dizer, pelas razões de fato e de direito acolhidas para sua justificação.

Assegurado pelo princípio da estrita jurisdicionalidade, o cognitivismo processual exige por sua vez também a observância de duas condicionantes, quais sejam: a primeira referente à verificabilidade ou refutabilidade das hipóteses acusatórias, em virtude de seu caráter assertivo; e a segunda atinente à sua comprovação empírica, em virtude de procedimentos que permitem tanto a verificação como a refutação.

O princípio da legalidade estrita garante a verificabilidade e a falseabilidade dos tipos penais abstratos, assegurando a denotação taxativa da ação, do dano e da culpabilidade, e é pressuposto da estrita jurisdicionalidade. Esta última, por sua vez, garante a verificabilidade e a falseabilidade dos tipos penais em concreto, assegurando os pressupostos empíricos do ônus da prova a cargo da acusação e do direito de contestação por parte da defesa. Assim, o juiz ou a juíza considera comprovado (ou provado) como verdadeiro o cometimento do delito apenas se o fato comprovado ou provado corresponder ao que estiver taxativamente denotado em lei como delito.

É sob o manto da jurisdicionalidade, do sistema acusatório (da necessidade da prova, da exposição das hipóteses acusatórias à justificação pela defesa, ou seja, pelo livre desenvolvimento do conflito entre as duas partes do processo, competindo à acusação o primeiro movimento – Ferrajoli, 2006, p. 562), e do contraditório (ou da defesa, ou da falseabilidade) que se há de compreender, em especial sob os dois últimos princípios, o processo como controvérsia ou disputa que exprime valores democráticos do respeito à pessoa acusada, da igualdade entre as partes e da necessidade prática da refutação da pretensão punitiva e da sua exposição ao controle do acusado (Ferrajoli, p. 564).

Assim, também, é sob as luzes dos princípios 7, 8, 9 e 10 (jurisdicionalidade, acusatório, ônus da prova e contraditório ou defesa ou da falseabilidade) de Ferrajoli que se desvela o desenho constitucional do processo penal brasileiro posto que, se o processo penal é o caminho necessário para chegar-se legitimamente à pena, este "andar" somente encontra legitimidade, por sua vez, se observadas as regras e garantias constitucionalmente asseguradas nos princípios:

a) da dignidade da pessoa humana;
b) do devido processo legal;

c) do princípio do acesso à justiça (e sua tridimensionalidade);

d) do princípio do juiz natural;

e) do princípio da igualdade (paridade de armas);

f) dos princípios do contraditório, ampla defesa, plenitude de defesa, assistência judiciária e duplo grau de jurisdição;

g) do princípio da publicidade e motivação;

h) do princípio da duração razoável do processo; no princípio da presunção de inocência;

i) do princípio da inadmissibilidade das provas ilícitas;

j) do princípio da reserva de jurisdição;

k) e do princípio da não autoincriminação (*nemo tenetur se detegere*).

A partir do Sistema de Garantias – SG, do qual se descortina toda essa série de princípios, é possível compreender, com Ferrajoli (2006), modelos de processo penal em uma ordem de garantismo decrescente e de autoritarismo crescente.

SISTEMAS PUNITIVOS	
S1	Sem prova e sem defesa (em sentido estrito)
S2	Sem acusação separada
S3	Sem culpabilidade
S4	Sem ação
S5	Sem ofensa
S6	Sem necessidade
S7	Sem delito
S8	Sem juízo
S9	Sem lei

Ferrajoli nos fala de modelos autoritários e de modelos irracionais. Pelo primeiro, vige sistema de mera legalidade (S1), sem ônus da prova e direito de defesa; assim como o sistema (S2), sem acusação separada, configurando o método inquisitivo, subtraindo o axioma 8 (A8) sobre a imparcialidade do juiz e sua separação da acusação.

Os sistemas S7, S8 e S9 configuram modelos punitivos de sistemas pré-penais ou extrapenais, ou irracionais, posto que ao S7 (sem delito) falta o axioma 1 (A1); ao S8 (sem juízo) carece do axioma 9 (A9); e ao S9 (sem lei), carece o axioma 2 (A2). Ao configurarem sistemas de "mera prevenção", profundamente ligados, portanto, à lógica punitivista do "tipo de autor", S7, S8 e S9, de acordo com Ferrajoli, transformam o direito e o processo penal em um "sistema de retribuição, dirigido a prevenir os delitos por meio da comprovação e da punição dos já ocorridos, em sistema de mera prevenção, dirigido a afrontar a mera suspeita de delitos cometidos, mas não provados, ou o mero perigo de delitos futuros" (FERRAJOLI, 2006).

Entre modelos autoritários e irracionais, existem também formas absolutas de Estado "selvagem" ou "disciplinar". Assim, no S8, sem juízo, que carece do axioma 9 (A9), representa o Estado Policial, caracterizado por leis em branco, que permitem intervenções punitivas livres de qualquer vínculo, inclusive do juízo prévio. S9, sem lei, que carece do axioma 2 (A2), corresponde, como explica Ferrajoli, à "justiça patriarcal" ou do "cádi", desvinculada de qualquer critério preestabelecido, nem de fato nem de direito, mas remetido a uma figura representativa da sabedoria, da riqueza, do poder etc.

Ferrajoli analisa a questão das garantias processuais a partir de três subproblemas que, segundo ele, correspondem, respectivamente, às três condições exigidas para a justificação do convencimento judicial, são elas: "1) como garantir a necessidade da prova ou verificação; 2) como garantir a possibilidade da contraprova ou refutação; 3) como garantir, contra a arbitrariedade e o erro, a decisão imparcial sobre a verdade processual fática" (FERRAJOLI, 2006, p. 141).

Ao problema posto de como garantir a necessidade da prova ou verificação Ferrajoli apresenta como uma proposta de valor garantista a chamada teoria das provas legais negativas. Por tal teoria, ao passo que seja, e é, verdadeiro que nenhuma prova legalmente predeterminada pode ser considerada suficiente por si só para garantir a verdade da conclusão a que se chega por meio dela, também a livre convicção pode ser considerada por si mesma suficiente para tal fim na medida em que necessita de alguma prova legalmente permitida.

Assim, as provas legais negativas definem-se por serem aquelas cuja ausência prescreve ao juiz que considere como não provada a hipótese acusatória, embora sua presença não seja determinante para uma condenação. As provas legais negativas correspondem, então, "a uma *garantia* contra a convicção errônea ou arbitrária da culpabilidade, assegurando normativamente a necessidade da prova e a presunção de inocência até prova em contrário" (FERRAJOLI, 2006, p. 141).

Como já podemos antever aqui, nos termos que utilizarei no tópico seguinte, mais do que uma forma de produzir conhecimento processual penal, como aparentemente toda a explanação de Ferrajoli acerca do verificacionismo indica, o garantismo presta-se a um campo epistemológico limitado que, nos termos que utilizarei no tópico seguinte, refere-se a inferências probatórias normativas, necessárias para corroborar um juízo de condenação.

Como, por sinal, diz Ferrajoli, o problema do sistema de provas legais negativas é justamente de natureza epistêmica. Elas, as provas legais negativas, não são passíveis de utilização como premissas das quais seja possível deduzir, "em contraste com o princípio de Hume, a verdade da hipótese acusatória, mas apenas o valor de confirmações, exigidas pela lei como necessárias, embora insuficientes por si mesmas sem a livre convicção que apoie a conclusão" (FERRAJOLI, 2006, p. 142).

Reconhecendo uma possibilidade de valoração objetiva, Ferrajoli entende ser possível uma valoração subjetiva da probabilidade que, ainda que não possa ser observada ao fim abstratamente pela lei, pode, sem embargo, ser realizada pelo juiz ou juíza com relação às provas e aos indícios concretamente disponíveis.

Trata-se, pois, de uma distinção entre probabilidade objetiva (isto é, o significado da palavra probabilidade – ou verdade provável ou similares) e probabilidade subjetiva (ou seja, o critério de aceitação de uma hipótese como provável – ou provavelmente verdadeira). De tal modo, como não existem critérios de verdade objetiva, tão somente critérios de verdade subjetiva, também não existem critérios de probabilidade objetiva, tão somente de probabilidade subjetiva (FERRAJOLI, 2006, p. 142-143). Por consequência, em sede judicial, os únicos critérios de decisão afetam a probabilidade subjetiva. Como explica Ferrajoli (2006, p. 143):

> Se assim não fosse, o princípio *in dubio pro reo*, entendida a dúvida no *sentido* de incerteza objetiva, jamais permitiria a condenação, dado que qualquer hipótese é, por sua natureza, provável e sempre será possível, qualquer que seja o grau de probabilidade ou de confirmação, que seja objetivamente falsa.

Entretanto, se, na ausência de uma prova, é impossível justificar a verdade da acusação, uma única prova ou refutação é, de outra banda, suficiente para justificar o contrário. Eis aí a importância do contraditório como garantia da defesa de exercer o direito de refutar a hipótese acusatória. E também a necessidade de que todos os fundamentos e as implicações decorrentes da postulação punitiva sejam explicitadas e submetidas não só à prova, mas também à contraprova.

> Evidentemente, nem sequer as contraprovas, ao serem somente prováveis, garantem a falsidade objetiva da hipótese incompatível com elas. Mas uma só delas, se é aceita como verdadeira, é suficiente para excluir a decisão do juiz sobre a verdade da hipótese e para embasar, conforme critério de coerência, a decisão sobre a sua falsidade. A livre convicção, em consequência, conquanto possa justificar as provas (necessárias, mas não suficientes para justificar a condenação), não pode superar as contraprovas (suficientes, mas não necessárias para a absolvição). (FERRAJOLI, 2006, p. 142-143)

Somando-se ao ônus da prova e ao contraditório, a terceira garantia que a elas se conecta refere-se à imparcialidade da escolha realizada pelo julgador ou julgadora entre as hipóteses explicativas do conflito. Assim, para ser aceita como verdadeira, a hipótese acusatória não apenas não deve ser desacreditada por qualquer contraprova, mas também deve sobrepor-se a todas as hipóteses em conflito com ela. Caso não sejam refutadas nem hipótese acusatória, nem as que com ela conflitam, a dúvida resolve-se pelo *in dubio pro reo*.

> Este princípio equivale a uma norma de conclusão sobre a decisão da verdade processual fática, que não permite a condenação en-

quanto junto à hipótese acusatória permaneçam outras hipóteses não refutadas em conflito com ela. Por isso, enquanto a hipótese acusatória só prevalece se estiver confirmada, as contra-hipóteses prevalecem pelo fato de haverem sido refutadas: não desmenti-las, com efeito, ainda que sem justificar sua aceitação como verdadeira, é suficiente para justificar a não aceitação como verdadeira da hipótese acusatória. (FERRAJOLI, 2006, p. 144-145).

O princípio da motivação das decisões expressamente previsto no art. 93, IX, da Constituição de 1988, tem especial importância na valoração da prova. É ante a fundamentação que é possível aferir se houve ou não o respeito ao devido processo legal. O poder somente está legitimado quando calcado no saber judicial, de modo que não mais se autolegitima.

A motivação se presta ao controle da racionalidade da decisão. É esta que, abordando a matéria fática, demonstra o saber que legitima o poder, pois a pena somente pode ser imposta a quem – racionalmente – pode ser considerado/a autor/a do fato criminoso (LOPES JR., 2016, p. 106).

Em síntese, são estas três garantias (ônus da prova, contraditório e motivação imparcial) que, como diz Ferrajoli, juntamente ao pressuposto semântico da legalidade estrita ou verificabilidade das hipóteses acusatórias, asseguram a estrita jurisdicionalidade.

As garantias delineadas no esquema SG são três ordens que Ferrajoli (2006, p. 146) considera epistemológicas na medida em que "caracterizáveis como condições ou critérios de justificação da indução judicial, valem para qualquer tipo de processo – seja acusatório, inquisitivo ou misto[2] – que aspire caracterizar-se como jurisdicional ou, em todo caso, corroborado por provas."

---

[2] Segundo Aury Lopes Jr. (2016), o processo penal brasileiro é neoinquisitorial, na medida em que, ao manter a iniciativa probatória nas mãos do juiz, segue o princípio inquisitivo, fundante do sistema inquisitório. Obviamente que não se trata de afirmar a sobrevivência de "uma inquisição", tal como já visto entre os séculos que compõem o período medieval, porém de um "novo" sistema inquisitivo na qual o juiz é ator na iniciativa probatória (vide art. 156, como exemplo clássico) e que tem sua imparcialidade absolutamente

Vejamos agora o sentido deste sistema de garantias desde a epistemologia feminista.

3.2. O SENTIDO DO SISTEMA DE GARANTIAS PELAS LENTES DA EPISTEMOLOGIA FEMINISTA

Podemos dizer que a epistemologia jurídica é uma espécie de teorização metodológica cujo objeto de investigação é a própria teoria jurídica, ou seja, o estudo de questões relativas à produção do conhecimento na área do Direito. Ao menos assim nos ensinou Warat, tal como também sublinham Janaina Matida e Rachel Herdy (2016).

Por outro lado, a expressão "epistemologia jurídica" tem sido empregada em uma diferente acepção que mais diz respeito com o conhecimento de fatos e não do direito. O que há, neste sentido, é uma predisposição de "justificar proposições sobre questões de fato que são apresentadas em um processo judicial" (MATIDA e HERDY, 2016, p. 209). Trata-se, portanto, de uma espécie de epistemologia aplicada.

O sistema de garantias (SG), em específico no que concerne à prova, é, assim, uma "espécie de epistemologia aplicada", na medida em que não pretende formular crenças que almejam a verdade, mas, sim, de resolver casos, em nosso caso penais, que são levados ao sistema de justiça criminal – SJC. E é nesse sentido, absolutamente limitado à disciplina processual, que podemos tomar as garantias processuais do SG (necessidade e ônus da prova, possibilidade de refutação, convicção justificada, contraditório e motivação) como parâmetros válidos para a decisão judicial em casos que envolvem mulheres no SJC.

O esquema epistemológico arquitetado por Ferrajoli inscreve-se no campo das inferências probatórias normativas na qual, produzidos os meios de prova úteis para a corroboração das hipóteses acusatória e defensiva, na fase de valoração, o juiz ou juíza infere as hipóteses fáticas

---

comprometida com regras de prevenção que fixam a competência de modo que o "ator", após entrar em cena na fase pré-processual, permaneça no palco na fase processual (art. 83), em um verdadeiro "espetáculo" muitas midiatizado, como diz Casara (2015a).

das informações probatórias daí oriundas, contudo as provas não são suficientes para fundamentar as hipóteses fáticas alegadas. Compreende-se, assim, por inferências probatórias normativas todo o raciocínio probatório "no qual o fundamento da proposição que garante o passo lógico que vai das informações probatórias à hipótese fática encontra-se estabelecido por uma regra jurídica" (MATIDA e HERDY, 2016, p. 224).

Como dito na análise do SG realizada no segundo capítulo, o sistema garantista, tido como cognitivo ou de legalidade estrita, não pressupõe a permissão ou legitimação do direito de punir. Pelo contrário, ele o condiciona e/ou vincula, ou seja, deslegitima o exercício absoluto do poder punitivo, na medida em que a presença de uma condição não é o suficiente para permitir ou tornar obrigatório punir, mas, sim, um requisito necessário, na ausência do qual não está permitido, ou está proibido, punir (FERRAJOLI, 2006).

A arquitetura jurídica pensada a partir das inferências normativas pressupõe a elaboração de regras destinadas a fornecer um critério de decisão para os casos em que há incertezas sobre os fatos. Assim, como explicam Matida e Herdy (2016, p. 223):

> são formuladas regras para um cenário subótimo no qual incertezas fáticas não tenham sido eliminadas depois das fases de realização e valoração das provas. Os legisladores tomam uma decisão sobre como as decisões devem ser tomadas futuramente. (...) Exemplo: "É preferível ver dez homens culpados escaparem do que um inocente ser condenado injustamente". A partir de uma perspectiva institucional, os arquitetos pretendem evitar que as situações de incerteza fática sejam resolvidas pelos próprios julgadores, mediante decisões de primeira ordem, isto é, decisões que reflitam a posição dos próprios julgadores a respeito de qual erro deveria ser evitado se comparado a outros. Assim, entre decisões equivocadas sobre os fatos resultantes da aplicação de uma regra jurídica e decisões equivocadas sobre os fatos decorrentes de uma decisão político-moral particular do julgador, os arquitetos optam pelas primeiras[3].

---

[3]   As autoras referem-se aos arquitetos do sistema jurídico.

Em síntese, as inferências probatórias normativas são casos de restrição à livre valoração da prova (GONZÁLEZ LARGIER, 2014 apud MATIDA e HERDY, 2016, p. 224). Aplicada, pois, ao princípio do ônus da prova a não existência de provas ou a insuficiência destas para demonstrar a culpabilidade do acusado não significa necessariamente sua inocência. Servindo, entretanto, como justificativa que não emergem de associações entre o que for empiricamente observável. O fundamento é "uma diretiva moral institucionalizada de acordo com a qual é preferível evitar que inocentes sejam encarcerados que culpados fiquem em liberdade" (MATIDA e HERDY, 2016, p. 229).

Desde uma perspectiva epistemológica que opto por considerar "forte", na medida em que implica a escolha de pontos de partida para a produção de conhecimento científico no direito em um contexto marcado pela objetividade forte de que trata Sandra Harding, e pela pluralidade de vozes de trata Warat, não é possível assumir o garantismo enquanto pretensão de verdade cujo início e fim é meramente normativo. A vida, as experiências, os corpos, as dores, os silêncios e os gritos dizem muito para a concepção de um processo que, afirmando a necessidade da prova, possibilita reconhecer que, como adiante, demonstrarei, "cargas" probatórias ou rituais processuais, desde a perspectiva libertária, são mais do que regras imutáveis.

Não se trata neste trabalho, pois, de abandonar o garantismo, mas de reconhecer particularmente o SG, nos termos de um modelo-limite, apenas tendencialmente e jamais perfeitamente satisfatório, como aponta, por sinal, o próprio Ferrajoli. Devemos considerá-lo, pois, um parâmetro fundamental de inferências normativas que devem conduzir ao maior nível de liberdade possível dentro de um processo.

Desde o SG, é possível compreender as regras fundamentais do jogo processual das quais deriva um conjunto de princípios inscritos em nosso Texto Constitucional que hão de ser observados na exata dimensão do peso que possuem. E o peso que cada princípio deverá de assumir tem de levar em conta os homens e as mulheres de carne e osso que vivenciam o sistema penal que se deseja que seja efetivamente garantista, mais do que em um sentido normativo, mas em um sentido libertário.

3.3. DEAR WHITE MEN

Identificar a lei como um instrumento de supremacia masculina não é nenhuma novidade no pensamento feminista. Por sinal, desde o primeiro encontro nacional de feministas estadunidenses, ocorrido em Sêneca Falls, Nova York, em 1848, (*The Seneca Falls Woman's Convention of 1848*) as críticas ao direito[4] tornaram-se uma parte importante do movimento feminista desde seus primórdios. E, daí em diante, tendo como um dos mais importantes fatos a abertura do ensino superior às mulheres, o feminismo contemporâneo passou a ter um impacto profundo e duradouro no discurso intelectual a partir da predisposição de "questionar tudo". E esse é o potencial revolucionário do pensamento feminista (BAER, 2015).

Destarte, sendo o inconformismo e a inquietação elementos que compõem o DNA feminista, formularei, então, alguns questionamentos.

Como dito anteriormente, em prol de um modelo epistemológico "antiliberal"[5], Ferrajoli defende um modelo juspositivista (não neopositivista) da ciência jurídica moderna que, em grandes linhas,

---

[4] As críticas do direito são, portanto, uma parte importante do movimento feminista desde seus primeiros passos. As signatárias do documento de Sêneca Falls agiam não apenas como ativistas sociais, mas também como juristas e sua tese de que a lei era projetada pelos homens com o propósito de dominar as mulheres não está longe dos argumentos que muitas de nós, juristas feministas contemporâneos, ainda precisamos denunciar.

[5] Na literalidade do texto de Ferrajoli (2008, p. 83): *"La epistemología jurídica, en suma, no es solo prescriptiva, sino que es mas fecunda teórica y prácticamente cuanto más restrictivas son las condiciones de (decidibilidad y de control de la) validez de los conceptos y de los enunciados por ella prescritos. Creo que puedo explicar de este modo el nexo, que Danilo Zolo me critica por considerarlo paradójico, que realmente subsiste en la imagen de ciencia jurídica aquí propuesta entre liberalismo político y antiliberalismo epistemológico y, a la inversa, entre liberalismo epistemológico y antiliberalismo político. El programa epistemológico que podríamos denominar "antiliberal" de una teoría del derecho axiomatizada y de una dogmática jurídica informada por parámetros verificacionistas, exigiendo el control más rígido de los conceptos y de los enunciados como válidos, refleja, en efecto, las instancias normativas propias del estado liberal de derecho, caracterizado por normas que delimitan*

deve ser entendido como uma concepção do trabalho do jurista segundo a qual o que esse diz do direito deve corresponder – sob pena de falsidade ou de falta de fundamentação ou de invalidade – ao que dizem as normas ditadas pelo legislador.

Assim, segundo o autor, o postulado epistemológico do positivismo jurídico se identifica com o princípio da legalidade, ou seja, com a regra que prescreve, nos ordenamentos jurídicos que incluem esse princípio com norma positiva, considerar "válidas" todas as expressões "juridicamente verdadeiras" e só elas, dado que estão sustentadas em análises dos discursos normativos do legislador.

Para ele, novamente como já referido aqui, é este postulado que: i. "permite a aceitação dos enunciados da dogmática se, e somente se, forem antecedidos por proposições controláveis e qualificáveis como verdadeiras, de locuções metanormativas do tipo 'o artigo x diz que...', 'segundo a norma' ou 'segundo os sentidos' ou 'segundo a lei l ou seus artigos z y w está permitido, proibido ou é obrigatório que...'; e, ii. permite a aceitação dos conceitos da dogmática se, e somente se, sua elaboração não é o fruto de definições convencionais livremente estipuladas pelo jurista (ou pelo juiz), senão que são definições lexicográficas vinculadas às convenções legislativas e, por isso, qualificáveis e controláveis como verdadeiras sobre a base de análise da linguagem jurídica" (FERRAJOLI, 2008, p. 84-85).

Para Ferrajoli este é um postulado político do direito penal liberal, segundo o qual a única justificação aceitável das decisões é a verdade de seus pressupostos jurídicos e fáticos entendida precisamente no sentido de correspondência o mais aproximada possível das motivações das normas aplicadas e aos fatos julgados.

Finalmente, aprendemos com Warat (2000, p. 131) que é impossível trabalhar as dimensões infinitas do simbólico, fugindo a uma reflexão sobre o próprio poder das significações e a presença marcante do político nas linguagens. Como dizia ele (WARAT, 2000, p. 130):

---

al máximo los poderes normativos, vinculando su ejercicio válido a condiciones taxativamente predeterminadas, no sólo formales sino también de contenido."

"Não existem palavras inocentes. O espaço social onde elas são produzidas é condição da instauração das relações simbólicas de poder."

E, como igualmente bem diz Ana Gabriela Ferreira, o poderio do discurso vai além da simples capacidade de enunciação. Segundo a autora, o discurso é projetado somente pelo que é falado ou escrito, "mas através da soma de compreensões por ela formuladas, traduzidas e reiteradas, as figuras arquetípicas são criadas e prospectadas ao longo do tempo, formando as sociedades e amalgamando suas complexidades" (FERREIRA, 2018).

Pergunto eu, então: quem formula essa "linguagem jurídica" de que trata Ferrajoli e sobre a qual não se perquire desde que sirva ao propósito de sustentar a legalidade estrita? Quem" produz esses discursos normativos que sustentam a verdade das expressões por esse mesmo motivo julgadas válidas? Estariam esses "produtores" imunes às ingerências de suas culturas patriarcais, orientadas pelo racismo estrutural e pela heteronormatividade?

Para Ferrajoli, a ciência do direito se distingue do seu objeto (o direito positivo) quando (e na medida que) existe uma norma (ou um conjunto de normas) que permite reconhecer todas as normas positivamente vigentes, e somente elas, ou bem objetivamente pertencentes ao ordenamento indagado. Essa norma é, precisamente, o princípio da (mera) legalidade, que, portanto, em nível jurídico é uma norma sobre a produção de normas que prescreve a sujeição a normas superiores como condição da vigência das normas produzidas; em nível teórico é um princípio ou critério de reconhecimento das normas vigentes, desde que produzidas pelos modos e pelas autoridades legalmente prescritas; e em nível metacientífico é uma regra dirigida ao jurista, que identifica como objeto ou universo do discurso exaustivo e exclusivo a todas as normas das que possa defender a vigência, sobre a base do princípio jurídico da legalidade (FERRAJOLI, 2008, p. 98).

Ferrajoli (2008, p. 98) entende por "ciência jurídica os discursos sobre o direito aceitáveis como verdadeiros por estar dotados de semântica ou referência empírica, ou ainda de um objeto ou universo determinado, que para ele refere-se aos ordenamentos que incluem o princípio da mera legalidade. Daí por que, para o autor, ser esse princípio constitutivo da positividade ou objetividade do direito como princípio positivo, e constitutivo do caráter empírico ou descritivo do conhecimento científico.

Para o autor, os critérios de validade e de controle das teses do jurista dependem da semântica da linguagem do legislador; quanto mais indeterminada e/ou valorativa seja a regra de uso legislativa de um conceito jurídico, tanto mais discricionais e desvinculadas das leis serão não só seu uso judicial senão também sua redefinição e seus usos doutrinários.

De modo correlato ao princípio da legalidade, que Ferrajoli toma como uma regra semântica de formação da linguagem jurídica que permite a verificabilidade das teses judiciais que o aplicam, o segundo postulado do positivismo jurídico pode ser considerado uma regra semântica de formação da linguagem científica que permite a verificabilidade das teses doutrinárias formuladas com essa linguagem.

Segundo ele, a epistemologia juspositivista desenvolve um papel crítico a respeito do direito objeto da ciência. Um papel crítico interno, com o objetivo de invalidar juridicamente as leis que não cumprem o modelo epistemológico, que é também um modelo constitucional; e um papel crítico externo com o objetivo de reformar a estrutura legal e, talvez, constitucional do ordenamento.

Não é à toa, portanto, que alguns processualistas penais tenham tanta dificuldade de compreender leis como a Lei 11.340/2006, a Lei Maria da Penha – LMP[6]. Afinal, as premissas epistemológicas das

---

[6] Diz Aury Lopes Jr. (2016, p. 657): "Por mais respeitável (e necessária) que fosse a intenção de proteger a mulher da violência doméstica, infelizmente é uma lei tecnicamente mal elaborada, pois mistura, absurdamente, matéria penal com questões civis, criando uma monstruosidade jurídica. A definição de violência doméstica e familiar contra a mulher, prevista no art. 7º da Lei, é de uma vagueza apavorante, com disposições genéricas, alternativas e ambíguas. Uma leitura apressada levaria à errada conclusão de que 'qualquer conduta que configure ameaça, calúnia, difamação ou injúria' (art. 7º, V, da Lei 11.340) autorizaria a prisão preventiva pela incidência do art. 313, III, quando o juiz determinasse, por exemplo, a proibição de contato com a ofendida (art. 22, III, 'b', da Lei 11.340). Um absurdo."

quais partem são absolutamente limitadas a um esquema normativo enclausurado que não contesta suas próprias premissas; e que jamais vai compreender que, quando a Lei diz que em sua interpretação "serão considerados os fins sociais a que ela se destina e, especialmente, as condições peculiares das mulheres em situação de violência doméstica e familiar" (art. 4º), está dizendo que não se pode reduzir a doxa à episteme.

Como já dizia Warat, "as ideias transformadas em dogmas, postas fora de suspeitas, possuem uma fecundidade política maior que a sua força explicativa" (WARAT, 1983, p. 101).

O que a epistemologia juspositivista não enxerga (e, obviamente, nunca enxergará desde seu ponto de partida) é que o fundamental das relações estabelecidas a partir da linguagem e o discurso é justamente a análise das vozes disfarçadas do poder. E que é do estudo de sua conflitividade que se pode constituir um plano de reflexão, que mostre as relações entre os conflitos do conhecimento e as determinações políticas da sociedade (WARAT, 1983, p. 100).

Tomando como objeto de estudo para uma análise epistemológica dada pela "Semiologia do Poder" o estoque de discursos derivados de uma variada gama de atividades institucionais que pode ser reconhecida como regida por normas, Warat busca explicitar o sentido social das verdades que ela apresenta (1983, p. 103). E com isso, quer explicitar os "sentidos silenciados nos tradicionais procedimentos de constituição das teorias jurídicas" entendendo este trabalho como "uma leitura à procura do valor político e estratégico de um discurso socialmente exposto" (1983, p. 106). Como nos ensinou

> Devemos convir que a clausura de certeza que este tipo de significação transmite não é casual, pois responde às próprias condições históricas de sua produção. Assim sendo, não seria possível compreendê-la epistemologicamente sem explicitar em termos de análise o seu poder social. Convém ainda alertar sobre o fato de que as resistências analíticas oficialmente consagradas contra essa "doxa" significativa sustentam-se em uma ilusão racional, que não deixa de ter efeitos políticos, pois seus critérios são extraídos de propostas metodológicas que funcionam como

uma lei de organização para a produção de um conhecimento universal e abstrato, que nunca nos leva à compreensão do sentido social das verdades jurídicas tornadas discurso competente. (WARAT, 1983, p. 104).

Desde certo ponto, a epistemologia verificacionista também busca desconstruir o mito da neutralidade científica (FERRAJOLI, 2008, p. 109-112), porém, sustentando, e sustentando-se, por outro lado, na objetividade, esquecendo-se (ou ignorando) que a tradição da objetividade concebe o mundo social como um sistema de regularidades objetivas e independentes. Ao sugerir a coisificação das relações sociais, encontra um permissivo para "pensá-las em seu estado inocente" e "a inocência deste saber impede a percepção da existência de um programa político da verdade". "É precisamente a perda desta inocência que vai permitir a formação de uma história da verdade que nos mostre os seus efeitos políticos da sociedade" (WARAT, 1983, p. 99).

> Em vez de lamentar a perda da objetividade, da universalidade e da neutralidade, ou de favorecer uma sensação de nostalgia pelo sujeito abstrato não corporificado dos direitos universais, talvez a questão seja reconhecer que os padrões que foram presumidos em tal visão jamais tenham sido desinteressados: seus interesses foram apenas obstruídos. O que passou como conhecimento na tradição ocidental está irrevogavelmente ligado a certas crenças, que podem ter ficado invisíveis precisamente porque foram consideradas irrelevantes pelos detentores do conhecimento autenticados como legítimos, mas que, apesar de tudo isso, não cessaram de produzir efeitos sobre quem está excluído do mundo que os detentores de conhecimento mudavam e legitimavam o que poderia ser conhecido. (CHANTER, 2011, p. 95).

O garantismo, de Beccaria aos nossos dias, nunca incluiu as mulheres (MENDES, 2017a). Portanto, é longe dos gabinetes (ou melhor seria dizer, do quarto) nos quais são historicamente construídas teorias masculinas, brancas e heterossexuais sobre o significado/ significante do que seja o custo de que trata Ferrajoli ou as cargas processuais de que fala Goldschimdt do processo que as feministas meditam e questionam.

Como diz Patricia Collins (2000, p. 251) em relação ao pensamento feminista negro nos Estados Unidos:

> A teoria social crítica, o pensamento feminista dos EUA reflete os interesses e o ponto de vista de seus criadores. O rastreamento da origem e da difusão do pensamento feminista negro ou de um conjunto comparável de conhecimento especializado revela sua afinidade com o poder do grupo que o criou (Mannheim, 1936). Como os homens brancos de elite controlam as estruturas ocidentais de validação do conhecimento, seus interesses permeiam temas, paradigmas e episódios de estudos tradicionais. Como resultado, as experiências das mulheres negras dos EUA, bem como as das mulheres de ascendência africana transnacionais, foram rotineiramente distorcidas dentro ou excluída do que conta como conhecimento.

Em defesa da epistemologia verificacionista Ferrajoli afirma que a ciência do direito, justamente porque o direito, diferentemente da natureza, é muito afetado pelo que ele denomina de "fugas céticas e irracionais" de quem o maneja, qualquer proposta epistemológica antiverificacionista é, de fato, solidária com tendências substancialistas e decisionistas que, na prática, tendem sempre a levar a vantagem. O que, como ele diz (2008, p. 108): "francamente, não me parece adequado, nos tempos atuais, que estas tendências tenham também apoio da epistemologia."

Certamente, com tal afirmação, Ferrajoli refere-se a propostas de conteúdo liberal, punitivista, muito distantes, como já apontei no prólogo deste trabalho, do que propõe o feminismo.

Por outro lado, estou ciente de que, como diz Collins, as reivindicações de conhecimento alternativas em si raramente ameaçam o conhecimento convencional. Normalmente são ignoradas, desacreditadas ou simplesmente absorvidas e marginalizadas em paradigmas existentes. Todavia, muito mais ameaçador é o desafio que as epistemologias alternativas oferecem ao processo básico usado pelas reivindicações do conhecimento poderoso para legitimar seu direito de governar (COLLINS, 2000, p. 270).

Se a epistemologia usada para validar o conhecimento for questionada, todas as reivindicações de conhecimento anteriores validadas sob o modelo dominante tornam-se suspeitas. As epistemologias alternativas desafiam todos os conhecimentos certificados e abrem a questão de saber se o que foi tomado como verdade pode suportar o teste de formas alternativas de validar a verdade. A existência do ponto de vista de uma mulher negra autodefinida usando a epistemologia feminista negra questiona o conteúdo do que atualmente passa como verdade e simultaneamente desafia o processo de chegar a essa verdade (COLLINS, 2000, p. 271).

É bem verdade que devamos, sempre, estar atentos e atentas à vista de qualquer sombra substancialista e decisionista. Todavia, também assim devemos nos manter alertas ante o cientificismo preocupado com questões sobre o *status* cognitivo e a objetividade que Rorty define como "característicos de uma cultura secularizada na qual o cientista substitui o sacerdote" (1997, p. 63).

Warat, em seus debates com o positivismo jurídico, pensando em uma proposta de epistemologia crítica para o direito, nos diz que "os critérios epistemológicos do cientificismo são ideológicos, na medida em que, em nome da unidade e da objetividade, apagam as relações necessárias entre as teorias e o conjunto de determinações sociais que as marcam discursivamente" (WARAT, 1995, p. 340).

Para ele, os textos jurídicos são um lugar de integração de uma grande multiplicidade de práticas significativas e que somente podem ser compreendidos a partir de um discurso policêntrico, dialógico e democrático, sendo necessária a superação do discurso monológico da ciência, que é, na verdade, "uma fala já habitada, hermética, que precisa ser deslocada, abrindo-a para uma gramática livre" (WARAT, 1995, p. 354).

Como já disse Donna Haraway, o feminismo adora outra ciência: as ciências e as políticas de interpretação, de tradução, de gagueira e do parcialmente entendido (1995, p. 336).

Tal como as epistemólogas feministas, no que ele denominou de carnavalização do discurso da ciência, Warat rompe com trilogias (pragmática-sintaxe-semântica) e com binarismos (doxa-episteme; lógica-mito; ordem-desordem; objetivo-subjetivo etc.) e com isso pretende destruir o poder normalizador da ciência jurídica. Para ele, os pressupostos, os conceitos e as verdades da ciência jurídica são "explicações assustadas/respostas omissas/conceitos mutilados que provocam práticas mutiladoras/montagens insensíveis/questões sem desejos/hipóteses deserotizadas/convicções sem futuro" (WARAT, 2000, p. 137).

A ideologia androcêntrica da ciência contemporânea pressupõe os dualismos como necessários, como fatos, ou como ambas as coisas. Assim, na contraface da cultura, está a natureza, do público está o privado, da objetividade está a subjetividade, da racionalidade estão as emoções, e assim por diante, relacionando homens e masculinidade como primeiros elementos e as mulheres e feminilidade como os segundos de cada par. Uma dicotomização que, conforme as críticas feministas, constitui uma ideologia no sentido forte do termo, posto que, em contraste com as crenças falsas, tendenciosas em favor de alguns valores, que carecem de poder social, essas crenças estruturam políticas e práticas das instituições sociais, incluída aí a ciência (HARDING, 1993, p. 117).

Em uma perspectiva tradicional, tem-se a filosofia como a busca de verdades imparciais, neutra e isenta de valores, cuja contribuição é universal e necessária, para a qual o corpo é irrelevante, a não ser que configure um empecilho para o conhecimento naquilo em que os sentidos possam nos enganar, nossas emoções alterarem nossa capacidade de pensamento racional e nossos desejos nos desviarem da busca do bem (CHANTER, 2011, p. 83).

Buscam-se pela filosofia, deste modo, verdades abstratas e descorporificadas, verdades cuja validade não encontra obstáculos ao atravessar o espaço e o tempo em diferentes contextos culturais.

Na busca de verdades universalmente válidas, o que se espera de homens e mulheres da ciência é que se conduzam em suas pesquisas pelo emprego de métodos livres de preconceitos e erros. Isso significa dizer que qualquer interferência que possa modificar os resultados científicos deve ser apartada. Os problemas científicos são assim úteis quando o conhecimento produzido por eles permite certezas e verdades objetivamente neutras, de modo a serem tidas como não tendenciosas e isentas de valores.

Cap. III · GARANTISMO E FEMINISMO: UM LUGAR PARA O SG | 83

É comum que se entenda que os processos pelos quais a ciência progride são em geral empíricos e que o conhecimento que ela produz é objetivo. Assim, a subjetividade deve ser eliminada, parcialmente erradicada e particularmente neutralizada. A ciência é considerada o próprio paradigma da verdade (CHANTER, 2011, p. 88). E são esses paradigmas de verdade e objetividade na ciência meus pontos de partida para pensar sobre "o que podemos conhecer?" e "como conhecemos o que conhecemos?" no âmbito do processo penal brasileiro.

Desse modo, a raça, a classe e o gênero são considerados incidentais para a essência metafísica, e até para a humanidade; são meros detalhes que discrepam da tarefa filosófica, "como uma espécie de entulho que precisa ser eliminado a fim de que se obtenha uma imagem clara das verdades objetivas que são consideradas como parte formadora do âmago da filosofia" (CHANTER, 2011, p. 84).

Sobre a questão das verdades jurídicas, recorro novamente a Warat posto que este submete as questões e os posicionamentos consagrados pela tradição epistemológica das ciências sociais a indagações de ordem crítica. Em essência, o que ele faz é mostrar o sentido político da normatividade que esses valores epistemológicos consagrados instauram quando elaboram seus julgamentos sobre os discursos das ciências humanas. Warat, com a maestria peculiar de seus escritos, tematiza a ortodoxia epistemológica, demonstrando os elementos que impedem propostas revisionistas. Ele reconstrói a trajetória epistemológica oficialmente reconhecida e estabelece seus limites e silêncios.

É no espaço entre os limites e os silêncios da epistemologia tradicional (na qual incluo a verificacionista, posto que também estabelece seu discurso competente) que Warat concebe a sua epistemologia das significações. E é também nestes pontos finais e ausências que me proponho a pensar a epistemologia jurídica feminista para o processo penal.

Para Warat (1983, p. 97), o ponto fulcral do deslocamento epistemológico:

> não é dado nem pelo primado da razão sobre a experiência, nem da experiência, nem da experiência sobre a razão, mas

pela supremacia da política sobre a razão e sobre a experiência. É neste sentido que a compreensão das condições de possibilidade das ciências sociais exige a explicitação das relações de força, formadoras de domínios de conhecimentos e sujeitos como efeitos do poder e da significação. Esta análise não é feita pela ortodoxia epistemológica, preocupada com os componentes lógicos e referenciais da produção dos conceitos, alienando, deste modo, o conhecimento científico de sua expressão material como acontecimento significativo; o que provoca representações mais abrangentes que as sugeridas pelo enclausuramento lógico-referencial da falta epistemológica tradicional.

A epistemologia constitui uma teoria global do conhecimento (HARDING, 2002). Daí por que ser fundamental que possamos distinguir o real significado das diversas epistemologias existentes.

Como diz Patricia Collins, longe de ser o estudo apolítico da verdade, a epistemologia aponta para as formas em que as relações de poder moldam quem é acreditado e por quê. De fato, a epistemologia investiga os padrões usados para avaliar o conhecimento ou por que consideramos certas coisas como verdade. O nível de epistemologia é importante porque determina as questões que merecem ser investigadas, os quadros interpretativos que serão usados para analisar os achados e como será o uso de qualquer conhecimento subsequente (COLLINS, 2000, p. 252).

As escolhas epistemológicas sobre em quem confiar, no que acreditar e por que algo é verdadeiro não são, como diz Collins (2000), em regra problemas acadêmicos que interessam. Pelo contrário, em vez disso, as preocupações principais acabam por abordam como questão fundamental quais "versões" da verdade prevalecerão.

Em diálogo com Warat e debate com Ferrajoli, é possível dizer justamente que a epistemologia verificacionista reduz as possibilidades de pensar politicamente o processo penal sob uma perspectiva feminista. Para Warat, a introdução da questão do poder, como plano de análise do conhecimento, bem como a rejeição crítica da problemática da cientificidade da ciência é o que possibilitam o deslocamento do conceito para a significação.

Como diz Warat ao questionar-se sobre a cientificidade da ciência, os epistemólogos tentaram responder a seus questionamentos instaurando critérios inflexíveis de demarcação sobre o que deve ser considerado ou não ciência. Com isso, opuseram "o conhecimento científico às representações ideológicas e as configurações metafísicas, distinguindo a verdade do erro, opondo o sentido referencial às evocações conotativas e diferenciando a "doxa" da "episteme" (WARAT, 1983, p. 98).

Este processo, da maneira como visualiza Warat, é uma concepção de racionalidade científica, uma ordem configurativa do que se deve entender por cientificidade da ciência que, inadvertidamente, origina-se de todas as regiões do conhecimento que foram excluídas, operando como um senso comum teórico[7], uma "doxa" no interior da "episteme", uma ideologia no interior da ciência.

Para Collins (2000, p. 255), as abordagens positivistas visam criar descrições científicas da realidade por meio da produção de generalizações objetivas. Como os pesquisadores têm valores, experiências e emoções amplamente diferentes, a ciência genuína é considerada inalcançável, a menos que todas as características humanas, exceto a racionalidade, sejam eliminadas do processo de pesquisa. Ao seguir regras metodológicas rígidas, os cientistas pretendem distanciar-se dos valores, dos interesses e das emoções geradas por sua classe, raça, sexo ou situação única. Ao se descontextualizar, alegadamente se tornaram observadores e manipuladores da natureza.

Vários requisitos tipificam abordagens metodológicas positivistas (COLLINS, p. 255): i. os métodos de pesquisa geralmente exigem um distanciamento do pesquisador de seu "objeto" de estudo, definindo o pesquisador como um "sujeito" com subjetividade

---

[7] Senso comum teórico. Aqui, como diz Warat: "O senso comum estaria, assim, constituído por todas as significações que, reivindicando um valor assertivo, não deixam de ser uma fala adaptada a preconceitos, hábitos metafísicos, visões normalizadoras do poder, certas tentações de profetismos, ilusões de transparência e noções comuns apoiadas em opiniões. Em suma, uma fala adaptada às práticas espontâneas e disciplinares de pensar, agir e sentir" (1983, p. 98).

humana completa e objetivando o "objeto" de estudo; ii. a ausência de emoções do processo de pesquisa; iii. a ética e os valores são considerados inapropriados no processo de pesquisa, seja como motivo de pesquisa científica ou como parte do próprio processo de pesquisa; e, iv. os debates contraditórios, escritos ou orais, tornam-se o método preferido para determinar a verdade – os argumentos que podem resistir ao maior assalto e sobreviver intactos tornam-se as verdades mais fortes.

Não se trata de distanciar-se completamente do garantismo, mas de submetê-lo ao crivo das vozes silenciadas de quem tem liberdade e dignidade humana em jogo ocupando o espaço reservado à vítima, à ré ou à condenada. Penso, contudo, que já aprendemos com Foucault que o conhecimento reflete interesses do sujeito que conhece e que as verdades ostensivas são informadas por relações de poder. Neste sentido, vejo a questão da objetividade e a questão das verdades jurídicas como pontos de distanciamento entre feminismo e verificacionismo.

CAPÍTULO IV

O PROCESSO PENAL FEMINISTA E SE *GOLDSCHMIDT* FOSSE FEMINISTA?

> *"Garotas de Ipanema, minas de Minas*
> *Loiras, morenas, messalinas*
> *Santas sinistras, ministras malvadas*
> *Imeldas, Evitas, Beneditas estupradas"*
> ("Todas as mulheres do mundo", Rita Lee)

Sem nenhuma sombra de dúvidas um processo penal fundado em uma perspectiva epistemológica feminista necessariamente deve estar sempre vigilante quanto aos riscos do decisionismo e/ou do substancialismo. Por outro lado, é preciso reconhecer que nenhum sistema é capaz de garantir a eliminação completa destes males, como o próprio Ferrajoli reconhece, na medida em que o garantismo constitui um modelo-limite, jamais possível de ser inteiramente satisfeito.

Dito de outra forma, por mais que possamos (e penso realmente que devamos) afirmar a necessária prevalência da jurisdicionalidade, do acusatório, do ônus da prova e do contraditório e/ou da defesa ou da falseabilidade como elementos que preenchem a lacuna do saber "quando e como julgar", enquanto garantias atinentes ao processo, ainda assim, não estaremos livres de magistrados e magistrados em cujas mentes de algum modo vivem ao tempo do *Malleus Maleficarum*. Práticas processuais essas, por sinal, muito conhecidas pelas mulheres até os dias de hoje em procedimentos e decisões muitas vezes orientados a partir de critérios morais que se travestem de legalidade.

Como disse anteriormente, compreendo que a epistemologia jurídica feminista informa o processo penal para além dos limites das inferências probatórias normativas, campo no qual entendo estar circunscrito o garantismo enquanto sistema. Tendo chegado agora o momento de apresentar dois outros tipos de inferências probatórias:

as inferências probatórias epistêmicas e as inferências probatórias interpretativas.

Nas inferências probatórias epistêmicas, o fundamento da proposição que permite passar da informação probatória à hipótese alegada pela parte é realizado pela regra da experiência, que, por seu turno, funda-se em proposições fáticas que buscam descrever uma associação entre elementos que existem na realidade externa ao processo. São generalizações científicas, técnicas, máximas derivadas de contextos profissionais etc. (MATIDA e HERDY, 2016, p. 219).

As inferências probatórias interpretativas, por outro lado, tomam como fio condutor a natureza conceitual da norma que serve de fundamentação à garantia da inferência. Este tipo de inferência ocorre quando julgador ou julgadora necessita delimitar a abrangência de um conceito ou categoria prevista pelo direito para poder decidir a respeito da aceitação ou não de uma hipótese fática. Essa é uma operação de definição conceitual, prévia à categorização dos fatos particulares.

Nesses casos, a aceitação de uma hipótese fática a partir de certa informação probatória dependerá das condições de correção do significado que se atribui ao conceito empregado na proposição geral que garante a inferência probatória. O seu fundamento é uma escolha interpretativa (MATIDA e HERDY, 2016, p. 224).

Dentre estas duas possibilidades de inferências probatórias restritas ao campo de análise do processo, quer me parecer arriscado demais admitir a possibilidade de que se parta de uma realidade externa ao processo, admitindo, com isso, generalizações científicas, técnicas ou máximas derivadas de contextos profissionais. De modo que, na linha do que propõe Ferrajoli, há aí o risco de uma tendência natural ao autoritarismo iluminada pelo substancialismo e decisionismo.

Sem embargo, subjetividade não é subjetivismo. E o que aprendemos com Warat e com a epistemologia feminista nos é suficiente para entender que podemos mais também no campo do processo penal ao valorarmos a emoção como uma variável.

Warat nos ensinou que a releitura da função dogmática jurídica pelas lentes da epistemologia não proporcionou uma resposta satisfatória entre várias questões por ter privilegiado um tipo de conhecimento que caiu na armadilha de reduzir o problema do saber à necessidade de um controle teórico que minimizou o caráter fundante "para o direito da construção da subjetividade e dos processos imaginários e inconscientes de identificação" (WARAT, 2004a, p. 181).

A epistemologia feminista, por sua vez, nos fez compreender o sujeito do conhecimento é considerado como efeito das determinações culturais, inserido em um campo complexo de relações sociais, sexuais e étnicas. Os critérios de objetividade e neutralidade que supostamente garantem a "verdade" do conhecimento caem por terra ao serem submetidos ao modo feminista de pensar que assume a dimensão subjetiva, emotiva e intuitiva do conhecimento. Abandona-se, assim, a pretensão de ser a objetividade e a neutralidade, herdadas do positivismo, como única e válida para a construção do conhecimento.

A legitimidade dos apelos à subjetividade e à necessidade de unir os campos intelectual e emocional é sustentada pela epistemologia feminista (HARDING, 1996, p. 124-127), e, trazida aqui, para o campo processual, de forma mais estrita, como uma inferência probatória interpretativa, cujo condão é o de possibilitar a análise da forma relacional e concreta das mulheres de modo a tornar possível captar aspectos diferentes da natureza e da vida social que são inacessíveis em investigações baseadas nas atividades características dos homens.

No caminho inverso ao garantismo, a referência epistemológica que orienta o PPF reclama abertura para a realização dos fins de controle epistêmico das decisões proferidas. Assim como as feministas já identificaram em todos os demais campos da ciência, também no campo do processo penal, as "*singularidades, idiossincrasias,* existem, mas o lugar encontra-se censurado em nome da objetividade e neutralidade" (ROSA, 2017, p. 169)[1].

---

[1] Em um raciocínio aproximativo do que as epistemólogas feministas vem comprovando ao longo de décadas, no processo penal, Alexandre de Morais da Rosa nos fala sobre o mecanismo de funcionamento da decisão judicial a partir do reconhecimento de que é consciência plena é ilusório e de que o processo penal precisa deixar-se interpelar pela psicanálise. Como ele diz é preciso ir ao encontro do "*um-juiz* humano, portador de uma subjetividade que opera dentro da Instituição, para encontrar *emoções, desejos, complexos*" e que, prossegue o processualista (que também é magistrado), esse "é um

O processo penal feminista define-se como um agir comunicativo que conta, portanto, com um juiz imparcial, independente, equidistante, no qual deve ser garantida, para fins probatórios e decisórios, a oportunidade de fala e de escuta das construções narrativas das experiências vividas pelas mulheres na família, na sociedade e no sistema de justiça criminal tanto enquanto acusadas, tanto como vítimas em contextos de toda e qualquer violência de gênero.

No processo penal, a atividade do juiz é sempre recognitiva, sendo ele, por essência, um ignorante, que desconhece o fato, e que somente consegue conhecê-lo por meio do que chega ao processo (LOPES JR., 2016). Entretanto, sob as togas existem seres humanos que nenhum modelo normativo, posto que sempre será tão somente um modelo-limite, poderá controlar.

O processo penal feminista não confere ao magistrado ou à magistrada ampla liberdade para simplesmente desconsiderar o SG. Ele, como faço questão de reiterar, permanece válido enquanto sistema de inferências probatórias. O PPF, contudo, vai além das inferências normativas. Ele sobrepõe um sistema maior de controle epistêmico a partir de inferências interpretativas que se fundam nos direitos e garantias fundamentais das mulheres a partir de inferências interpretativas ancoradas nas narrativas construídas nos autos de cada processo. Trata-se, pois, de um giro epistemológico na redefinição de aspectos da teoria da prova e da teoria da decisão sob uma perspectiva criminologicamente fundamentada.

Nas linhas que seguem, desejo abrir um diálogo sobre alguns aspectos que me parecem candentes nas discussões travadas hoje no campo do processo penal a envolver as mulheres tanto como vítimas, quanto como rés ou condenadas e com isso demonstrar de que modo

---

caminho rumo à democratização do *ato* decisório" (2017, p. 168).Como escreve Rosa, Não se trata evidentemente de eclipsar seu lugar, nem de aceitar a decisão consensual entre os jogadores envolvidos sobre o 'o caso penal', muito menos de adotar a *psicologia do eu*. Cuida-se em reconhecer a influência do *inconsciente* do *um-julgador* o momento do *ato* decisório, uma vez que 'não tem sentido manter uma venda nos olhos para fazer de conta que o problema não existe'. Isso porque, na maioria das condutas criminalizadas, a consciência do fato chega sempre atrasada (ROSA, 2017, p. 168).

é possível e necessário reconhecer as experiências das mulheres como o ponto de partida no contexto probatório e decisório.

Os temas por mim escolhidos são espinhosos, posto que dizem respeito à produção e valoração da prova em crimes sexuais, particularmente em defesa do depoimento especial da mulher, da admissibilidade da prova pericial pelo exame de corpo de delito psicológico e do reconhecimento do caráter unitário das narrativas trazidas aos autos em contextos de pluralidades de ofendidas a serem consideradas uma única vítima coletiva em crimes sexuais cometidos por autoridades profissionais ou religiosas. Atenho-me também ao tema dos sujeitos processuais, para entender a assistência à vítima como sujeito processual *sui generis;* a questão da prisão cautelar e da audiência de custódia em face da credibilidade da palavra da mulher e a obrigatoriedade de conversão de prisão preventiva em prisão domiciliar de mulheres gestantes e/ou mães de filhos/as menores de 12 anos. Por fim, ofereço algumas contribuições sobre o inquérito policial e o que cunhei como feminicídio de Estado e também sobre o direito à construção da narrativa de vida como elemento do direito de defesa em casos de criminalização de mulheres notadamente pelo tráfico de drogas.

Como disse, serão temas difíceis que, contudo, precisam ser enfrentados. De maneira que, em síntese, este capítulo encerrará algumas referências exemplificativas de uma perspectiva epistemológica feminista para o processo.

As exemplificações que trago não são, em meu entender, o ponto de chegada. Pelo contrário, aqui entendo iniciada uma nova trajetória direcionada primordialmente a discutir desde a perspectiva feminista dois pontos nevrálgicos do mecanismo processual aos quais é preciso dedicar esforços críticos. O primeiro, o sistema probatório, posto representar a espinha dorsal do processo, e o segundo, o ato decisório final, posto ser a sentença seu fim último.

Mais do que uma tarefa que individualmente me toca realizar, desejo seja esta a proposta de um projeto a ser construído coletivamente, a partir das reflexões aqui lançadas, por processualistas feministas cuja perspectiva político-criminal, como sói acontecer, deve ser libertária.

4.1. VÍTIMAS E ACUSADAS: O SER "MULHER" NO PROCESSO PENAL

Como já tive oportunidade de dizer em *Criminologia Feminista: novos paradigmas* não é possível compreender os processos de criminalização e vitimização das mulheres sem que se considerem crenças, condutas, atitudes e modelos culturais, bem como o *modus operandi* das agências punitivas estatais em relação a elas.

Daí por que, em uma linha de consequência, para o processo penal feminista, a análise sobre as experiências das mulheres "dentro do processo" tem como imprescindível a existência de uma base criminológica que as revele a partir da análise por suposto empírica do que ocorre "dentro do sistema de justiça. A produção do conhecimento no campo processual feminista" – e, por óbvio, "sua capacidade de orientar novas condutas a partir das novas leituras que faz", como adiante demonstrarei –, portanto, seja quanto à criminalização, seja quanto à vitimização das mulheres, exige uma fundamentação criminológica igualmente feminista para qual é imprescindível considerar como o patriarcado manifesta-se de modo a institucionalizar o domínio masculino que se estende a toda a sociedade, garantindo que os homens assumam os espaços públicos de poder, e que as mulheres sejam relegadas ao privado (MENDES, 2017a).

O patriarcado não torna as diferenças entre mulheres e homens fixas e imutáveis, mas qualifica as relações entre os sexos ao evidenciar o vetor de dominação e exploração do homem sobre a mulher presente em sociedade. Para além de se referir às relações de dominação, opressão e exploração masculinas, a construção social do gênero implica falar sobre espaços, papéis e estigmas[2]. Como esclarece Andrade (2012, p. 141):

---

[2] O estigma pode ser definido como as marcas e os atributos pelos quais alguém é criticado e marginalizado pela sociedade. Uma marca construída como negativa e que caracteriza a identidade do "outro" e da qual este não consegue libertar-se. É como se a sociedade ficasse cega para os outros atributos que determinada pessoa tem, vendo apenas seu traço estigmatizado. Caracteriza, assim, categorias de indivíduos e as especificidades esperadas por essas categorias, por meio de seus estereótipos negativos (GOFFMAN, 1999).

Cap. IV • O PROCESSO PENAL FEMINISTA E SE *GOLDSCHMIDT* FOSSE FEMINISTA? | 93

A esfera pública, configurada como a esfera da produção material, centralizando relações de propriedade e trabalhistas (o trabalho produtivo e a moral do trabalho), tem seu protagonismo reservado ao "homem" enquanto sujeito produtivo, mas não a qualquer "homem". A estereotipia correspondente para o desempenho deste papel (trabalhador no espaço público) é simbolizada no homem racional-ativo-forte-potente-guerreiro-viril-público-possuidor.

A esfera privada, configurada como a esfera da reprodução natural e aparecendo como o lugar das relações familiares (casamento, sexualidade reprodutora, filiação e trabalho doméstico), tem seu protagonismo reservado à mulher, com o aprisionamento de sua sexualidade na função reprodutora e de seu trabalho no cuidado do lar e dos filhos. É precisamente este, como veremos, o eixo da dominação patriarcal.

Os atributos necessários ao desempenho do papel subordinado ou inferiorizado de esposa, mãe e trabalhadora do lar (doméstica) são exatamente bipolares em relação ao seu outro. A mulher é então construída femininamente como uma criatura emocional-subjetiva-passiva-frágil-impotente-pacífica-recatada-doméstica-possuída. Em síntese, espaço público – papéis patrimoniais –, estereótipos do polo da atividade: ao patrimônio, o cuidado dos bens. Espaço privado – papéis matrimoniais –, estereótipos do polo da passividade: ao matrimônio, o cuidado do lar.

Como escrevi em companhia de Michelle Karen Santos (2017c), são irretocáveis as ponderações de Andrade (2012), no sentido de que o simbolismo de gênero age com uma poderosa estereotipia e com uma identificável carga estigmatizante a partir de valores construídos e enraizados estruturalmente nos quais a figura do feminino é relacionada à subordinação e a figura do masculino é associada à dominação.

O direito não passa incólume ao simbolismo de gênero e menos ainda ao patriarcado. Por consequência, o modo de funcionamento do sistema de justiça criminal também não. Pelo contrário, o processo penal e o modo de funcionamento do sistema penal não só reproduzem desigualdades baseadas no gênero, mas produzem muitas destas próprias desigualdades. (MENDES e SANTOS, 2017, p. 218).

Sob os argumentos de "proteger a família", "defender a honra" e "garantir o pátrio poder" (MEDEIROS e MELLO, 2015, p. 213), com o desenvolvimento da sociedade patriarcal estigmas não só legitimaram (e legitimam) exigências de padrões comportamentais femininos como também impuseram (e impõem) mecanismos de controle sobre os corpos das mulheres – seja mediante políticas de repressão e domínio dos direitos sexuais e reprodutivos, seja pelo encarceramento em massa.

O sistema de justiça criminal, do qual o processo é um instrumento, orienta-se a partir de estigmas criados e alimentados pelo patriarcado. Eis aí o nascedouro e o lugar onde se assentam, por exemplo, a desconfiança em relação à palavra da mulher e a inexistência de uma forma "humanizada" de colheita de seu depoimento quando é vítima ou, de outro lado, quando é acusada, o fato de a negativa de prisão domiciliar ainda ser recorrente, em que pese decisões de nossa mais alta Corte e a existência de previsão legal. E eis o que pretendo demonstrar nas linhas que seguem.

4.2. PRODUÇÃO E VALORAÇÃO DA PROVA

4.2.1. O depoimento especial da ofendida

Não há melhor forma de compreender o que significa o "ser mulher vítima" no processo penal se não a partir do que, como eu e Elaine Pimentel (2018) já escrevemos, sobre o sentido atribuído ao estupro no Brasil. Como dizemos, inscrito como um *crime contra os costumes*", a redação inicial do Código Penal de 1940 não tomou a dignidade da mulher, sua liberdade ou integridade física e moral como o parâmetro para a proteção penal. Algo não à toa, pois o que, de fato, colocava-se em questão era a honra do homem, seja pai, irmão, marido, isto é, o proprietário e possuidor daquele objeto: o corpo da mulher. Violentar uma mulher significava desonrar a família e, nesse sentido, o crime, por si só, era considerado um ato de demonstração de força, de diminuição do outro: o patriarca, proprietário das terras, dos escravos, das mulheres (MENDES e PIMENTEL, 2018, p. 316).

A mudança ocorrida com a Lei 12.015/2009, pela qual passa a denominar *Crimes contra a dignidade sexual* e *crimes contra a liberdade sexual*[3], aponta para a construção de outro paradigma na estrutura

---

[3] É importante notar que a Lei Maria da Penha sofreu recentes alterações, especialmente no que toca ao reconhecimento de que a violação da intimi-

dogmática penal, considerando a vitimização feminina e a condição das mulheres como sujeitos de direito e de sua própria sexualidade. Uma mudança que, contudo, não foi capaz de ultrapassar a força da cultura nas relações de opressão de gênero, que estão nas bases sociais das práticas de crimes sexuais contra as mulheres (MENDES e PIMENTEL, 2018, p. 317).

Em verdade, a preponderância da cultura patriarcal até os dias de hoje ainda reserva às mulheres a condição de objeto (no sentido de propriedade, posse, objeto de desejo), a ponto de atribuir às suas experiências de vitimização os sentidos que atendem aos interesses da própria cultura. A pouca (em alguns casos quase nenhuma) credibilidade dada à palavra da vítima ou incapacidade para entender que a ela deve ser conferido tratamento digno e respeitoso – o que significa não ser, por exemplo, submetida a um depoimento em uma sala de audiências na qual ela se vê rodeada, por homens (muitas vezes só homens) demonstram claramente isso.

Na perspectiva exterior às experiências da vítima, há um evidente reducionismo processual penal que minimiza a violência sofrida pelo seu modo de operar a partir de construções dogmáticas só na aparência ancoradas no respeito a garantias fundamentais. A consequência disso é uma mulher silenciada à qual cabe a difícil tarefa de demonstrar que não consentiu com o ato e que, embora de forma subliminar, mas principalmente, sua conduta do agressor. Como digo em companhia de Pimentel (2018, p. 318):

> Um dos caminhos para o silenciamento da vítima com relação às suas percepções pessoais acerca da violência sofrida consiste no conjunto de questionamentos que tendem a ser postos diante das mulheres vitimadas, seja ao longo da investigação ou durante o processo, momentos em que a narrativa da vítima ganha relevo, não necessariamente para receber a imediata credibilidade, mas sim para se verificar, por via indireta, na situação concreta, que ações da vítima contribuíram de alguma forma para que a vio-

---

dade da mulher configura violência doméstica e familiar e à criminalização do registro não autorizado de conteúdo com cena de nudez ou ato sexual ou libidinoso de caráter íntimo e privado (Lei 13.772/2018).

lência sexual ocorresse. Reaparece, então, o espectro da *vítima colaboradora*, sobre a qual foram escritas páginas e páginas dos manuais tradicionais de direito penal.

Para a vítima, mais do que um ato processual consistente em seu depoimento, o que está em jogo é o seu existir, o seu estar-no--mundo. Daí porque, desde muitos anos venho afirmando que a condição ontológica de vitimização só pode ser compreendida a partir de filtros que tomem como ponto de partida a experiência das mulheres (MENDES, 2017).

> Mais do que somente uma narrativa dos fatos, a condição de vitimização de uma mulher em crimes sexuais impõe essa importante atribuição de sentidos, que tende a ser negada às vítimas no curso do processo penal, tendo em vista a interpretação unilateral por uma fonte de poder, o julgador. (MENDES e PIMENTEL, 2018, p. 319).

O estupro é o crime com o maior índice de subnotificação no mundo. Pesquisas mostram que somente entre 10% e 35% das vítimas de violência sexual denunciam seus agressores. No Brasil, ainda hoje, prepondera a crença masculina de que o corpo feminino deve estar ao dispor de seus desejos, como se mero objeto fosse, existindo e persistindo a partir de um substrato cultural de vitimização[4] (ou revitimização) para o qual o aparato estatal contribui decisivamente. Essa é a realidade a informar a interpretação da norma processual penal.

---

[4] É possível afirmar que o processo ao qual é submetida uma mulher vítima de violência sexual vai desde o próprio ato sofrido (a ocorrência do crime); passa pelos obstáculos estruturais a serem enfrentados (inexistência de delegacias especializadas próximas, difícil acesso ao serviço médico legal etc.), assim como pelo descrédito e "julgamento de conduta" a que é submetida dentro do sistema de justiça criminal (tratamento dispensado pelos agentes de polícia, servidores nos órgãos de perícia e, também, por juízes, defensores públicos, advogados e outros na fase judicial); e, por fim, chega à *etiqueta*, que de um modo amplo lhe é lançada a partir de sua conduta social, familiar e, principalmente, moral. A esses três estágios chamamos, respectivamente, de vitimização primária, secundária e terciária.

Cap. IV • O PROCESSO PENAL FEMINISTA E SE *GOLDSCHMIDT* FOSSE FEMINISTA? | **97**

Como muito bem ponderam Rosane Lavigne e Cecilia Perlingeiro ao tratarem de casos de violência doméstica e familiar contra a mulher (2011, p. 297):

> É notório que a violência dessa natureza ocorre, em grande parte, sem testemunhas presenciais. Ao dar ensejo ao pedido de medidas protetivas, a palavra da vítima, com suas marcas visíveis e invisíveis relata, via de regra, anamnese até então oculta, na qual finca raiz a violência geradora do pedido de amparo e tutela. Deve sua palavra ser valorada. Depreciar seu depoimento implica abandonar a vítima à própria sorte e contribui para a falta de efetividade dos mecanismos conquistados.

Tomo a constatação acima referente aos processos envolvendo violência doméstica e familiar para compreender de igual modo o valor da palavra feminina naqueles em que estejam em discussão violações sexuais.

Obviamente que não se pretende revestir de sacralidade a palavra da mulher vítima de violência doméstica e familiar e, desta forma, suprimir os direitos do suposto autor do fato, tal como adverte Geraldo Prado (2009, p. 97). Mas o intuito é, como escrevem Lavigne e Perlingeiro (2011, p. 297), "ressignificar a palavra da mulher nesse contexto, expandindo-a na medida do devido processo legal, livre de representações muitas vezes trazidas aos autos por imaginário marcado por estereótipos e discriminações."

A palavra da vítima é, sim, a principal prova nos delitos sexuais e, por tal razão, há de ser respeitada nos parâmetros de dignidade que a todos e todas devem ser garantidos desde o procedimento investigatório até o completo esgotamento do processo judicial. Mas não somente isso, é preciso mais.

É preciso que sejam efetivados instrumentos processuais de proteção ao valor probante da palavra da mulher vítima de uma agressão – como é a sexual – pelo mais do que conhecido contexto de depreciação que sofre pela ação da cultura patriarcal à qual o sistema de justiça criminal não está imune. Para tanto é necessário efetivar a garantia de que a mulher não seja submetida a expedientes vexatórios de julgamento moral – como é corriqueiro ver-se durante o processo penal, em especial durante a tomada de depoimento da ofendida – reconhecendo-se a ela o direito de depor de modo e em local especial, apartado da presença do réu e de qualquer outra pessoa ou circunstância que lhe possa gerar medo, constrangimento, vergonha ou autoculpabilização.

A Declaração sobre a Eliminação da Violência contra as Mulheres (adotada pela Resolução 48/104, da Assembleia Geral das Nações Unidas) insta os Estados-Membros, dentre outras obrigações, a prover mecanismos e procedimentos jurisdicionais acessíveis e sensíveis às necessidades das mulheres submetidas a violência e que assegurem o processamento justo dos casos" (10, "d"). De igual sorte, a Convenção Interamericana para Prevenir, Punir e Erradicar a Violência contra a Mulher, concluída em Belém do Pará, em 09 de junho de 1994 (incorporada ao nosso ordenamento jurídico pelo Decreto 1.973, de 1º de agosto de 1996), determina como dever do Estado não somente que este estabeleça procedimentos jurídicos justos e eficazes para a mulher sujeitada à violência, inclusive, entre outros, medidas de proteção, juízo oportuno e efetivo acesso a tais processos (art. 7, "f"); mas, antes de tudo, que tome todas as medidas adequadas para modificar práticas jurídicas ou consuetudinárias que respaldem a persistência e a tolerância da violência contra a mulher (art. 7, "e").

É de ressaltar que a plausibilidade legal para a adoção do depoimento especial para vítimas de violência sexual, digo eu, **em todos os casos**, já encontra caminho aberto pois, nos termos da Lei 11.340/2006, com a inclusão do art. 10-A pela Lei 13.505/2017, foram estabelecidas diretrizes para a inquirição de mulher em situação de violência doméstica e familiar ou de testemunha concernentes a: I – salvaguarda da integridade física, psíquica e emocional da depoente, considerada a sua condição peculiar de pessoa em situação de violência doméstica e familiar; II – garantia de que, em nenhuma hipótese, a mulher em situação de violência doméstica e familiar, familiares e testemunhas terão contato direto com investigados ou suspeitos e pessoas a eles relacionadas; III – não revitimização da depoente, evitando sucessivas inquirições sobre o mesmo fato nos âmbitos criminal, cível e administrativo, bem como questionamentos sobre a vida privada.

Aliás, a Lei 11.340/2006 prevê ainda mais, pois determina que, em casos de violência doméstica e familiar, a inquirição da vítima ou de testemunha, preferencialmente, a inquirição será realizada em recinto especialmente projetado para esse fim, o qual conterá os equipamentos próprios e adequados à idade da mulher ou testemunha e ao

Cap. IV • O PROCESSO PENAL FEMINISTA E SE *GOLDSCHMIDT* FOSSE FEMINISTA? | 99

tipo e à gravidade da violência sofrida; e que, quando for o caso, a inquirição será intermediada por profissional especializado em violência doméstica e familiar designado pela autoridade judiciária ou policial.

Nesta esteira, nada obsta que seja legal e, diga-se, convencionalmente reconhecido às vítimas de crimes contra a dignidade sexual, à semelhança do que prevê a Lei 11.340/2006 e – guardadas as devidas adaptações necessárias – do já garantido a crianças e adolescentes[5], o direito ao depoimento único e especial como medida sensível de colheita de sua narrativa que, por consequência, contribuirá para o processamento adequado em casos onde a regra é, como dito linhas atrás, uma absurda "inversão do ônus da prova" jogada sob as costas de quem sofreu a violência desde a fase investigativa até a judiciária.

4.2.2. A vítima coletiva em casos de crimes sexuais cometidos por autoridade profissional ou religiosa

Como já apontado por Marcos César Alvarez em relatório de pesquisa sobre o papel da vítima no processo penal produzido pelo

---

[5] Nos termos da Lei 13.431, de 4 de abril de 2017, depoimento especial é o procedimento de oitiva de criança ou adolescente vítima ou testemunha de violência perante autoridade policial ou judiciária (art. 8º). A criança ou o adolescente será resguardado de qualquer contato, ainda que visual, com o suposto autor ou acusado, ou com outra pessoa que represente ameaça, coação ou constrangimento (art. 9º). A escuta especializada e o depoimento especial serão realizados em local apropriado e acolhedor, com infraestrutura e espaço físico que garantam a privacidade da criança ou do adolescente vítima ou testemunha de violência (art. 10). O depoimento especial reger-se-á por protocolos e, sempre que possível, será realizado uma única vez, em sede de produção antecipada de prova judicial, garantida a ampla defesa do investigado (art. 11). O depoimento especial seguirá o rito cautelar de antecipação de prova quando a criança ou o adolescente tiver menos de 7 (sete) anos, ou em caso de violência sexual (art. 11 § 1º, I e II). Não será admitida a tomada de novo depoimento especial, salvo quando justificada a sua imprescindibilidade pela autoridade competente e houver a concordância da vítima ou da testemunha, ou de seu representante legal (art. 11, § 2º). Importante lembrar que o Conselho Nacional de Justiça editou, em 5 de novembro de 2019, a Resolução 299, que dispõe sobre o sistema de garantia de direitos da criança e do adolescente vítima ou testemunha de violência, de que trata a Lei 13.431/2017, aqui mencionada.

100 | PROCESSO PENAL FEMINISTA – Soraia da Rosa Mendes

Instituto Brasileiro de Ciências Criminais – IBCCRIM, no bojo do Projeto Pensando o Direito (2010), é possível dizer que exista certo consenso em torno da ideia de que a presença da vítima no espaço público contemporâneo acarreta uma ruptura profunda na sociedade moderna. Por outro lado, como o pesquisador também aponta, isso não se pode dizer quando se trata de avaliar criticamente tal processo.

As conclusões apresentadas por Alvarez levam já quase uma década. Contudo, permanecem também em campos que se antagonizam. De um lado, perseveram posições que veem a emergência da importância da vítima como impulsionadora de novas formas de ação coletiva, novas formas de construção dos sujeitos sociais e possibilidades de emancipação. De outro, aquelas que, entendem que esse "fenômeno indicaria notadamente um novo fervor punitivo que se torna hegemônico na sociedade contemporânea e que ameaça as garantias e direitos conquistados ao longo da modernidade (ALVAREZ, 2010, p. 14).

De minha parte, entendo como certeira a afirmação de Alvarez de que, se a violência, em suas diferentes faces, representa sempre a negação dos sujeitos,

> a emergência da vítima como sujeito na cena pública pode ajudar no combate à própria violência, ao exercer um efeito de responsabilização sobre políticas e representações, ao contribuir para a construção da memória histórica, ao permitir novas perspectivas de reconhecimento, mesmo que a derivação populista em torno da questão, sobretudo no plano penal, não possa ser subestimada.

Aduzo tão somente à parte final da citação que, à exceção de casos nos quais o clamor punitivo encontra no sujeito criminalizado, a junção dos recortes de classe e raça, exatamente nos termos do que dizem Zaffaroni e Batista, para quem a uma invocação à dor da vítima configura "senão como uma oportunidade para o exercício do poder que a perspectiva da seletividade estrutural torna bitolado e arbitrário" (2003, p. 384), no que toca aos crimes sexuais, o que reivindicam as vítimas não se trata de uma mera e irrefreada "punitiva", mas do reconhecimento de que a culpabilização da vítima se dá também e fundamentalmente pelo desacredito à sua história de martírio em juízo[6].

Ainda que a jurisprudência tenha avançado no sentido de reconhecer a palavra da vítima como meio de prova em crimes contra a dignidade sexual, para além dos desafios concernentes à persistente cultura patriarcal, como mencionei, talvez nenhum outro caso desafie tanto os limites a serem dados sobre o valor probante da palavra da vítima do que aqueles nos quais esta somente assim pode ser compreendida enquanto coletiva.

De todos os crimes – e aqui não vai nenhum apreço, nem mesmo inconsciente, pela celeridade processual que viola direitos e garantias do acusado –, é possível dizer que aqueles que atingem a dignidade sexual são os mesmos nos quais o tempo opera como o maior fator de destruição da figura pública da vítima e de suas relações familiares e sociais.

Em regra, em todos os casos que envolvem esses delitos, poucos meses são necessários para que a vida das vítimas seja destroçada pelo julgamento público, pela incompreensão das famílias, pela culpa que (como mulheres que somos) nos foi incutida pela cultura de que sempre, de algum modo, somos responsáveis pelas violências que sofremos.

---

[6] Ainda que muitos processualistas penais, normalmente em razão da jurisprudência, tendam a afirmar que tem sido dado maior valor probante à palavra da vítima em casos de crimes cometidos na clandestinidade, sem que haja testemunhas, como nos crimes sexuais, ainda assim o fazem com muitas reservas que, em realidade, a despeito da contemporaneidade de seus manuais, tratados, cursos de direito processual penal etc., remontam a conceitos sobre a condição moral das vítimas. Gustavo Henrique Badaró, por exemplo, em edição de 2017 (!) de sua obra Processo Penal, ao passo em que afirma que a palavra da vítima de forma isolada não pode embasar um decreto condenatório (o que, de regra, fazem todos os demais processualistas penais), socorre-se, por sua vez, de Costa Manso abrindo aspas para citar que "se assim fosse, ilusório seria o direito, e a liberdade de cada um estaria sempre ameaçada pela palavra de **qualquer mulher, dada à chantagem, à fantasia ou mesmo de outras más tendências**". Grifei o que já saltaria aos olhos, mas é invisível a quem, ainda que inconscientemente, julga a mulher com a mesma régua que utilizavam Kramer e Sprenger nos idos do século XV.

É o tempo no qual casamentos são desfeitos por maridos que consideram a vítima uma traidora. A hora em que a ofendida passa a ser xingada, ou até agredida fisicamente, por seu companheiro, seus familiares e/ou sua vizinhança. É o exato momento em que a mulher começa a solidificar em seu interior que tudo por ter sido sua própria culpa.

Repito: não se trata de levantar uma bandeira punitiva (e populista) por uma justiça tipo *fast food*. De outro lado, contudo, também reitero: a história de vida de uma vítima de um crime sexual nunca se resume ao fato, pois ela, no mais das vezes, é outra bem pior após o ocorrido e com o passar do tempo se este se arrasta.

O rompimento do silêncio nunca é fácil em casos de estupro ou outro tipo de crime contra a dignidade sexual. Basta lembrar que este tipo de delito é o de maior subnotificação no mundo. E, por todas as razões que citei e que constituem somente uma ínfima parte de todo o processo de revitimização, jamais é simples para uma mulher levar até o conhecimento da autoridade judiciária a violação sofrida.

Por outro lado, no Brasil, em casos como os que envolvem figuras como o médium João de Deus, o médico Roger Abdelmassih ou os padres católicos ligados à Diocese de Limeira (interior de São Paulo), ou mesmo dos que vieram à tona e impulsionaram o movimento que ficou conhecido como #metoo no exterior, a dor das vítimas nunca é só sua. Ela é sempre compartilhada. É justamente o viver coletivo desta dor que possibilita a todas, quando uma rompe o silêncio, compreenderem-se também como vítima na situação de violência que sofreram.

Vilma Piedade, em seu livro *Dororidade* (2017), nos diz que mais do que uma solidariedade entre mulheres que passou a ser conhecida pelo termo sororidade, o que de fato nos une são as dores que compartilhamos. É o choro comum das mães que perderam os filhos em chacinas em comunidades pobres deste país que as une na luta por justiça. É o nó na garganta que as mulheres negras carregam em razão da discriminação e do preconceito que as faz romper obstáculos.

Digo eu agora que é na insistência e persistência de cada vítima de um crime sexual em casos onde, algumas vezes ela sequer assim se percebia até tomar conhecimento de que não era a única, que se sustenta a fortaleza de seguir adiante em um procedimento judicial que também muitas vezes é parte do sistema de revitimização.

Importante referir que a compreensão do significado da dor compartilhada pelas vítimas em casos nos quais o abuso sexual ocorre, valendo-se o autor da autoridade profissional ou religiosa que possua, em nada representa aderência ou concordância com os termos de projetos de lei em curso nas Casas do Congresso Nacional que, partindo de simplista raciocínio meramente retributivista, visam alterar o Código Penal para punir com mais rigor, por exemplo, padres, pastores e técnicos esportivos envolvidos em casos de crime sexual.

Atualmente, dada a alteração promovida pela Lei 13.718/2018 (que alterou a redação do art. 226, II do Código Penal), a legislação penal brasileira já prevê o aumento da pena em casos de crime sexuais praticados por padrasto ou madrasta, tio, irmão, cônjuge, companheiro, tutor, curador, preceptor ou empregador da vítima ou por qualquer outra pessoa que tiver autoridade sobre ela ou lhe inspire confiança. Essa previsão em muito pouco ou nada contribuirá para que meninos e meninas continuem diuturnamente a serem molestados e molestadas dentro do próprio lar e para que os perpetuadores de tais violências sejam efetivamente punidos[7].

Em crimes cometidos entre quatro paredes, tendo de um lado vítimas sempre solitárias em seus medos e dores, e de outro um algoz que sustenta sua "reputação" na respeitabilidade pública que fama, organização religiosa, *status* acadêmico etc. lhe confere, problema continuará sendo, sempre, o mesmo: a prova. Portanto, menos do que proposições de expansão punitivista, o que se faz necessário no campo da dogmática (no caso a processual penal) é um giro paradigmático em direção a uma perspectiva epistemológica feminista de processo

---

[7] A propósito da Lei 13.718/2018, justiça se faça, por outro lado, para dizer, se algo de substantivo há em sua redação naquilo em que também alterou o Código Penal, este está no avanço representado pelo caráter de ação pública incondicionada que passaram a ter os casos a envolver os crimes contra a liberdade sexual e os crimes sexuais contra vulneráveis.

que dá novo sentido à formação probatória em casos como os que envolvem representantes religiosos, professores, atores famosos ou qualquer outra pessoa cuja autoridade imponha o medo e o silêncio a dezenas, quiçá, centenas de vítimas.

Em processos tais como o João de Deus, Abdelmassih ou o Padre Leandro, respeitada, por óbvio, a necessidade de que cada fato seja deduzido na respectiva denúncia pelo Ministério Público, a vítima pelo tempo do processo e as consequências deste, pelo silêncio rompido em um contexto de medo e insegurança e pela dororidade que a une à outra, e à outra, e à outra, e a outras tantas, nas quais se sustenta sua narrativa, nunca poderá ser considerada como isolada nem mesmo na relação processual.

A vítima em casos como esse é uma "coletiva". Compreendê-la de modo diverso é o resultado de um autismo epistemológico que só aparentemente encontra amparo legal e constitucional.

4.2.3. (Re)pensando a prova pericial nos crimes sexuais

Conforme disciplinado no art. 158 do Código de Processo Penal, quando a infração deixar vestígios, será indispensável o exame de corpo de delito, direto ou indireto, não podendo supri-lo a confissão do acusado[8]. O corpo de delito é própria materialidade do crime, sendo, portanto, o exame de corpo de delito a perícia a ser realizada para os fins de apontar a prova da existência do crime.

O exame de corpo de delito direto é realizado pelos peritos, que examinam os vestígios deixados pelo crime, ou seja, o corpo de delito, e respondem aos questionamentos formulados pelas autoridades judiciárias e pelas partes. Em síntese, no exame direto, os peritos examinam o próprio "corpo de delito", que constitui a materialidade da infração penal que porventura tenha ocorrido.

---

[8] De acordo com alteração promovida pelo advento da Lei 13.721/2018 deverá ser dada prioridade para a realização do exame de corpo de delito quando se tratar de crime que envolva violência doméstica e familiar contra mulher ou violência contra criança, adolescente, idoso ou pessoa com deficiência. Nesse sentido, o art. 158, parágrafo único, incisos I e II, do Código de Processo Penal.

Entretanto, muitas vezes e múltiplas causas podem inviabilizar o exame de corpo de delito, sendo o desaparecimento dos vestígios, por exemplo, um deles. Algo extremamente comum em casos de crimes sexuais, em especial o estupro, nos quais os vestígios se existentes, em caso de violência real, exigem da vítima que, antes de qualquer avaliação médica, por exemplo, não jogue fora ou troque de roupa, não se lave, não tome banho, não use ducha, não corte as unhas, não escove os dentes ou usem desinfetantes bucais, tudo sob o risco de, com isso, destruir a prova da materialidade do crime.

Ou seja, o que se exige da vítima é todo o contrário do que sabidamente o trabalho imediato de sua psique lhe ordena fazer: tentar limpar-se, depurar-se, tirar de si a sujeira de um ato de violência que a cultura machista faz com ela, muitas vezes, entenda ter sido ela própria a responsável. Só uma mulher estuprada sabe o que significa sentir-se "imunda". Mas é isso o que se exige-se dela no processo: que imediatamente após o crime, racionalmente compreenda que a imundície de seu corpo é a prova (no mais das vezes, segundo a doutrina tradicional, a única prova) da violação sofrida.

No Brasil, desde o atendimento obrigatório e integral de pessoas em situação de violência sexual, veio a ser expressamente disciplinado pela Lei 12.845, de 1º de agosto de 2013, segundo a qual os hospitais devem oferecer às vítimas de violência sexual atendimento emergencial, integral e multidisciplinar, visando ao controle e ao tratamento dos agravos físicos e psíquicos decorrentes de violência sexual, e encaminhamento, se for o caso, aos serviços de assistência social.

O atendimento à vítima deve ser imediato e é obrigatório em todos os hospitais integrantes da rede do SUS, compreendendo o diagnóstico e tratamento das lesões físicas no aparelho genital e nas demais áreas afetadas; o amparo médico, psicológico e social imediatos; a profilaxia da gravidez; a profilaxia das Doenças Sexualmente Transmissíveis – DST; a coleta de material para realização do exame de HIV para posterior acompanhamento e terapia; e o fornecimento de informações às vítimas sobre os direitos legais e sobre todos os serviços sanitários disponíveis.

Além destes serviços, ressalto, obrigatórios e imediatos, a serem oferecidos às vítimas está também a facilitação do registro da ocorrência e o encaminhamento ao órgão de medicina legal e às delegacias especializadas com informações que possam ser úteis à identificação do agressor e à comprovação da violência sexual. Dispõe a lei, para tanto, que, no tratamento das lesões, caberá ao médico preservar materiais que possam ser coletados no exame médico legal. Compete, por fim, ao órgão de medicina legal o exame de DNA para identificação do agressor.

Todo o arcabouço legal, como visto, parte de um pressuposto de preservação por parte da vítima da prova da violência que sofreu. Contudo, sem contar os casos nos quais o estupro se dá pela prática de atos libidinosos, como proceder naqueles nos quais, ainda que haja vestígios do ato sexual, a vítima não apresenta qualquer lesão? É razoável entender, portanto, que houve o consentimento? No mais das vezes, a resposta judiciária é positiva para essa última pergunta. Discordo.

Luciana Lopes Rocha e Regina Lúcia Nogueira no trabalho intitulado *Violência sexual: um diálogo entre o direito e a neurociência* no qual analisam os efeitos traumáticos da violência sexual sobre o cérebro e as reações de defesa de vítimas de violência sexual, apontam que, conforme estudos que vêm sendo realizados há praticamente quatro décadas[9] os comportamentos de enfrentamento das vítimas em casos de estupro cingem-se em três fases. São elas: durante a ameaça de ataque, durante o ataque propriamente dito e no período imediatamente a seguir. O ponto comum em todas as etapas é o fato de que a grande maioria das vítimas percebe o ato como uma ameaça à vida (ROCHA e NOGUEIRA, 2017, p. 285). Como citam as autoras, a partir dos estudos de Burgess e Holmstrom:

> Durante a ameaça de ataque, parte das vítimas apresentavam alguma estratégia cognitiva, verbal ou física, como pensar em uma saída, gritar ou tentar argumentar com o agressor, fugir ou lutar. No entanto, um terço das vítimas não conseguia usar nenhuma estratégia para evitar o ataque, "a vítima ficava fisicamente paralisada e totalmente dominada pelo agressor". No momento do ataque, quando a vítima percebe que o ataque é inescapável, as

---

[9] As autoras referem, entre outros, a estudos de Burgess e Holmstrom datados em 1976.

> estratégias de enfrentamento visam à sobrevivência e são muito variáveis. Dentre elas, foram relatadas a tentativa de não fazer nada que provocasse um aumento da violência e uma combinação de respostas verbais e afetivas como gritar e implorar. Além disso, vítimas relataram que tentaram lutar com o agressor para evitar penetração, mas perceberam que era o que o agressor queria, "Quanto mais eu gritei e lutei, mais excitado ele ficou". Respostas fisiológicas como falta de ar, náusea, vômito, hiperventilação, dor, também foram relatadas, além do relato de perda de consciência durante o estupro. Por fim, imediatamente após o ataque, a principal **estratégia da vítima encontrada foi a de sair da situação**, além da esperança de conseguir ajuda. (Grifei)

De acordo com as autoras, as vítimas de estupro apresentam diferentes estratégias cognitivas, verbais e físicas para enfrentar a situação. Estratégias não são necessariamente voluntárias e conscientes e nem sempre se assemelham com o que poderia ser esperado de uma demonstração de resistência. Esses são os casos de relatos, por exemplo, de "paralisia", "perda de consciência" e de não fazer nada para não aumentar a violência ou excitação do agressor (ROCHA e NOGUEIRA, 2017, p. 285).

Tudo o que dizem Rocha e Nogueira poderia ser não mais do que a confirmação da frase, quase elevada à categoria de máxima, de que "a prova no estupro é muito difícil". Sim, a prova no estupro é complexa. Uma infinidade desses crimes é cometida entre quatro paredes, contra mulheres, meninas e meninos, sem vestígios, sem testemunhas, colocando de um lado a palavra da vítima e de outro a do agressor.

Contudo, o que é de "difícil prova" não pode ser sinônimo de uma prova "à qual se dificulta o acesso". Para além do exame de corpo de delito direto circunscrito, normalmente, à coleta de material seminal e à verificação da presença de hematomas, equimoses, ferimentos, perfurações, cortes etc., como a própria lei permite, outros tipos de exames são possíveis.

Nos termos do art. 159 do Código de Processo Penal, o "exame de corpo de delito *e outras perícias* serão realizados por perito oficial, portador de diploma de curso superior" (grifei), sendo facultado ao acusado a formulação de quesitos e indicação de assistente técnico, caso assim entenda deva faze-lo (art. 159, *caput* e § 3º do CPP). Ou seja, garantida há de ser, por óbvio, a possibilidade do contraditório.

Nunca é demais referir que, durante o curso do processo judicial, é permitido às partes quanto à perícia requerer a oitiva dos peritos para esclarecerem a prova ou para responderem a quesitos, podendo apresentar as respostas em laudo complementar, bem como indicar assistentes técnicos que poderão apresentar pareceres em prazo a ser fixado pelo juiz ou ser inquiridos em audiência (art. 159, § 5º, I e II do CPP).

De igual sorte, também é importante advertir que, à semelhança do que ocorre nas hipóteses nas quais é "impossível a conservação do material probatório que serviu de base à perícia" (art. 159, § 6º do CPP) não poderá estar a vítima indefinidamente ao dispor de repetidas e/ou sucessivas análises psicológicas, sob pena de tornar-se o expediente mais um instrumento de revitimização pelo sofrimento. Impossível, pois, que, a qualquer pretexto, a saúde mental da vítima seja tratada como se mero outro "material probatório que serviu de base à perícia".

Vale lembrar também que a Lei 11.340/2006 prevê ser "direito da mulher em situação de violência doméstica e familiar o atendimento policial e **pericial especializado**, ininterrupto e prestado por servidores – preferencialmente do sexo feminino – previamente capacitados" (grifei)[10]. De maneira que a complexidade da situação que envolve a violência sexual, digo eu, **em todos os casos**, requer mais do que um lugar inóspito, pintado no branco hospitalar que amedronta para sua realização. Necessita, pois, ser um lugar de atmosfera no qual o exame possa ser realizado por peritos ou peritas habilitadas a realizá-lo dentro de uma verdadeira lógica "de atenção pautada não apenas nos procedimentos técnicos, mas baseada na humanização e no acolhimento que assegurem um espaço de escuta, a partir da valorização da subjetividade da mulher" (TRIGUEIRO, SILVA, MERIGHI, OLIVEIRA & JESUS, 2017).

---

[10] Art. 10-A da Lei 11.340/2006, incluído pela Lei 13.505/2017.

Cap. IV • O PROCESSO PENAL FEMINISTA E SE *GOLDSCHMIDT* FOSSE FEMINISTA? | 109

A Organização Mundial de Saúde (2002) define a violência interpessoal como intrafamiliar e comunitária. A violência intrafamiliar é aquela que ocorre entre os parceiros íntimos e entre os membros da família, principalmente no ambiente da casa, mas não unicamente. Já a violência comunitária é aquela que ocorre no ambiente social em geral, entre conhecidos e desconhecidos. De um modo geral, a violência interpessoal, em suas várias expressões, dá-se mediante agressões físicas, estupros, ataques sexuais e, inclusive, por meio da violência institucional que ocorre, por exemplo, em escolas, locais de trabalho, prisões e asilos. Na perspectiva das violências sofridas, a violência sexual contra a mulher é, assim, um problema de saúde pública. Mas também um problema cujas consequências médicas, psicológicas e sociais podem ser avaliadas para fins probatórios no processo penal.

De acordo com estudos realizados por pesquisadores e pesquisadoras da Pontifícia Universidade Católica de São Paulo (PUC/SP), do Laboratório de Escrita Científica e Delineamento de Estudos da Faculdade de Medicina do ABC, e do Núcleo de Violência Sexual e Aborto Legal do Hospital Pérola Byington de São Paulo publicada no artigo "Aspectos psicológicos de mulheres que sofrem violência sexual" (2012), mulheres que sofrem violência sexual apresentam índices mais severos de transtornos e consequências psicológicas, como Transtorno Estresse Pós-Traumático (TEPT), depressão, ansiedade, transtornos alimentares, distúrbios sexuais e distúrbios do humor.

Segundo os estudos, outras variáveis também podem ser agregadas. Dentre estas, estão o maior consumo ou abuso de álcool e de drogas, problemas de saúde, redução da qualidade de vida e comprometimento do sentimento de satisfação com a vida, o corpo, a vida sexual e os relacionamentos interpessoais. Existem, além disso, significativa associação entre violência sexual e altos índices do TEPT, com sintomas que incluem dissociação, congelamento e hipervigilância e que podem permanecer por um longo período de tempo.

A pesquisa mostra que o excesso alimentar e o abuso de drogas e álcool são usados por algumas vítimas como forma de diminuir a ansiedade e reprimir as memórias traumáticas. Para os pesquisadores e as pesquisadoras, o transtorno de estresse pós-traumático, a relação entre a violência sexual e, por exemplo, os transtornos alimentares, podem ser observados como a tentativa de autoproteção contra nova violência.

> Pode atuar também como mediador no desenvolvimento de transtornos sexuais, embora não esteja suficientemente esclarecido o papel do ato de penetração nessas disfunções. As vítimas geralmente apresentam maior insatisfação sexual, perda de prazer, medo e dor, sintomas que podem permanecer após anos da violência. A relação com a própria imagem, a autoestima e as relações afetivas também são afetadas negativamente e limitam a qualidade de vida. **Existe permanência desses transtornos, que podem ser duradouros e estender-se por muitos anos na vida dessas mulheres** (SOUZA, DREZETT, MEIRELLES e RAMOS, 2012). (Grifei)

Nesta mesma linha de conclusões, estudos ainda mais recentes realizados por pesquisadores e pesquisadoras da Universidade de São Paulo, da Universidade Federal de Viçosa e da Universidade Federal de Juiz de Fora, denominada "O sofrimento psíquico no cotidiano de mulheres que vivenciaram a violência sexual: estudo fenomenológico" (TRIGUEIRO, SILVA, MERIGHI, OLIVEIRA e JESUS, 2017) verificaram que mulheres que vivenciaram a violência sexual tiveram o seu cotidiano modificado em razão do medo decorrente da agressão sofrida.

Depoimentos registrados pela equipe de pesquisa mostram claramente que "o impacto desse tipo de violência transcendeu o aspecto físico, perpassou o emocional, provocando sofrimento psíquico que refletiu negativamente no desempenho das atividades rotineiras e nas relações intersubjetivas" (TRIGUEIRO, SILVA, MERIGHI, OLIVEIRA e JESUS, 2017). De acordo com os relatos obtidos, foi possível identificar que:

> Após a violência sexual, as mulheres referiram-se ao medo de ter contato com pessoas desconhecidas que relembrassem as características do agressor (...).
>
> Por medo de passar pelo estupro novamente, as mulheres mencionaram evitar relacionamentos afetivos e sexuais (...).
>
> Os depoimentos mostram que o medo advindo da vivência com a violência sexual tornou as mulheres dependentes de outras

Cap. IV · O PROCESSO PENAL FEMINISTA E SE *GOLDSCHMIDT* FOSSE FEMINISTA? | 111

pessoas para atividades cotidianas e as fizeram interromper os estudos (...).

O sofrimento psíquico das mulheres é intensificado pela recordação da violência sexual que as remetem a sentimentos como tristeza e angústia. A maioria nem conseguiu nomear o tipo violência (...).

Como mostram os dados do Sistema de Informação de Agravos de Notificação (Sinan)[11], do Ministério da Saúde, em 23,3% das vezes as vítimas de violência sexual desenvolvem estresse pós-traumático, condição marcada pelo nervosismo exagerado depois de uma experiência negativa. Além de transtornos como depressão, fobia e ansiedade, a vítima se torna mais suscetível a abusar de drogas e tentar o suicídio. Esses dados são confirmados por Suanma Uchoa de Araújo, responsável pela pesquisa "Violência Sexual contra mulheres: repercussões psicossociais após dois anos da agressão", realizada na Universidade Federal do Amazonas.

Mediante entrevistas semiestruturadas, foram ouvidas por Araújo (2018) mulheres adultas (com idade igual ou superior a dezoito anos na data da ocorrência da violência) atendidas pelo Serviço de

---

[11] O Sistema de Informação de Agravos de Notificação – Sinan é alimentado, principalmente, pela notificação e investigação de casos de doenças e agravos que constam da lista nacional de doenças de notificação compulsória (Portaria de Consolidação 4, de 28 de setembro de 2017, Anexo V – Capítulo I), mas é facultado a estados e municípios incluir outros problemas de saúde importantes em sua região, como varicela no estado de Minas Gerais ou difilobotríase no município de São Paulo. Sua utilização efetiva permite a realização do diagnóstico dinâmico da ocorrência de um evento na população, podendo fornecer subsídios para explicações causais dos agravos de notificação compulsória, além de vir a indicar riscos aos quais as pessoas estão sujeitas, contribuindo assim, para a identificação da realidade epidemiológica de determinada área geográfica. O seu uso sistemático, de forma descentralizada, contribui para a democratização da informação, permitindo que todos os profissionais de saúde tenham acesso à informação e as tornem disponíveis para a comunidade. É, portanto, um instrumento relevante para auxiliar o planejamento da saúde, definir prioridades de intervenção, além de permitir que seja avaliado o impacto das intervenções. Vide: <http://portalsinan.saude.gov.br/>. Acesso em 6 ago. 2019.

Atendimento às Vítimas de Violência Sexual – SAVVIS da cidade de Manaus, onde foram acompanhadas por um período mínimo de seis meses. Em todos os casos, havia transcorrido o período de, no mínimo, vinte e quatro meses do episódio da violência sexual.

De acordo com os resultados obtidos por Araújo, foi possível concluir que o dano psíquico e social se manteve na vida das mulheres vítimas de violência sexual, mesmo após dois anos da ocorrência da agressão (ARAÚJO, 2018, p. 88-89), pois a violência sexual produz consequências danosas e traumáticas de ordem física, psíquica, social, moral, entre outras. Como a pesquisadora constatou "o impacto desse tipo de violência na vida das mulheres agredidas, mesmo depois de decorrido um ano, ainda atrapalhava a vida de metade das mulheres entrevistadas, interferindo negativamente em seus relacionamentos sociais, sexuais e familiares" (ARAÚJO, 2018, p. 15).

Como visto, é plenamente possível que a violência sexual seja verificada mediante avaliação específica da presença viva e constante na vida de quem dela é vítima. De modo que, em resumo, tal como previsto em lei, nada obsta que, para a comprovação de crimes contra a liberdade sexual ou de crimes sexuais contra vulneráveis, sejam admitidas **outras perícias**, como expressamente refere a lei.

Nada impede, portanto, que o exame de corpo de delito direto seja realizado de acordo com um protocolo mínimo de atuação – sobretudo, com a finalidade de preservar o máximo possível a vítima, algo imprescindível em casos de violência sexual – que sejam emitidos laudos exarados por peritos oficiais ou, na falta destes ou destas, por duas pessoas idôneas, portadoras de diploma de curso superior preferencialmente na área específica, dentre as que tiverem habilitação técnica relacionada com a natureza do exame (art. 159, § 1º, CPP).

4.3. SUJEITOS PROCESSUAIS: A ASSISTÊNCIA À VÍTIMA COMO SUJEITO PROCESSUAL *SUI GENERIS*

Como muito bem constata Simone Estrellita (2017), no cotidiano das audiências de instrução e julgamento realizadas nos Juizados de Violência Doméstica e Familiar Contra a Mulher são visíveis a fragilidade e o medo com que se apresentam as vítimas para prestar declarações. Avistar-se com o agressor, muitas vezes já na porta ou

Cap. IV · O PROCESSO PENAL FEMINISTA E SE *GOLDSCHMIDT* FOSSE FEMINISTA? | 113

nos corredores do Fórum, é tornar concreta a memória da violência sofrida.

Contudo, em que pese o flagrante sofrimento que reproduzir em declarações a violência vivida provoca, a "maioria dos operadores do direito, olvidando-se de que se trata de uma vítima inserida em um processo multifacetado, arguem-na com sobras de objetividade e, sob a ótica da vítima, se transformam em verdadeiros inquisidores" (ESTRELLITA, 2017, p. 191).

Inquisitorial, eis a melhor definição do processo penal ao qual são submetidas vítimas de violência doméstica e familiar e, incluo eu, de violência sexual. Um processo que impõe a revitimização das mulheres no sistema de justiça criminal brasileiro.

Especialmente em relação ao depoimento da vítima, muito precisaria ser dito de modo particular em casos de violência doméstica quando "o medo faz calar", esteja o agressor na sala de audiências ou não; e envolvendo delitos sexuais, em que muitas vezes o depoimento e o "comportamento" da vítima lhe impõem uma inexistente "carga" de provar ser merecedora de proteção, como linhas atrás tive oportunidade de falar.

Além da permissão legal de que o réu seja retirado da sala de audiências, muito mais há que ser (re)pensado no processo penal no que concerne também às garantias das vítimas (em especial, as mulheres) de serem tratadas com respeito e dignidade. Para tanto, duas reivindicações precisam ser atendidas. A primeira em relação à postura dos sujeitos do processo em relação ao tratamento dispensado à vítima. A segunda em relação ao guardião ou guardiã dos direitos desta no curso do processo.

Com relação à postura dos sujeitos do processo em relação à vítima, é preciso que todo e qualquer "ato estatal que importe vitimização secundária (nova lesão à vítima) é ilegal, por violar o princípio constitucional da dignidade da pessoa humana" (CASARA e BELCHIOR, 2013, p. 404). É preciso, em particular, que advogados, advogadas, defensores ou defensoras públicos ou dativos compreendam, definitivamente, que é possível realizar a defesa do réu sem violar ainda mais a vítima. O exercício da atividade defensiva tem limites, e estes são dados pelo Texto Constitucional.

Por fim, com relação ao guardião ou guardiã dos direitos da vítima no curso do processo, surge a figura de assistente da vítima. Vejamos. Prescrevem os arts. 27 e 28 da Lei 11.340/2006, a Lei Maria da Penha:

> Art. 27. Em todos os atos processuais, cíveis e criminais, a mulher em situação de violência doméstica e familiar deverá estar acompanhada de advogado, ressalvado o previsto no art. 19 desta Lei.
>
> Art. 28. É garantido a toda mulher em situação de violência doméstica e familiar o acesso aos serviços de Defensoria Pública ou de Assistência Judiciária Gratuita, nos termos da lei, em sede policial e judicial, mediante atendimento específico e humanizado.

De suma importância é referir que a figura de assistente da vítima não se confunde com o assistente de acusação. Como entende Juliana Belloque (2011, p. 344-345), a Lei Maria da Penha, mediante a disposição do art. 27,

> previu expressamente que o atendimento dado à mulher vítima de violência doméstica e familiar deve ser específico e humanizado. O termo específico quer designar duas características da assistência jurídica: que ela seja prestada i) de modo individualizado, garantindo-se inclusive a intimidade dos envolvidos; e ii) por órgão que tenha a sua atuação, sempre que possível, especialmente voltada para este tipo de caso, o que permite atingir as tão desejadas capacitação e sensibilização para a peculiar situação da mulher vítima de violência. O termo humanizado como característica fundamental mínima do atendimento jurídico está posto na norma com o fito de jogar maior luz à atenção que deve ser dada para a especial situação de vulnerabilidade em que se encontram as mulheres vítimas desta forma de violência.

Como ensina Arlanza Rebello (2017, p. 50) a Lei 11.340/2006 inovou o ordenamento jurídico brasileiro,

> trazendo uma perspectiva de tratamento integral à questão da violência doméstica e familiar contra a mulher, aliando medidas assistenciais, com as de prevenção e de contenção da violência, aproximando o mundo jurídico dos serviços assistenciais em rede,

Cap. IV · O PROCESSO PENAL FEMINISTA E SE *GOLDSCHMIDT* FOSSE FEMINISTA? | 115

numa nova perspectiva de aplicação da justiça, destacando, no artigo 28, a atuação da Defensoria Pública como um direito de toda a mulher em situação de violência.

Ancorados na base legal trazida na Lei Maria da Penha, o Núcleo de Defesa da Mulher da Defensoria Pública do Rio de Janeiro – NUDEM assim como outros órgãos da Defensoria Pública em diversos Estados do Brasil e no Distrito Federal[12] têm requerido sua habilitação nos autos de processos envolvendo violência doméstica e familiar perante os juizados e o Tribunal do Júri. Como escreve Renata Tavares da Costa (2017, p. 226):

> O defensor da mulher é o guardião dos direitos das vítimas de crime de feminicídio — que exclui o direito a uma sentença penal condenatória. Assim, deve valer pelo acesso à justiça, à memória, à verdade e à reparação. Adotando, em muitos casos, posturas para além do processo penal e, em especial, levando em consideração a coautoria do Estado nesse crime.

A atuação da Defensoria Pública no enfrentamento à violência contra a mulher, "apesar de todos os esforços dos poucos defensores e defensoras públicas que, espalhados pelo país, lutam pela aplicação da Lei Maria da Penha na sua plenitude" (REBELLO, 2017, p. 53), e embora seja atribuição expressamente prevista na Lei Comple-

---

[12] Aos 15 de março de 2018, às 14h45, na sala de audiências do Juizado da Mulher, comigo assistente administrativa de juiz de direito, presente se encontrava a juíza de direito Itala Colnaghi Bonassini da Silva, para a audiência de instrução e julgamento designada nos autos da ação penal supracaracterizada, movida pelo Ministério Público em face do acusado acima nominado. Presente a i. Representante do Ministério Público. Presente a vítima. Presente o acusado, presente seu defensor. **Aberta a audiência, o Dr. Rafael Brasil, membro da Defensoria Pública do Estado, requereu sua habilitação como assistente da vítima, nos termos do artigo 27 e 28 Lei 11.340/2006. Foi deferido pela magistrada.** (...) (Tribunal de Justiça. Comarca de Goiânia. 1. Juizado da Mulher Termo de audiência de instrução e julgamento autos 9161-75.201 7.809.0175 – 201700091616 – Vítima: Ana Lorena Nunes de Melo – Acusado: Marcival Antonio Filho – Advogado(a): Dra. Dayanne Ferreira Oliveira Zica – OAB/GO 33.624. 20.03.2018).

mentar 80/1994 – Lei Orgânica da Defensoria Pública, e na própria Lei 11.340/2006, como refere Rebello, é ainda incipiente e muitas vezes em razão da incompreensão da importância e abrangência de tal instituto.

Ainda que iniciais sejam os intentos de uso corrente deste dispositivo nos casos expressos envolvendo violência doméstica e familiar contra a mulher, nada obsta que essa figura também se justifique em casos de outras formas de violência de gênero, em especial, em casos de estupro, pois também nestas situações, peculiares em razão de toda a cultura patriarcal já mencionada, assistir juridicamente a "mulher vítima de violência significa prestar assistência voltada especialmente para os seus interesses individuais, independentemente do interesse social na repressão ao crime espelhado na atuação do Ministério Público no processo criminal" (BELLOQUE, 2011, p. 345).

A assistência jurídica da vítima é legal, convencional e constitucional. Um direito que corresponde, no sistema de justiça criminal, ao dever de sua garantia pelo Estado sob pena de violação dos direitos ao disposto em nossa Carta Magna, muito especialmente quanto ao princípio da dignidade da pessoa humana e aos documentos internacionais de defesa dos direitos humanos dos quais o Brasil é signatário.

Neste sentido, a assistência da vítima trata-se de verdadeiro sujeito processual *sui generis*, na medida em que a ele não incumbe a condução de forma ativa do processo, com função determinante para o alcance da decisão final, caso dos considerados sujeitos processuais principais (ou essenciais ou diretos), juiz/a, acusação (Ministério Público ou querelante) e defesa (defesa e réu/ré). No entanto, por outro lado, não pode ser tido como simplesmente dispensável, posto que sua função é a de assegurar à vítima, nos autos do processo, o direito a tratamento digno pelo qual se compreendem não só condições adequadas de escuta e fala, bem como a impossibilidade de convalidação de ato processual no qual a vítima seja exposta, por exemplo, a questionamentos vexatórios, humilhantes, depreciativos e/ou quaisquer outros que perquiram sobre sua moral sem qualquer relação com o esclarecimentos dos fatos pelos quais responde o réu.

Cap. IV · O PROCESSO PENAL FEMINISTA E SE *GOLDSCHMIDT* FOSSE FEMINISTA? | 117

4.4. PRISÃO CAUTELAR E AUDIÊNCIA DE CUSTÓDIA: A CREDIBILIDADE DA PALAVRA DA MULHER E A OBRIGATORIEDADE DE CONVERSÃO DE PRISÃO PREVENTIVA EM PRISÃO DOMICILIAR DE MULHERES GESTANTES E/OU MÃES DE FILHOS/AS MENORES DE 12 ANOS

Como já tive oportunidade de escrever ao lado de Michelle Karen Batista dos Santos (2018), ao privilegiar a pena de prisão como medida central, a Lei de Drogas brasileira constituiu-se, desde sua promulgação em 2006, em um dos mais eficazes instrumentos do encarceramento em massa promovido em nosso país. Particularmente em relação à população carcerária feminina, alcançamos o alarmante número de mais de 42 mil mulheres presas, o que representa em torno de 656% a mais em relação ao total existente no início dos anos 2000, quando eram aproximadamente 6 mil as mulheres mantidas atrás das grades em nosso país.

São mulheres negras (62%), jovens (50% encontram-se na faixa entre os 18 e os 29 anos)[13], de baixa escolaridade (66% da população prisional feminina ainda não acessou o ensino médio, tendo concluído, no máximo, o ensino fundamental) e mães (66% mães de mais de dois filhos)[14]. Mulheres cujo crime cometido mais comumente é o tráfico de drogas sem que, por outro lado, seja possível identificar nelas qualquer protagonismo nas teias de organização desta prática criminosa. Mulheres que, como alerta Cipriani (2017), independentemente de onde se encontrem nas redes de ilícitos (consumidoras, pequenas distribuidoras, e até, em alguns casos, chefe de algum ponto de tráfico), não são "atrizes" que desempenham papel relevante dentro esquema do mercado de drogas.

Em realidade, o que se percebe na dinâmica de ocupação dos espaços nos grupos organizados para os negócios do "mundo do crime" é a repetição do padrão patriarcal de controle e exclusão fe-

---

[13] Segundo classificação do Estatuto da Juventude (Lei 12.852/2013).
[14] Infopen Mulheres, 2018.

minino de posições de poder, tal como ocorre em todas as esferas[15]. Como diz a autora, do modo como são construídas atualmente as organizações para o tráfico, o que se percebe é que "esses grupos são compostos por homens cisgêneros, valorando positivamente características relacionadas às masculinidades normativas e afastando, nas representações de integrantes dos grupos, caracteres socialmente vinculados ao feminino" (CIPRIANI, 2017, p. 115).

A vida institucionalizada dos corpos femininos aprisionados em muito reflete a realidade presente em sociedade. Ou seja, tal como ocorre com os homens encarcerados, a massa de mulheres presas é marcada pela seletividade de raça e classe. Contudo, para além destes critérios de seletividade, o encarceramento feminino apresenta peculiaridades demonstrativas do caráter androcêntrico[16] do sistema carcerário (MENDES e SANTOS, 2018).

---

[15] Vale referir não serem desconhecidos casos de mulheres que assumiram (ou assumem) cargos de comando nas teias do tráfico de drogas. Neste sentido, estão os estudos de Vera Guilherme (2017) e Mariana Barcinski (2012), por exemplo. Contudo, desde a perspectiva teórica pela qual me oriento, bem como pelas pesquisas que já pude realizar junto ao sistema prisional da Capital brasileira (2015), a feminização da pobreza e o gênero, especialmente associados ao racismo estrutural, não nos permitem considerar a existência de mulheres chefe do tráfico senão como fenômenos absolutamente circunstanciais.

[16] Tem-se androcentrismo quando um estudo, uma análise, uma investigação ou uma política tem como enfoque preponderante a perspectiva masculina, apresentando-a como central para a experiência humana, de maneira que os referentes à população feminina, quando existentes, se dão unicamente em relação às necessidades experiências e preocupações dos homens. O androcentrismo pode se manifestar de duas formas, que são a misoginia e a ginopia. A misoginia consiste no repúdio ao feminino e ginopia na impossibilidade de ver o feminino ou a invisibilidade da experiência feminina. Como diz Margrit Eichler, estamos acostumados/as a ler e escutar explicações do humano que deixam as mulheres totalmente de fora. Entretanto, nos sentimos todos/as incomodados quando se esquece o homem (FACIO, 1991, p. 83). E isso é assim precisamente por esta característica do sexismo que toma como modelo do humano o homem. Por isso, quando o homem falta, homens e mulheres sentem a falta do humano.

Cap. IV · O PROCESSO PENAL FEMINISTA E SE *GOLDSCHMIDT* FOSSE FEMINISTA? | **119**

A dinâmica interna do sistema penitenciário reproduz de modo exponencial as relações desiguais e, como sói acontecer, discriminatórias, existentes na vida fora dos muros. Embora as mulheres constituam uma parcela relativamente menor da população carcerária, consideradas as particularidades do "ser mulher presa", é flagrante que o encarceramento as atinge de maneira diversa, e ainda mais perversa (MENDES e SANTOS, 2018). Em confinamento, o quadro toma uma face substancialmente mais violadora dos direitos humanos.

De um ponto de vista interseccional de análise, o processo de criminalização das mulheres não se dá apenas pelo fato de "ser mulher", mas está alinhado com as opressões sofridas por sua classe social, sua raça/etnia e sua sexualidade. Aprendemos também com Butler (2013, p. 20) que "se tornou impossível separar a noção de gênero das intersecções políticas e culturais em que invariavelmente ela é produzida e mantida", sendo necessário descortinar a realidade segundo a qual as mulheres selecionadas pelo sistema penal estão inseridas em grupos historicamente vulnerados.

Sem dúvidas, o encarceramento é, por suposto, uma das condições de vulneração da pessoa presa, seja esta homem ou mulher. Entretanto, que para além desta inerente consequência, a realidade prisional brasileira acresce um conjunto de violações dos direitos humanos que vão desde a falta de atendimento ao espaço mínimo nas celas, às condições de higiene e saneamento precárias, à ausência determinações mais humanas no convívio familiar durante as visitas, até torturas e outras formas de violência peculiares vividas pelas mulheres em situação de privação da liberdade (MENDES e SANTOS, 2018).

Como referido, a grande maioria da população prisional feminina é negra, pobre, com baixa escolaridade. Um grupo imenso de mulheres mães e que, não raro, foram vítimas de violência em algum momento da vida. Mulheres tratadas como objeto dos múltiplos braços do sistema de custódia que as vigia, reprime e, por fim, também as têm encarcerado desde muitos e muitos séculos (MENDES, 2017a).

A prisão configura-se como espaço androcêntrico na exata medida em que toma como paradigma do humano o masculino, expondo as mulheres, para além das mazelas próprias do cerceamento da liberdade, a um universo pensado e estruturalmente, inclusive, arquitetado, para o aprisionamento masculino. É a isso que se deve o fato de que, ao adentrar ao sistema prisional, a mulher, já estigmatizada, depare-se com a precariedade, por exemplo, de atenção médica especializada e com a falta de cuidado para aquelas que são as necessidades básicas próprias do gênero feminino. E é, também, neste contexto que se pode localizar a problemática questão da maternidade durante a privação da liberdade definitiva ou cautelar.

Em síntese, o rosto do encarceramento feminino brasileiro é o de mães, negras, pobres, de baixa escolaridade, acusadas de crimes envolvendo o tráfico de drogas de forma absolutamente coadjuvante (62%) e que em 45% dos casos, apesar de privadas de liberdade, ainda aguardam julgamento, ou seja, encontram-se em prisão preventiva.

Era de se esperar que, após a entrada em vigor da Lei 13.257/2016, mediante a qual foi alterado o Código de Processo Penal para possibilitar a substituição da prisão preventiva por domiciliar de mulheres mães de crianças menores de 12 anos, houvesse algum câmbio no sentido da diminuição do número de mulheres cautelarmente aprisionadas em unidades prisionais. Entretanto, não foi possível perceber nada de expressivo no quadro caótico que delineei aqui.

Um quadro de poucas modificações que provocou a impetração pela Defensoria Pública da União de *Habeas Corpus* Coletivo (HC 143.641) perante o Supremo Tribunal Federal (STF). Neste, por maioria de votos, foi concedida a ordem para determinar a substituição da prisão preventiva por domiciliar de mulheres presas, em todo o território nacional, que sejam gestantes ou mães de crianças de até 12 anos ou de pessoas com deficiência, sem prejuízo da aplicação das medidas alternativas previstas no art. 319 do Código de Processo Penal (CPP).

Sem sombra de dúvidas, a decisão proferida por nossa Corte Constitucional é de significativa magnitude para a vida das mulheres encarceradas. Em termos exatos, a Turma, por maioria, concedeu a ordem para determinar a substituição da prisão preventiva pela domiciliar – sem prejuízo da aplicação concomitante das medidas alternativas previstas no art. 319 do CPP – de todas as mulheres

Cap. IV • O PROCESSO PENAL FEMINISTA E SE *GOLDSCHMIDT* FOSSE FEMINISTA? | 121

presas, gestantes, puérperas, ou mães de crianças e deficientes sob sua guarda[17] relacionadas nos autos do HC pelo DEPEN e outras autoridades estaduais, enquanto perdurar tal condição, excetuados os casos de crimes praticados por elas mediante violência ou grave ameaça, contra seus descendentes ou, ainda, em situações excepcionalíssimas, as quais deverão ser devidamente fundamentadas pelos juízes que denegarem o benefício. A Turma ainda estendeu a ordem, de ofício, às demais mulheres presas, gestantes, puérperas ou mães de crianças e de pessoas com deficiência, bem assim às adolescentes sujeitas a medidas socioeducativas em idêntica situação no território nacional, observadas as restrições citadas.

Do ponto de vista processual, o resultado do julgamento do HC 143.641 representou importante avanço ao firmar entendimento unânime sobre o cabimento da impetração coletiva, mas significou também o estabelecimento de linhas fundamentais de observância obrigatória por magistrados e magistradas a cargo da realização de audiências de custódia. No texto preciso da decisão, consta que:

> Os juízes responsáveis pela realização das audiências de custódia, bem como aqueles perante os quais se processam ações penais em que há mulheres presas preventivamente, deverão proceder à análise do cabimento da prisão, à luz das diretrizes ora firmadas, de ofício. Embora a provocação por meio de advogado não seja vedada para o cumprimento desta decisão, ela é dispensável, pois o que se almeja é, justamente, suprir falhas estruturais de acesso à Justiça da população presa. Cabe ao Judiciário adotar postura ativa ao dar pleno cumprimento a esta ordem judicial.

É importante lembrar que, em 19 de dezembro de 1966, foi celebrado o Pacto Internacional sobre Direitos Civis e Políticos (PIDCP)[18], adotado pela Resolução 2.200-A da Assembleia Geral da Organização das Nações Unidas, no qual, no intuito de ampliação

---

[17] Nos termos do art. 2º do ECA e da Convenção sobre os Direitos das Pessoas com Deficiência, tal como previsto no Decreto Legislativo 186/2008 e Lei 13.146/2015.

[18] Ele foi ratificado pelo Brasil por meio do Decreto 592, de 6 de julho de 1992.

do rol dos direitos constantes na Declaração Universal dos Direitos Humanos, foi previsto, entre outros, o direito de toda pessoa presa ou detida ser levada, o mais rápido possível, à presença da autoridade judicial.

No âmbito do sistema regional de proteção aos direitos humanos, em 22 de novembro de 1969[19], foi aprovada a Convenção Americana sobre Direitos Humanos (CADH), conhecida como o Pacto de San José da Costa Rica[20], no qual também ficou assentado que:

> Toda pessoa detida ou retida deve ser conduzida, sem demora, à presença de um juiz ou outra autoridade pela lei a exercer funções judiciais e tem direito a ser julgada dentro de um prazo razoável ou a ser posta em liberdade, sem prejuízo de que prossiga o processo. Sua liberdade pode ser condicionada a garantias que assegurem o seu comparecimento em juízo.

Na perspectiva da incorporação de instrumentos internacionais de proteção aos direitos humanos, de modo especial no que toca ao previsto na Convenção Americana de Direitos Humanos, a necessidade de apresentação célere da pessoa custodiada perante autoridade judiciária competente está inserida no ordenamento brasileiro desde, portanto, meados dos anos 90. Entretanto, infelizmente, nosso País mostrou-se (e ainda se mostra) tímido, para não se dizer resistente, em dar pela aplicabilidade plena aos termos dos tratados internacionais que visem à garantia da dignidade humana.

---

[19] Embora a passos lentos, a Assembleia Geral das Nações Unidas, em 9 de dezembro de 1988, firmou a Resolução 43/173, estabelecendo o chamado "Conjunto de Princípios para a Proteção de Todas as Pessoas Submetidas a Qualquer Forma de Detenção ou Prisão" no qual se lê que: Toda forma de detenção ou prisão e todas as medidas que afetam aos direitos humanos aos direitos humanos das pessoas submetidas a qualquer forma de detenção ou prisão deverão ser ordenadas por um juiz ou outra autoridade, ou fica sujeitas à fiscalização efetiva de um juiz ou outra autoridade (Princípio 4).

[20] A Convenção Americana de Direitos Humanos entrou em vigor em 18 de julho de 1978 e o Brasil a ratificou, por meio do Decreto 678, em 6 de novembro de 1992.

Cap. IV · O PROCESSO PENAL FEMINISTA E SE *GOLDSCHMIDT* FOSSE FEMINISTA? | **123**

Ainda em 2016 em artigo, não sem poucos motivos intitulado *"A Mão que Balança o Berço: a audiência de custódia e a proteção insuficiente pelo STJ"*, eu e Ana Carolina Longo já alertávamos para não só a timidez, mas para os verdadeiros riscos que corria a efetivação das audiências e seu necessário impacto na realidade da massa de pessoas encarceradas no Brasil.

O julgamento da medida cautelar na Arguição de Descumprimento de Preceito Fundamental 347 representou um modelo de prestação jurisdicional adequada ao reconhecer o quadro aterrorizante do elevado número de pessoas presas provisoriamente no Brasil e determinar que passassem a ser realizadas audiências de custódia, mediante as quais deveria ser viabilizado o comparecimento do detido ou detida perante a autoridade judiciária no prazo máximo de 24 horas contados do momento da prisão.

> Com a implementação da audiência de custódia no Brasil, como anotam Lopes Jr. e Paiva, não só se busca ajustar o Processo Penal brasileiro aos Tratados Internacionais de Direitos Humanos, mas também cumprir a tarefa de diminuir o encarceramento em massa, vez que, com o *"encontro"* do juiz com o/a preso/a, supera-se a *"fronteira do papel"* estabelecida no art. 306, § 1º, do CPP, que se satisfaz com o mero envio do auto de prisão em flagrante para o/a magistrado/a. (MENDES e LONGO, 2016, p. 9).

Audiência de custódia é uma garantia advinda dos compromissos internacionais do Brasil com os direitos humanos de que seja realizada a condução célere de todo o cidadão e de toda a cidadã, em caso de prisão, à presença da autoridade judiciária no intuito de que, com isso, seja verificada a existência de eventuais atos de maus-tratos ou de tortura, assim como para que se possa discutir acerca da legalidade e da necessidade da própria prisão. Uma medida que, desde lá, visava diminuir as prisões cautelares indevidas por ausência de fundamentação idônea, viabilizando que a situação da pessoa presa fosse, desde logo, apreciada pelo Poder Judiciário. Como dizia do Min. Fachin em sede decisória da medida cautelar, tratava-se, pois, de uma medida imprescindível para *"dar início a um processo de mudança da atual situação de violação massiva de direitos fundamentais dos encarcerados"*.

Entretanto, como apontávamos nós (MENDES e LONGO, 2016), meses após a determinação exarada pela Suprema Corte[21], o Superior Tribunal de Justiça, instado a manifestar-se acerca de prisões preventivas, vinha consignando que a não realização da audiência de custódia, por si só, não era *"apta a ensejar a ilegalidade da prisão cautelar imposta ao paciente, uma vez respeitados os direitos e garantias*

---

[21] O Tribunal, apreciando os pedidos de medida cautelar formulados na inicial, por maioria e nos termos do voto do Ministro Marco Aurélio (Relator), deferiu a cautelar em relação à alínea "b", para determinar aos juízes e tribunais que, observados os artigos 9.3 do Pacto dos Direitos Civis e Políticos e 7.5 da Convenção Interamericana de Direitos Humanos, realizem, em até noventa dias, audiências de custódia, viabilizando o comparecimento do preso perante a autoridade judiciária no prazo máximo de 24 horas, contados do momento da prisão, com a ressalva do voto da Ministra Rosa Weber, que acompanhava o Relator, mas com a observância dos prazos fixados pelo CNJ, vencidos, em menor extensão, os Ministros Teori Zavascki e Roberto Barroso, que delegavam ao CNJ a regulamentação sobre o prazo da realização das audiências de custódia; em relação à alínea "h", por maioria e nos termos do voto do Relator, deferiu a cautelar para determinar à União que libere o saldo acumulado do Fundo Penitenciário Nacional para utilização com a finalidade para a qual foi criado, abstendo--se de realizar novos contingenciamentos, vencidos, em menor extensão, os Ministros Edson Fachin, Roberto Barroso e Rosa Weber, que fixavam prazo de até 60 (sessenta) dias, a contar da publicação desta decisão, para que a União procedesse à adequação para o cumprimento do que determinado; indeferiu as cautelares em relação às alíneas "a", "c" e "d", vencidos os Ministros Relator, Luiz Fux, Cármen Lúcia e o Presidente, que a deferiam; indeferiu em relação à alínea "e", vencido, em menor extensão, o Ministro Gilmar Mendes; e, por unanimidade, indeferiu a cautelar em relação à alínea "f"; em relação à alínea "g", por maioria e nos termos do voto do Relator, o Tribunal julgou prejudicada a cautelar, vencidos os Ministros Edson Fachin, Roberto Barroso, Gilmar Mendes e Celso de Mello, que a deferiam nos termos de seus votos. O Tribunal, por maioria, deferiu a proposta do Ministro Roberto Barroso, ora reajustada, de concessão de cautelar de ofício para que se determine à União e aos Estados, e especificamente ao Estado de São Paulo, que encaminhem ao Supremo Tribunal Federal informações sobre a situação prisional, vencidos os Ministros Marco Aurélio (Relator), que reajustou seu voto, e os Ministros Luiz Fux, Cármen Lúcia e Presidente. Ausente, justificadamente, o Ministro Dias Toffoli. Presidiu o julgamento o Ministro Ricardo Lewandowski. Plenário, 09.09.2015.

previstos na Constituição Federal e no Código de Processo Penal"[22], assim como que *"operada a conversão do flagrante em prisão preventiva, fica superada a alegação de nulidade na ausência de apresentação do preso ao Juízo de origem, logo após o flagrante"*[23].

Ora, ao desconsiderar a ilegalidade da prisão sem a realização de audiência de custódia a jurisprudência do STJ ao fim e ao cabo permitia a entrega de prestação jurisdicional chanceladora de proteção insuficiente à pessoa presa, pois com o enfraquecimento da força cogente da ordem emanada da decisão do STF, em sede de controle concentrado de constitucionalidade, representada por estas decisões flexibilizadoras, debilitava a própria garantia protetiva fundamental. Ao consignar, que, como transcrito, *"operada a conversão do flagrante em prisão preventiva, fica superada a alegação de nulidade na ausência de apresentação do preso ao Juízo de origem, logo após o flagrante"*, o Tribunal está a afirmar que a inexistência da audiência de custódia justificaria a nulidade tão somente da prisão em flagrante, não havendo reflexos para a prisão preventiva, daí a possibilidade de análise dos pressupostos do art. 312 do CPP, para autorizar a manutenção do cerceamento de liberdade (MENDES e LONGO, 2016, p. 9).

> Em síntese, se, de um lado, a Corte Constitucional brasileira, ante um estado de coisas inconstitucional no sistema carcerário, por suposto violador de direitos e garantias fundamentais dos/as que se encontram com a liberdade cerceada, provisória ou definitivamente, impulsionou a necessidade de um compromisso maior do Judiciário com os documentos internacionais de proteção aos direitos humanos mediante, por exemplo, a realização das audiências de custódia, por outro lado, em diversos precedentes o Superior Tribunal de Justiça tem prolatado decisões capazes de sufocar o instituto ainda no berço. (MENDES e LONGO, 2016, p. 10).

---

[22] HC 346.300/GO, 5ª T., rel. Min. Reynaldo Soares da Fonseca, j. 07.06.2016, *DJe* 13.06.2016.

[23] HC 346.300/GO, 5ª T., rel. Min. Reynaldo Soares da Fonseca, j. 07.06.2016, *DJe* 13.06.2016.

Registre-se que a jurisprudência do Superior Tribunal de Justiça permanece a mesma. Somente para exemplificar, em 11 de junho de 2019, data do julgamento do *Habeas Corpus* 508.163 – GO, em decisão unânime a 5ª Turma entendeu que "*II – A ausência de audiência de custódia não constitui irregularidade suficiente para ensejar a nulidade da prisão cautelar, se observados os direitos e garantias previstos na Constituição Federal e no Código de Processo Penal. Ademais, convertida a prisão em flagrante em preventiva, revela-se superada a* quaestio. *(Precedentes)*". Em 2016, eu e Ana Carolina Longo falávamos "da mão que balançava o berço". Pois bem, a recém-nascida sobreviveu, mas cresce raquítica[24].

---

[24] Entre tantas outras centenas de precedentes, é possível encontrar na base de pesquisas de jurisprudência do Superior Tribunal de Justiça os seguintes acórdãos:

"Agravo regimental no *habeas corpus*. Decisão que indeferiu liminarmente o *writ*. Aplicação da Súmula 691 do Supremo Tribunal Federal. Ilegalidade flagrante. Inexistência. Agravo improvido. 1. Tratando-se de impetração contra decisão monocrática, proferida pelo Desembargador Relator do Tribunal Regional, em que não se observa teratologia ou falta de fundamentação, pois negada liminar em *writ* que impugnava a audiência de custódia e a consequente decisão de conversão de prisão em flagrante em preventiva, por ausência de representante do Ministério Público no ato processual, não há que ser mitigada a aplicação da Súmula 691 do STF. 2. Agravo Regimental improvido" (AgRg no HC 510.328/SP, Rel. Ministro Nefi Cordeiro, 6ª Turma, julgado em 18.06.2019, *DJe* 28.06.2019).

"*Habeas corpus* substitutivo do recurso próprio. Furto qualificado. Nulidade. Não realização de audiência de custódia. Inocorrência. Novo título. Prisão preventiva. Fundamentação idônea. Risco de reiteração. Paciente reincidente. Proteção da ordem pública. *Writ* não conhecido. (...) 2. Quanto à não realização da audiência de custódia, convém esclarecer que, com o decreto da prisão preventiva, a alegação de nulidade fica superada. Isso porque a posterior conversão do flagrante em prisão preventiva constitui novo título a justificar a privação da liberdade, restando superada a alegação de nulidade decorrente da ausência de apresentação do preso ao Juízo de origem (HC 363.278/SP, Rel. Ministra Maria Thereza de Assis Moura, Sexta Turma, julgado em 18/8/2016, *DJe* 29.08.2016). (...) 6. *Habeas Corpus* não conhecido" (HC 492.018/SP, Rel. Ministro Reynaldo Soares da Fonseca, Quinta Turma, julgado em 21.05.2019, *DJe* 03.06.2019).

Cap. IV • O PROCESSO PENAL FEMINISTA E SE *GOLDSCHMIDT* FOSSE FEMINISTA? | **127**

De outra banda, no Parlamento brasileiro, as tentativas de extermínio das audiências de custódia permanecem na ordem do dia. Já no início da nova legislatura, em 2019, foram apresentados e encontram-se em tramitação na Câmara dos Deputados dois projetos de decreto legislativo (o PDL 42/2019, de autoria do Deputado Pedro Lupion, e o PDL 469/2019, de autoria do Deputado Sanderson), visando sustar os efeitos da Resolução n. 213/2015, do Conselho Nacional de Justiça que trata das audiências de custódia. Ambos os projetos se encontram apensados ao PDC 317/2016, protocolado em 2016 pelo Deputado Eduardo Bolsonaro.

"Recurso em *habeas corpus*. Tráfico de drogas e associação para o tráfico. Prisão em flagrante convertida em preventiva. Ausência de prévia audiência de custódia. Nulidade não configurada. Art. 312 do CPP. *Periculum libertatis*. Motivação idônea. Substituição por cautelares diversas. Insuficiência e inadequação. Recurso não provido. 1. Conforme entendimento consolidado por esta Corte Superior, a não realização da audiência de custódia somente acarreta a nulidade da conversão do flagrante em prisão preventiva quando evidenciado o desrespeito às garantias processuais e constitucionais. 2. O Tribunal de origem mencionou elementos concretos que impossibilitaram a realização do ato, e a defesa não logrou demonstrar nenhum prejuízo suportado pelos réus em decorrência dessa situação. Logo, sem a caracterização de desrespeito a garantias processuais e constitucionais na espécie, inexiste coação ilegal. (...) 6. Recurso não provido" (RHC 107.529/RS, Rel. Ministro Rogerio Schietti Cruz, 6ª Turma, julgado em 16.05.2019, *DJe* 24.05.2019).

"Processo penal. *Habeas corpus*. Furto qualificado. Concurso de agentes. Destruição ou rompimento de obstáculo. Chave falsa. Uso de documento falso. Organização criminosa. Trancamento de ação penal. Impossibilidade. Ausência de audiência de custódia. Prisão preventiva. Garantia da ordem pública. Gravidade concreta. *Modus operandi*. Organização criminosa.1. Conforme orientação firmada no âmbito da Sexta Turma desta Corte, "a não realização de audiência de custódia não é suficiente, por si só, para ensejar a nulidade da prisão preventiva, quando evidenciada a observância das garantias processuais e constitucionais" (AgRg no HC 353.887/SP, relator Ministro Sebastião Reis Júnior, Sexta Turma, julgado em 19.05.2016, *DJe* 07.06.2016). (...) 8. Ordem parcialmente conhecida e, nessa extensão, denegada" (HC 482.728/TO, Rel. Ministro Antonio Saldanha Palheiro, 6ª Turma, julgado em 14.05.2019, *DJe* 24.05.2019).

Em exatos termos, menos do que discutir os limites da competência do CNJ para a regulamentação da matéria relativa às audiências de custódia (sob o fundamento do necessário zelo quanto à preservação da competência legislativa, como prescreve o art. 49, XI, da Carta Fundamental), o objetivo do PDC 317/2016, ao tempo em que foi proposto era (assim como os atuais projetos são) o de, ao fim e ao cabo, extinguir a própria audiência de custódia enquanto instituto garantidor de direitos humanos. É o que se pode ler pela justificativa apresentada pelo parlamentar ao interpor o referido PDC. Em suas palavras:

> a prática reiterada de atos criminosos gera sensação de impunidade que estimula os criminosos, apavora os cidadãos e acarreta aos policiais um sentimento de impotência, frente ao retrabalho diário a que estão submetidos esses profissionais. As audiências de custódia, instituídas por ato normativo do Conselho Nacional de Justiça (CNJ), órgão integrante do Poder Judiciário, agravaram tal sensação ao estabelecer uma inversão de valores e papéis em que os investigados passaram a ser, prioritariamente, os agentes policiais responsáveis pelas prisões, e os criminosos de fato foram travestidos de vítimas em potencial, independente da natureza ou gravidade da infração penal praticada.

Em síntese, por tudo o que tenho escrito neste capítulo, em especial neste tópico, entendo que, por óbvio, a audiência de custódia não é a panaceia para todos os males. Por outro, como já escrito por mim e Afonso Belice no artigo *"Prescindir da audiência de custódia é retrocesso impensável"*, publicado logo após audiência pública sobre o tema, realizada na Comissão de Constituição Justiça e Cidadania (CCJC) da Câmara dos Deputados em julho de 2019, prescindir deste instrumento seria um retrocesso incogitável.

Felizmente (e finalmente!), como dissemos Ana Maria Martínez e eu, em *Pacote Anticrime: comentários críticos à Lei 13.964/2019*, a Lei 13.964/2019 trouxe a previsão obrigatória de que tendo recebido o auto de prisão em flagrante, no prazo máximo de até 24 (vinte e quatro) horas após a realização da prisão, a juíza ou o juiz deverá promover audiência de custódia com a presença da pessoa acusada, sua defesa técnica ou da Defensoria Pública e o Ministério Público.

Cap. IV · O PROCESSO PENAL FEMINISTA E SE *GOLDSCHMIDT* FOSSE FEMINISTA? 129

Na audiência de custódia, compete à magistrada ou ao magistrado de garantias[25] (art. 310, § 1º, CPP), fundamentadamente, dentre outras providências, verificar, pelo auto de prisão em flagrante, se o agente ou a agente praticou o fato em uma das hipóteses de exclusão de ilicitude previstas nos incisos I, II ou III do *caput* do art. 23 do Código Penal. Nesses casos, poderá ser concedida a liberdade provisória, mediante termo de comparecimento obrigatório a todos os atos processuais, sob pena de revogação.

Constatando ser a pessoa detida reincidente ou integrante de organização criminosa armada ou milícia, ou portadora de arma de fogo de uso restrito, deverá ser denegada a liberdade provisória[26]. Uma proibição de concessão de liberdade provisória *ex lege* que, como entendo, viola o Texto Constitucional.

---

[25] Em 15 de janeiro de 2020, o Min. Dias Toffoli, em decisão liminar, proferida durante plantão judicial, deferiu parcialmente as medidas cautelares requeridas nas ADIs ajuizadas pela Associação dos Magistrados Brasileiros e pela Associação dos Juízes Federais do Brasil (ADI 6298), pelo Podemos e Cidadania (ADI 6299) e pelo Partido Social Liberal (ADI 6300). O ajuizamento das ações decorreu, especialmente, dos dispositivos legais da Lei 13.964/2019 que instituíam o microssistema do Juízo de Garantias no Código de Processo Penal. Como bem ressaltado na decisão pelo Min. Dias Toffoli, essa inovação paradigmática reforça o modelo de processo penal buscado pela Constituição de 1988. Ainda assim, por entender que a implementação do Juízo de Garantias demandaria modificações não somente nas estruturas de organização do Judiciário, "mas uma verdadeira transformação político-cultural", nas palavras do Ministro, seria insuficiente o prazo de 30 dias estabelecido no art. 20 da Lei 13.964/2019 que, portanto, entendeu por suspender por 180 dias, a contar da publicação da decisão, a eficácia dos arts. 3º-B, 3º-C, 3º-D, *caput*, 3º-E e 3º-F inseridos pela referida Lei no CPP. Entretanto, em 22 de janeiro de 2020, o Min. Luiz Fux, relator das ADIs 6.298, 6.299, 6.300 e 6305, esta última ajuizada pela Associação Nacional dos Membros do Ministério Público (Conamp) em 20.01.2020, revogou a decisão monocrática do Min. Dias Toffoli e suspendeu, por prazo indeterminado, até a apreciação do Plenário, a implementação do juízo de garantias.

[26] Para maior aprofundamento neste tema, recomendo a leitura do que Ana Maria Martínez e eu discorremos quanto às medidas cautelares e à prisão provisória na obra *Pacote Anticrime*: comentários críticos à Lei 13.964/2019 (2020a).

Transcorridas 24 horas após o decurso do prazo estabelecido no *caput* do art. 310, a não realização de audiência de custódia, sem motivação idônea, ensejará também a ilegalidade da prisão, a ser relaxada pela autoridade competente, sem prejuízo da possibilidade de imediata decretação de prisão preventiva (art. 310, § 4º). Ademais, nos termos do § 3º do referido artigo, a autoridade que deu causa, sem motivação idônea, à não realização da audiência de custódia no prazo estabelecido no *caput* deste artigo, responderá administrativa, civil e penalmente pela omissão.

Infelizmente, o art. 310, § 4º, foi definido como sem eficácia após decisão do Min. Luiz Fux[27], nos autos da medida cautelar requerida na ADI 6.305, interposta pela Associação Nacional dos Membros do Ministério Público – Conamp, cujo objetivo foi sua suspensão *sine die*.

Em que pese reconhecer a importância da audiência de custódia, em sua decisão, o Ministro entendeu que a Lei 13.964/2019, ao tornar ilegal a prisão que não observava o prazo de 24 horas para realização da audiência de custódia, impunha uma consequência desproporcional, além de não se alinhar com as dificuldades da realidade de diversas regiões do Brasil. Além disso, o Ministro também entendeu que o art. 310, § 4º, ao excepcionar a ilegalidade da prisão à condição "motivação idônea", carecia de balizas interpretativas concretas para sua aplicabilidade, sendo possíveis prejuízos irreparáveis ao sistema de justiça criminal.

É de se relembrar que o Estado possui obrigações perante cidadãos e cidadãs, que devem ser ainda mais observadas quando os indivíduos estão sob tutela desse Estado. Assim, não me parece razoável que a máxima punitiva seja aplicada à pessoa que, em tese,

---

[27] Em 4 de fevereiro de 2021, o Min. Relator Alexandre de Moraes com fundamento no artigo 21, § 1º, do Regimento Interno do STF, indeferiu *habeas corpus* coletivo (HC 195807/DF), impetrado pelo Instituto de Garantias Penais (IGP) contra a decisão monocrática do Min. Luiz Fux nos autos das ADIs 6.298, 6.299, 6.300 e 6.305. O *habeas corpus* coletivo tinha como pacientes "todas as pessoas que estão submetidas à persecução penal ou à investigação criminal e todos os presos em flagrante, cuja audiência de custódia não foi realizada em 24h, que têm sido impedidas de exercer os direitos consagrados pela Lei 13.964/2019".

Cap. IV · O PROCESSO PENAL FEMINISTA E SE *GOLDSCHMIDT* FOSSE FEMINISTA? 131

incorreu em um crime, porém a mesma lógica de contrapartida não seja demandada do Estado, que não só tem em suas mãos o poder punitivo, como também é obrigado a zelar pelos direitos e garantias fundamentais das pessoas presas.

A sobrevivência das audiências de custódia, portanto, não tem sido sem muitos percalços. E, em realidade, a situação enfrentada em todo o país para a concretização de um dos objetivos da audiência de custódia, qual seja a de viabilizar o uso excepcional (como deve ser) da prisão preventiva, permanece desesperadora.

Muito especialmente, quando analisamos os casos de mulheres, segundo mostra a pesquisa conduzida pela Defensoria Pública do Estado do Rio de Janeiro (2019), entre agosto de 2018 e fevereiro de 2019, foi contabilizado o expressivo número de 161 mulheres que atendiam aos critérios fixados pela Lei 13.769/2018. Ou seja, tratavam-se de gestantes, lactantes ou mães de criança com deficiência ou de até 12 anos de idade, e que não estavam respondendo a crime violento nem praticado sob forte ameaça. Contudo, como também mostra o levantamento, uma em cada quatro mulheres que passaram pela Central de Audiência de Custódia de Benfica, na Zona Norte do Rio de Janeiro, tiveram a prisão cautelar mantida apesar de cumprirem todos os requisitos para obtenção da liberdade provisória ou da prisão domiciliar.

Observe-se que os dados publicados pela Defensoria Pública do Rio de Janeiro foram obtidos posteriormente à decisão de nossa Suprema Corte e que o período de coleta coincide em parte com a entrada em vigor da Lei 13.769, de 19 de dezembro de 2018, que acrescentou o art. 318-A ao Código de Processo Penal, determinando que a "prisão preventiva imposta à mulher gestante ou que for mãe ou responsável por crianças ou pessoas com deficiência será substituída por prisão domiciliar, desde que: I – não tenha cometido crime com violência ou grave ameaça a pessoa; e, II – não tenha cometido o crime contra seu filho ou dependente[28].

---

[28] A Lei 13.769/2018 também incluiu o art. 318-B, nos termos do qual: "A substituição de que tratam os arts. 318 e 318-A poderá ser efetuada sem prejuízo da aplicação concomitante das medidas alternativas previstas no art. 319 deste Código."

Como se pode perceber, a lei não estabelece uma faculdade judiciária para a substituição, mas uma obrigatoriedade: "**será substituída por prisão domiciliar**" (art. 318-A, CPP) inexistindo razão alguma para que mulheres nas condições previstas em lei sejam mantidas em calabouços como são as prisões brasileiras.

A lei não deixa espaço para dúvidas e, retomando o já decidido pelo Supremo Tribunal Federal nos autos do *Habeas Corpus* Coletivo (HC 143.641), ainda que alguma dubiedade paire sobre o eventual estado de gravidez ou mesmo sobre a existência ou não de prole, o que deve ser destacado é o valor a conferir-se à palavra da detida para a apuração da situação de guardiã dos filhos e/ou filhas, sem prejuízo da elaboração de laudo social para essa comprovação.

> Para apurar a situação de guardiã dos filhos da mulher presa, dever-se-á dar **credibilidade à palavra da mãe**. Faculta-se ao juiz, sem prejuízo de cumprir, desde logo, a presente determinação, requisitar a elaboração de **laudo social** para eventual reanálise do benefício. Caso se constate a suspensão ou destituição do poder familiar por outros motivos que não a prisão, a presente ordem não se aplicará. (Grifei)

Vale sublinhar que a natureza da audiência de custódia é de cognição sumária, de modo que nada mais poderá ser exigido da detida do que o já estabelecido por nossa Corte Constitucional. Ou seja, para fins de contracautela, a palavra da mulher perante a autoridade judiciária é o que basta para satisfação da exigência de estado de gravidez ou maternidade. Não se há de confundir existência de vínculo de dependência econômica, social e afetiva com mera demonstração de parentesco. Não é disso que trata a lei, tampouco a decisão do Supremo Tribunal Federal.

Por fim, como afirmou o relator, ao deferir o pedido, a Corte nada mais estaria fazendo do que dar concreção ao que a Constituição, em sua redação original, já determina[29]. O que é irrestritamente verdadeiro.

---

[29] Segundo o voto citou o relator: o art. 5º, III – ninguém será submetido a tortura nem a tratamento desumano ou degradante; o art. 5º, XLI – a lei

Por outro lado, a reunião de todo o arcabouço constitucional e legal por si só não é o suficiente. É imprescindível a assunção de uma postura judicial em que os direitos das rés saiam do plano formal e se realizem na *práxis* de juízes ou juízas capazes de interpretar as normas de modo compreender a existência não de "mulheres em abstrato", mas das mulheres reais, "de carne e osso" que, vida vivida do cárcere, têm sobre si estruturas visíveis e invisíveis construídas para o "homem" enquanto suposto representativo de todo o gênero humano.

4.5. REFLEXÕES SOBRE O INQUÉRITO POLICIAL E O FEMINICÍDIO DE ESTADO

Dentre as tantas inovações trazidas pela Lei 11.340/2006, muito especialmente considerando a importância da criação dos Juizados de Violência Doméstica e Familiar Contra a Mulher, com competência cível e criminal, e a previsão das chamadas medidas protetivas de urgência, afirmo, sem duvidar, que a norma inscrita em seu artigo 4º, segundo o qual, para sua interpretação, *"serão considerados os fins sociais a que ela se destina e, especialmente, as condições peculiares das mulheres em situação de violência doméstica e familiar"*, representou (e representa) uma verdadeira revolução epistemológica no campo do processo penal.

---

punirá qualquer discriminação atentatória dos direitos e liberdades fundamentais; o art. 5º, XLV – nenhuma pena passará da pessoa do condenado (...); o art. 5º, L – às presidiárias serão asseguradas condições para que possam permanecer com seus filhos durante o período de amamentação; o art. 5º, XLVIII – a pena será cumprida em estabelecimentos distintos, de acordo com a natureza do delito, a idade e o sexo do apenado; e o art. 5º, XLIX – é assegurado aos presos o respeito à integridade física e moral. Além disso também fez referência à Lei 11.942/2009, que promoveu mudanças na Lei de Execução Penal, que prevê: o acompanhamento médico à mulher, principalmente no pré-natal e no pós-parto, extensivo ao recém-nascido; que os estabelecimentos penais destinados a mulheres serão dotados de berçário, onde as condenadas possam cuidar de seus filhos, inclusive amamentá-los, no mínimo, até 6 (seis) meses de idade; e que a penitenciária de mulheres será dotada de seção para gestante e parturiente e de creche para abrigar crianças maiores.

Recortados em separado os trechos *"os fins sociais a que ela se destina"* e *"as condições peculiares das mulheres em situação de violência doméstica e familiar"* constituem chaves de leitura com as quais, tal como já escrevi linhas atrás, permite-se compreender a incorporação da subjetividade nos marcos de um processo penal orientado pela perspectiva epistemológica feminista. Ainda que assim não pensado na época, a Lei Maria da Penha, ancora-se na base fundamental de um processo penal feminista em sua essência[30].

De acordo com todas as pesquisas que venho acompanhando ao longo destes anos, muito especialmente a partir de 2013[31], quando iniciei a reflexão sobre as formas de solução de conflito envolvendo

---

[30] Por outro lado, ainda que sob os demais paradigmas epistemológicos, muito ainda há que se dizer para que justiça se faça à Lei Maria da Penha – LMP também em relação ao pioneirismo concernente a garantias que só vieram a ser incorporadas após seu advento. Observe-se que a LMP, por exemplo, em seu art. 21, já previa que a notificação da ofendida de todos os atos processuais relativos ao agressor, especialmente dos pertinentes ao ingresso e à saída da prisão, sem prejuízo da intimação do advogado constituído ou do defensor público. Algo somente incorporado à legislação processual comum com a reforma de 2008, pela Lei 11.690. A ver: CPP, art. 201, § 2º "O ofendido será comunicado dos atos processuais relativos ao ingresso e à saída do acusado da prisão, à designação de data para audiência e à sentença e respectivos acórdãos que a mantenham ou modifiquem".

[31] Tratou-se de projeto de pesquisa denominado *"Uma análise da práxis de solução de conflito envolvendo violência doméstica e familiar contra a mulher nos juizados de violência doméstica e familiar contra a mulher do Paranoá e do Núcleo Bandeirante"*, que envolveu estudantes em nível de graduação e pós-graduação vinculados ao Curso de Direito e ao Programa de Pós--Graduação Mestrado em Direito do Instituto Brasiliense de Direito Público – IDP, assim como a professores/a e outros pesquisadores/as vinculados à Instituição. O projeto teve como objetivo central analisar e estabelecer um paralelo entre as diferentes formas de solução do conflito que vêm sendo adotadas pelos Juizados de Violência Doméstica e Familiar Contra a Mulher nas Circunscrições Judiciárias do Paranoá e do Núcleo Bandeirante, ambos no Distrito Federal. O desenvolvimento do projeto contou com a parceria do Ministério Público do Distrito Federal e Territórios e com a colaboração do Juizado de Violência Doméstica Núcleo Bandeirante.

violência doméstica e familiar contra a mulher[32] no Distrito Federal a partir do estudo dos mecanismos utilizados nos Juizados de Violência Doméstica e Familiar Contra a Mulher do Paranoá e do Núcleo Bandeirante, restou claro que, em termos de práticas processuais, a forma como é concebida e assimilada a experiência das mulheres enquanto subjetividades as serem consideradas dentro do processo é determinante para a eficácia da atuação estatal. Algo sensivelmente perceptível pelo modo como, por exemplo, as medidas protetivas são tomadas enquanto instrumentos processuais de proteção das vítimas.

A lógica de um processo penal feminista não se reduz, portanto, em um mero debate de alcance normativo a respeito de institutos. Trata-se, pois, de uma mirada sobre a perspectiva epistemológica na qual se funda a possibilidade de resolução de um conflito em que se reconhece a existência de sujeitos cujas narrativas implicam a necessidade de (re)pensar práticas e tempos.

Na esteira da operação epistemológica promovida pela Lei Maria da Penha, também a promulgação da Lei 13.104, de 09 de março de 2015[33], mediante a qual foi inserida a qualificadora do feminicídio consistente em matar uma "mulher por razões da condição de sexo feminino"[34], tem representado mudanças significativas na práxis desde a investigação policial até o atuar em plenário perante o conselho de sentença.

---

[32] Mais recentemente, entendo ter sido aberto um novo tema merecedor de atenção especial de juristas e pesquisadoras. Trata-se da alteração promovida na Lei Maria da Penha referente à autorização para que, nas hipóteses especificadas na Lei 13.827/2019, seja possível a aplicação de medida protetiva de urgência pela autoridade judicial ou policial à mulher em situação de violência doméstica e familiar, ou a seus dependentes.

[33] Código Penal, inciso VI do § 2º do art. 121.

[34] Importante lembrar que o texto de inclusão do feminicídio entre nós sofreu modificações substanciais em relação à proposta original. No Congresso Nacional, desafortunadamente, em uma manifestação de claro viés religioso-conservador, foi substituída a expressão "razões de gênero" por "sexo", sob o argumento de que com a primeira estariam abarcadas também situações outras que não a de mortes de mulheres biológicas, mas também as de transexuais e de travestis. De fato, um retrocesso vergonhoso em um Estado pretensamente laico e não discriminatório.

Segundo as Nações Unidas, tal como definido no Modelo de Protocolo Latino-Americano de Investigação de Mortes Violentas de Mulheres por Razões de Gênero (OACNUDH, 2014, p. 18):

> *o feminicídio é a morte violenta de mulheres por razões de gênero que ocorra no ambiente doméstico dentro de relações familiares, ou na comunidade infligida em razão de qualquer outra relação interpessoal, perpetrada ou tolerada pelo Estado e seus agentes, por ação ou omissão.*

A prática ou o uso da violência contra a mulher constituem um elemento fundamental para entender as desigualdades que caracterizam homens e mulheres em nossa sociedade (BANDEIRA e THURLER, 2009, p. 162). Sendo mais do que verdadeiro que, no caso da violência contra a mulher, o objetivo fundamental não é prioritariamente o de ferir, mas o de demarcar poder e autoridade.

Neste sentido, com o intuito de incluir a perspectiva de gênero na investigação de mortes de mulheres, bem como para estabelecer protocolos destinados ao trabalho policial e, principalmente, à perícia técnica nesses casos em 2016 foi adotado no Brasil o documento denominado *"Diretrizes Nacionais para Investigar, Processar e Julgar com Perspectiva de Gênero as Mortes Violentas de Mulheres"* (BRASIL, 2016) no intuito de implantar entre nós o *"Protocolo Latino-americano para investigação das mortes violentas de mulheres por razões de gênero no Brasil"*.

Em síntese, as diretrizes configuram uma adaptação do *"Modelo de Protocolo Latino-americano de Investigação das Mortes Violentas de Mulheres por Razões de Gênero (femicídio/feminicídio)"* e destinam-se a orientar operadores e operadoras, bem como as especialistas de instituições do sistema de justiça criminal brasileiro (polícia, Ministério Público, defensoria pública e magistratura) em suas práticas.

As *Diretrizes* configuram documento de relevantíssima importância, pois, como apontam Eugênia Villa e Bruno Amaral Machado, embora as mortes de mulheres pelas razões e nas condições previstas em lei "sejam identificadas nos laudos depoimentos, declarações e interrogatórios, nota-se que o sistema Polícia Civil observa a prática do feminicídio conforme programas padronizados e rotinas cognitivas

Cap. IV • O PROCESSO PENAL FEMINISTA E SE *GOLDSCHMIDT* FOSSE FEMINISTA? | 137

estabilizadas para a investigação dos crimes contra a pessoa, de forma generalizada" (VILLA e MACHADO, 2018, p. 104)[35].

Villa e Machado sugerem a construção de uma "Metodologia Investigatória do Feminicídio" que, segundo a pesquisadora e o pesquisador, constituiria um artefato semântico apto a fornecer instrumentos capazes de promover a abertura cognitiva do sistema policial ao seu entorno. Com entende a autora e o autor, a metodologia seria um mecanismo apto a reprogramar a investigação policial, com protocolos sensíveis ao paradigma de gênero. Do conteúdo da proposição de Villa e Machado infere-se que uma metodologia investigatória na perspectiva de gênero que leve em conta as decisões organizacionais da polícia, "poderá contribuir para a construção de protocolos que auxiliem as investigações dos feminicídios, qualificando a aplicação do direito penal à realidade empírica, além de favorecer o debate, o planejamento e a efetividade dos direitos das mulheres em situação de violência" (VILLA & MACHADO, 2018, p. 87).

---

[35] De acordo com as *Diretrizes* a investigação em casos de feminicídio deve ser exaustiva, isto é, deve esgotar todos os meios legais disponíveis e estar orientada para a determinação da verdade, a captura, o processo e a punição dos responsáveis. Para tanto a investigação deve ser orientada a examinar todas as linhas de investigação possíveis. Assim, havendo suspeita de se tratar de ocorrência de violência doméstica e familiar é de se perguntar se foi realizada a pesquisa para identificar registros de ocorrências anteriores junto a autoridades policiais, ou judiciais, incluindo os pedidos de medidas protetivas previstos na Lei 11.340/2006. Ou, em casos de suspeita de suicídio, as *Diretrizes* informam a necessidade de que sejam coletadas informações a respeito da saúde física e mental da vítima em período anterior à sua morte, incluindo possível histórico de ideação suicida ou tentativa. Por exemplo, foram encontrados bilhetes ou outros documentos que indiquem o desejo da vítima de se matar? Foram encontradas receitas médicas, substâncias químicas ou medicação que possam ter sido utilizadas para a prática do suicídio? Investigou-se como essas substâncias e/ou medicação foram adquiridas pela vítima? A vítima tinha histórico de violência doméstica, familiar ou sexual? Em casos de desaparecimento anterior à morte, o fato havia sido levado ao conhecimento da autoridade policial? Quais providências foram adotadas por ocasião da denúncia? Familiares e conhecidos foram ouvidos sobre o estado de saúde físico e mental apresentado pela vítima antes de seu desaparecimento? (BRASIL, 2016, p. 77).

Villa e Machado partem da verificação dogmática e empírica de que existem espaços abertos no campo investigatório. Segundo a autora e o autor, o que não foi disciplinado em lei engendrou um espaço não regulamentado "que gera zonas de incerteza que produzem esquemas organizativos não oficiais [...]" (MACHADO, 2014, p. 26 apud VILLA e MACHADO, 2018), ou seja, há espaço de discricionariedade a ser preenchido pelas decisões na condução do IPL, um espaço de discricionariedade não raro povoado por mitos organizacionais (VILLA e MACHADO, 2018, p. 95). Em sede de investigação, a "racionalidade que distingue a atuação policial se apresenta como atividade especializada e, portanto, controlada por grupo específico, reconhecido como instituição que opera a partir de rotinas próprias e relevantes socialmente" (VILLA e MACHADO, 2018, p. 95).

Como disse anteriormente, as Diretrizes representam relevante e imprescindível avanço para os fins investigatórios – e não somente para os casos flagrantes de homicídios de mulheres, mas também na investigação de supostos suicídios, mortes aparentemente acidentais e outras mortes cujas causas iniciais são consideradas indeterminadas[36], uma vez que os indícios de violência podem ocultar as razões de gênero por trás de sua prática (BRASIL, 2016, p. 40). Contudo,

---

[36] Muitos suicídios são consequência da violência prévia que as mulheres sofreram. Podem ser uma forma de ocultar um homicídio apresentando a morte como suicídio ou morte acidental. Pode ser um argumento usado pelas autoridades responsáveis pela investigação criminal para não investigar adequadamente, arquivando o caso. Mortes aparentemente acidentais. Quedas, afogamentos, acidentes de trânsito, envenenamentos podem ser acidentais, mas também podem ser intencionalmente provocados e ter o objetivo de ocultar as verdadeiras intenções do autor e do crime. Diante do mínimo indício de violência ou dúvida de que se trate de acidente, as mortes de mulheres devem ser investigadas sob a perspectiva de gênero. Mortes recentes ou mais remotas – Alguns casos demoram a ser descobertos e alguns sinais e indícios poderão não se perder do corpo da vítima ou da cena de crime. Nesses casos, o importante é concentrar a investigação naqueles indícios que poderão ter permanecido. Em todos os casos, a investigação deverá buscar informações no perfil da vítima e suas condições de vida anteriores à sua morte, buscando contextualizar sua morte em sua história de vida. (BRASIL, 2016, p. 41).

Cap. IV · O PROCESSO PENAL FEMINISTA E SE *GOLDSCHMIDT* FOSSE FEMINISTA? | 139

não quero encerrar este tema sem tecer algumas considerações que me parecem absolutamente vitais no contexto brasileiro, onde o feminicídio de uma mulher nunca é igual ao feminicídio de outra mulher se considerarmos raça e classe.

O termo "femicídio" foi empregado pela primeira vez por Diana Russel em 1976 perante o primeiro Tribunal Internacional de Crimes Contra a Mulher, em Bruxelas, para referir-se à "forma mais extrema de terrorismo sexista" consistente em "assassinatos de mulheres por homens, porque elas são do sexo feminino". Na esteira deste conceito, a pesquisadora mexicana Marcela Lagarde De Los Rios cunhou o termo "feminicídio", definindo-o também como o ato de matar uma mulher pelo fato de pertencer ao sexo feminino, mas conferindo a ele um significado político com o propósito de denunciar a falta de resposta nesses casos, bem como o descumprimento pelos Estados das obrigações internacionais de proteção que incluem o dever de investigar e punir crimes dessa natureza.

Para De Los Rios o feminicídio é, em suma, um crime de Estado, "uma fratura do Estado de Direito que favorece a impunidade". Em sua concepção mais alargada, o conceito abarca o conjunto de fatos que caracterizam os crimes e os desaparecimentos de meninas e mulheres – em casos onde a resposta das autoridades seja a omissão, a inércia, o silêncio ou a inatividade –, para prevenir e erradicar esses crimes.

Do modo como venho analisando o fenômeno do crescimento do número de mortes de mulheres, em especial de mulheres negras, no Brasil, penso que, ainda que tenhamos adotado a terminologia "feminicídio" e não "femicídio" para os fins de inclusão da qualificadora inserta no art. 121, § 2º, inciso VI do Código Penal, tal distinção não passa hoje de uma mera opção para fins de definição legal. Entendo, pois, estar em curso em nosso país (e no mundo) um verdadeiro feminicídio de Estado mediante uma política, ora subterrânea, ora plenamente visível, de extermínio de mulheres.

O feminicídio carrega em si a compreensão de que a morte de mulheres em dadas circunstâncias é um fenômeno que está intrinsicamente relacionado aos papéis socioculturais a elas designados ao longo do tempo, e que pode ocorrer de diversas formas, incluindo assassinatos perpetrados por parceiros íntimos ou não, com ou sem violência sexual, por complicações decorrentes de intervenções de-sassistidas para a interrupção da gravidez, de violência obstétrica, ou mesmo de extermínio político.

Para Rashida Manjoo, relatora da reunião de peritos sobre as-sassinatos de mulheres baseados em gênero ao Conselho de Direitos Humanos da Organização das Nações Unidas (2012), as mortes de mulheres baseadas no gênero podem ser classificados de maneira direta, com autoria definida, ou indireta. Assim, o feminicídio direto[37] pode ser o resultado da violência de parceiro íntimo, bem como os relacionados à religiosidade, à orientação sexual ou à identidade de gênero ou mesmo os relacionados à identidade étnica e indígena. Já os indiretos seriam as mortes por abortos clandestinos ou conduzi-dos em situações precárias, os decorrentes de mortalidade materna, as mortes ligadas ao tráfico de pessoas, ao tráfico de drogas e a atos deliberados ou decorrentes de omissão do Estado.

No Brasil, incorporamos à nossa legislação o feminicídio[38] como o ato de matar uma mulher por razões da condição de sexo feminino por

---

[37] Importantíssimo registrar aqui a decisão unânime proferida nos autos da ADPF 779 interposta pelo Partido Democrático Trabalhista – PDT, que tive a honra de coassinar com o competentíssimo colega advogado Paulo Iotti, patrono da causa, com a participação da ex-Desembargadora do TJRS Maria Berenice Dias, a Secretária-Geral da Comissão da Diversidade Sexual e de Gênero da OAB/SP, Luanda Pires, o advogado Alexandre de Melo Bahia e as advogadas Carolina Ferraz e Marina Ganzarolli. Por essa decisão, de 12 de março de 2021, o Plenário do Supremo Tribunal Federal confirmou a liminar concedida pelo Min. Dias Toffoli em 26 de fevereiro de 2021, para assentar a impossibilidade de aceitação da tese de legítima defesa da honra em face dos direitos fundamentais das mulheres. No curso desse, até o momento, vitorioso processo, em seu voto, o Min. Gilmar acompanhou o relator com ressalvas, ampliando a liminar para proibir que também o MP, o juiz e quem quer que seja aleguem "legítima defesa da honra" de forma direta ou indireta, sob pena de nulidade. Um voto no qual o Ministro faz referência expressa a duas doutrinas de minha autoria. Uma delas é este livro, *Processo Penal Feminista*, cuja primeira edição foi em 2020.

[38] Para fins de registro é importante fazer referência à recente criação, pelo Dec. 9.586/2018, do Sistema Nacional de Políticas para as Mulheres e o Plano Nacional de Combate à Violência Doméstica, criando, entre outras, a inves-tigação, punição e monitoramento da violência doméstica como diretriz.

Cap. IV • O PROCESSO PENAL FEMINISTA E SE *GOLDSCHMIDT* FOSSE FEMINISTA? | 141

envolver ou violência doméstica e familiar ou menosprezo ou discriminação à condição de mulher. Em síntese, o espectro de abrangência da norma penal encontra-se de uma compreensão de feminicídio direto praticado por parceiro íntimo ou não a partir realidade de violência vivida substancialmente pelas mulheres brancas em nosso País.

O fenômeno da violência feminicida, entretanto, só aparentemente atinge por igual todas as mulheres independentemente da raça e classe social. Um, de acordo com os próprios dados, enquanto os índices de violência têm diminuído para as mulheres brancas desde a edição da Lei Maria da Penha, para as mulheres negras eles sobem[39]. E, dois, porque as brasileiras negras morrem em número muito mais elevado em decorrência de feminicídios indiretos. Entendo, pois, que precisamos falar no Brasil de feminicídios reprodutivos em casos de morte decorrentes de violência obstétrica e de feminicídios políticos para, com isso, avançarmos na reivindicação de protocolos investigativos que deem conta de ocupar os espaços de discricionariedade de que falam Villa e Machado (2018) nesses dois casos que compõem o que denomino feminicídio de Estado[40].

---

[39] Segundo dados do Fórum Brasileiro de Segurança Pública (2018), desagregando-se a população feminina pela variável raça/cor, confirma-se um fenômeno já amplamente conhecido: considerando-se os dados de 2016, a taxa de homicídios é maior entre as mulheres negras (5,3) que entre as não negras (3,1) – a diferença é de 71%. Em relação aos dez anos da série, a taxa de homicídios para cada 100 mil mulheres negras aumentou 15,4%, enquanto entre as não negras houve queda de 8%. Vide mais informações disponíveis no Atlas da Violência 2018 em: <http://www.forumseguranca.org.br/wpcontent/uploads/2018/06/FBSP_Atlas_da_Violencia_2018_Relatorio.pdf>. Acesso em: 7 ago. 2019.

[40] Penso o feminicídio de Estado em um paralelo com a definição de *Gendercide, ou seja, como mortes em massa baseadas na seletividade de gênero. Este termo foi usado pela primeira vez por Mary Anne Warren, em 1985, em seu livro "Gendercide: The Implications of Sex Selection". Warren o entende como análogo ao conceito de genocídio. Entre nós, latinoamericanas,* Rita Segato, entende que a inclusão do feminicídio nas leis nacionais devem observar dois requisitos, o primeiro relativo à forma genérica, atendendo às exigências do Direito Penal Internacional, e no segundo atender a termos mais específicos como um crime de extermínio de mulheres, equivalente à um "genocídio": *La primera dimensión responde al imperativo de siste-*

Tal como já fiz referência em artigo intitulado "Autoritarismo e Racismo: as estruturas que mataram, mutilaram e subjugaram as mulheres no Brasil em 2018" por mim escrito para a *Revista dos Tribunais*, segundo Marilena Chaui, os partidos políticos no Brasil constituem verdadeiros "*clubs privés* das oligarquias regionais, arrebanhando a classe média em torno do imaginário autoritário (a ordem) e mantendo com os eleitores quatro tipos principais de relações: a de cooptação, a de favor e clientela, a de tutela e a da promessa salvacionista ou messiânica" (CHAUI, 2007). Um contexto dentro do qual, "o Estado percebe a sociedade civil como inimiga e perigosa, bloqueando as iniciativas dos movimentos sociais, sindicais e populares (CHAUI, 2007, p. 356-357)."

O ódio em relação às mulheres ainda é uma marca indelével em sociedades como a brasileira. Como escrevem Lourdes Bandeira e Tania Mara Almeida,

> vivemos em sociedades moldadas pela misoginia. Apesar dos avanços, as mentalidades resistem à mudança, sobretudo quando se trata do núcleo duro das emoções e identidades pessoais. Por mais modernos que sejamos, é comum existir algo de atávico e atrasado em nós que se refere às relações de gênero, por exemplo: a cada duas horas uma mulher é assassinada no Brasil e outras passam por cárcere privado, agressões verbais, difamação, desqualificação psicológica. (ALMEIDA e BANDEIRA, 2016. p. 86.)

A misoginia[41] é a repulsa, o desprezo ou o ódio contra às mulheres. Uma forma de aversão mórbida e patológica ao sexo feminino diretamente relacionada com a violência que é praticada contra a

---

maticidad y carácter genérico, que la tipificación de crímenes en el Derecho Penal Internacional exige, para poder acoger el concepto de "feminicidio" como "conjunto de violencias dirigidas específicamente a la eliminación de las mujeres por su condición de mujeres". (...) El segundo elemento a ser tomado en cuenta son las transformaciones de los escenarios bélicos en el mundo actual. Una discriminación más precisa de la categoría "feminicidio", como un tipo específico de crimen de exterminio contra las mujeres, torna evidentes los cambios en las prácticas bélicas al enunciar sus consecuencias para los cuerpos de las mujeres (SEGATO, 2010, p. 5).

[41] A propósito da misoginia é interessante lembrar que a **Lei 13.642/2018** alterou a Lei 10.446/2002, para atribuir à Polícia Federal a investigação de crimes praticados por meio da rede mundial de computadores que difun-

mulher. É a principal responsável por grande parte dos feminicídios, mas também se configura como agressões físicas e psicológicas[42], mutilações, abusos sexuais, torturas, perseguições[43], calúnias e outras formas de ataque à memória de vítimas, entre outras violências relacionadas direta ou indiretamente com o gênero feminino.

O extermínio de Marielle tem muitos significados, em todos os sentidos; sua presença era incômoda, muito especialmente em razão de um novo modo de fazer política expresso na "Mandata"[44]. Nada tem sido mais

---

dam conteúdo misógino, definidos como aqueles que propagam o ódio ou a aversão às mulheres.

[42] Nesse sentido, vale destacar que, nos termos do art. 7º, II, da Lei Maria da Penha, a violência psicológica deve ser entendida "como qualquer conduta que lhe cause dano emocional e diminuição da autoestima ou que lhe prejudique e perturbe o pleno desenvolvimento ou que vise degradar ou controlar suas ações, comportamentos, crenças e decisões, mediante ameaça, constrangimento, humilhação, manipulação, isolamento, vigilância constante, perseguição contumaz, insulto, chantagem, violação de sua intimidade, ridicularização, exploração e limitação do direito de ir e vir ou qualquer outro meio que lhe cause prejuízo à saúde psicológica e à autodeterminação".

[43] No que toca à perseguição, é importante lembrar a recente inserção pela Lei 14.132, de 31 de março de 2021, do art. 147-A do Código Penal, com os fins de penalizar a conduta de, *in verbis*, "perseguir alguém, reiteradamente e por qualquer meio, ameaçando-lhe a integridade física ou psicológica, restringindo-lhe a capacidade de locomoção ou, de qualquer forma, invadindo ou perturbando sua esfera de liberdade ou privacidade". A pena prevista é de reclusão, de seis meses a dois anos, e multa, com causa de aumento da metade se o crime é cometido contra mulher por razões da condição de sexo feminino, nos termos do § 2º-A do art. 121 do CP.

[44] "Mandata" chamada assim mesmo, no feminino, porque era feminista em sua substância e nas pautas que travava. A bravura desta mulher negra, lésbica e favelada a fez compor uma equipe majoritariamente de mulheres e de pessoas negras. A mandata era, em todos os sentidos, um coletivo de enfrentamento em uma Casa Legislativa predominantemente masculina, branca e conservadora. Marielle subia à tribuna do plenário, que hoje leva o seu nome, para defender os direitos das mulheres, das pessoas negras, para denunciar as práticas de opressão contra o povo trabalhador, LGBTQIA+, faveladas e favelados. Tornou-se presidente da Comissão de Defesa da Mulher da Câmara Municipal. Em um ano e três meses de mandato, a Comissão da Mulher atendeu vários casos de violência contra a mulher, visitou cinco maternidades municipais e a Casa de Parto, realizou a Audiência Pública sobre Mortalidade Materna, produziu

prejudicial aos interesses oligárquicos que formas de fazer política que se distanciam das velhas e carcomidas formas de organização partidária.

Por isso, digo eu, na esteira da filósofa, que o Estado e a parcela autoritária da sociedade brasileira tinham em Marielle uma inimiga cujo extermínio foi racista, lesbofóbico e misógino. Uma verdadeira mostra do *modus operandi* autoritário dentro do qual a política não consegue configurar-se como campo social de lutas. Mais do que sexismo, no Brasil existe uma misoginia política que, no limite, é capaz de matar (MENDES, 2018b).

Segundo Liz Kelly, nós, feministas, deveríamos questionar o uso que nós mesmas fazemos da expressão "guerra às mulheres"[45], pois, segundo ela, seu uso pode ser entendido como uma metáfora para a violência contra mulheres, enquanto, na realidade, seu significado denota exatamente a realidade histórica que todas vivenciamos. Como afirmado por ela, a violência sexual é uma constante e antiga prática nos conflitos armados e guerras, sendo os estupros casos vastamente cobertos pela mídia. Como a autora aponta, foi o que ocorreu, por exemplo, durante a guerra da Iugoslávia nos anos 1990, que vitimou mais de 40 mil mulheres.

No Brasil, como afirma Emanuelle Goes, a herança nefasta do racismo também se faz presente nos dados que mostram o perfil racial das mulheres vítimas de estupro. A maioria das vítimas se divide entre as crianças, as mulheres indígenas, as mulheres negras e uma predominância nas classes mais baixas, pessoas que, pela condição étnica, etária e financeira, já estavam vulneradas, situação que facilita não apenas o cometimento do crime, mas também sua impunidade. Como diz a pesquisadora, "a imagem da objetificação das mulheres se

---

cartazes informativos à mulheres vítimas de violência sexual, aprovou a Lei que institui o Programa de Centro de Parto Normal e Casas de Parto, realizou o encontro com as profissionais de saúde da Clínica da Família, o OcupaDH no Salgueiro, junto com a Comissão de Direitos Humanos na ALERJ e a Associação de Moradores, o, entre tantas outras ações pelos direitos das mulheres, agora registradas neste relatório. Relatório da Comissão da Mulher. **MarielleFranco**. Disponível em: <https://www.mariellefranco.com.br/relatorio-comissao-da-mulher>. Acesso em: 25 set. 2018.

[45] Não raro, essa expressão é encontrada em estudos acerca da política de drogas para referir, dados os elevados níveis de encarceramento feminino em razão da política de "guerra às drogas" que esta seria (e tenho plena convicção de que é) uma "guerra às mulheres".

Cap. IV · O PROCESSO PENAL FEMINISTA E SE *GOLDSCHMIDT* FOSSE FEMINISTA? | **145**

potencializa quando se refere às mulheres negras, em que seu corpo é hipersexualizado, fortalecido pela cultura do estupro". No Brasil, o estupro é uma ferramenta de dominação social.

A partir de levantamento realizado na base de dados do Ministério da Saúde/SVS – Sistema de Informação de Agravos de Notificação, Goes verificou que, em 2014, 61% das vítimas de estupro eram negras. São as mulheres de nível fundamental que apresentam maior percentual, visto que são meninas e adolescentes também as maiores vítimas. Para as meninas, a violência – física, sexual e emocional – é prevalente na adolescência e também é frequentemente cometida pelos mais próximos, inclusive os parceiros[46].

Em *"Wars Against Women: Sexual Violence, Sexual Politics and Militarized State"* (Guerras contra mulheres: violência sexual, políticas sexuais e Estado militarizado), publicado em 2000, Kelly trata da violência sexual como estratégia deliberada na guerra e repressão política de Estado e aponta que este tipo de violência está conectado às mais variadas formas de violências e contextos.

No Brasil, o objetivo da guerra é a morte. Quero, então, falar sobre a morte de Maria[47]:

> No dia 23 de maio de 2019, por volta das 8h, Maria, de 23 anos, grávida de oito meses e prestes a dar à luz um menino, foi internada em um certo hospital público do Rio de Janeiro.
>
> Segundo conta seu marido, também jovem, com 24 anos, a esposa teve uma gravidez saudável e estava "com todos os exames em dia". Ele conta que a única orientação recebida era a de que deveria ser uma cesariana, pois o bebê era grande e por isso não teria a passagem necessária para um parto normal. Segundo o último exame ultrassom realizado, o bebê pesava praticamente quatro quilos. Segundo a mãe de Maria, esse fato foi relatado assim que chegaram ao hospital, mas os médicos insistiram no parto normal.

---

[46] Disponível em: <https://racismoambiental.net.br/2016/06/03/mulheres--vitimas-de-estupro-o-que-os-numeros-dizem/>. Acesso em: 7 ago. 2019.

[47] Usualmente, em razão de protocolos éticos, os nomes de pessoas convidadas a participar como informantes em pesquisas são substituídos por nomes fictícios. Aqui não se trata disso, o caso de Maria foi recolhido pelo que amplamente divulgou-se nos meios de comunicação. Contudo, vi por bem manter em reserva seu nome e o local dos fatos em respeito à dor a que Maria e sua família foram submetidos.

"Eu levei minha filha para o hospital andando e falando normal. Com dores de parto como toda grávida. Mas o que fizeram com a minha filha não foi um parto, foi uma tortura. Sacrificaram a minha menina e eu vi tudo. Ela teve rompimento de útero e o meu neto morreu asfixiado com o sangue".

A mãe conta que enquanto os médicos forçavam a barriga de Maria, ela avisava que estava com o rosto, barriga e pernas dormentes. Mas os médicos falavam que era normal.

"Eles só levaram minha filha para a cesárea quando ela desmaiou e caiu da maca. Eu pedi para molhar o rosto dela e eles falavam que isso era coisa de filme e que era pra ela parar de show e ter força", conta.

Maria foi levada para a sala de parto seis horas após dar entrada no hospital. Não resistiu e junto com o filho morreu.

Na certidão de óbito a causa da morte de Maria foi choque hemorrágico, rotura uterina e hipertensão gestacional. Mãe e filho foram enterrados lado a lado. O marido e a mãe de Maria estiveram no hospital e solicitaram o histórico de atendimento dela.

A direção do hospital, ao que consta, negou-se a fornecer cópia.

A direção do hospital informou que Maria deu entrada na unidade em evolução de parto normal, mas teve uma complicação e precisou passar por uma cirurgia de emergência e veio a óbito, assim como o bebê. Sobre a situação da paciente ter caído da maca, a unidade de saúde não comentou sobre o caso.

A Secretaria de Estado de Saúde informou que irá apurar os fatos com rigor.

Os familiares foram à Delegacia de Polícia e registraram um boletim de ocorrência.

Maria era uma jovem, negra, da periferia carioca. Foi mãe adolescente. Deixou um filho com seis anos de idade. Maria não é uma. Marias são milhares no Brasil.

O perfil racial e socioeconômico majoritário das mulheres mortas em feminicídios reprodutivos decorrentes de violência obstétrica e o feminicídio político de Marielle são as faces de um feminicídio de Estado que expressa sua soberania[48], como fala Achile Mbembe

---

[48] Segundo Mbembe, prepondera no campo do saber político filosófico uma leitura fortemente normativa da política de soberania. Para ele, contudo, a preocupação fundamental há de ser "com aquelas formas de soberania

Cap. IV · O PROCESSO PENAL FEMINISTA E SE *GOLDSCHMIDT* FOSSE FEMINISTA? | **147**

(2016), em grande medida, no poder e na capacidade de ditar quem pode viver e quem deve morrer.

> (...) matar ou deixar viver constituem os limites da soberania, seus atributos fundamentais. Exercitar a soberania é exercer controle sobre a mortalidade e definir a vida como a implantação e manifestação de poder. (MBEMBE, 2016)

A morte de Marielle Franco é expressão de um feminicídio político que demanda linhas investigativas específicas para responder à pergunta ainda sem resposta: quem mandou matar Marielle? A morte de Maria é expressão do feminicídio reprodutivo. E, por isso, pergunto: como e quais linhas investigativas foram seguidas para que saibamos a resposta para a pergunta: quem deixou Maria morrer?

Como escrevi tempos atrás em companhia de Patrícia Burin, a persecução penal do Estado Democrático de Direito não pode ser um instrumento a serviço da mera sanha punitiva, mas deve ser mecanismo de efetivação dos direitos fundamentais (MENDES e BURIN, 2017). Nos termos do *"Modelo de Protocolo Latino-americano de investigação das mortes violentas de investigação das mortes violentas de mulheres por razões de gênero (femicídio/feminicídio)"*, o dever de investigar tem duas finalidades: prevenir uma futura repetição dos fatos e prover justiça nos casos individuais. Constitui-se em obrigação de meio, e não de resultado (ONU MULHERES, 2014, p. 30). Segundo a Corte Interamericana de Direitos Humanos

> a investigação judicial permite esclarecer as circunstâncias nas quais ocorreram os fatos que geram responsabilidade estatal, cons-

---

cujo projeto central não é a luta pela autonomia, mas 'a instrumentalização generalizada da existência humana e a destruição material de corpos humanos e populações'. Tais formas da soberania estão longe de ser um pedaço de insanidade prodigiosa ou uma expressão de alguma ruptura entre os impulsos e interesses do corpo e da mente. De fato, tais como os campos da morte, são elas que constituem o *nomos* do espaço político em que ainda vivemos. Além disso, experiências contemporâneas de destruição humana sugerem que é possível desenvolver uma leitura da política, da soberania e do sujeito, diferente daquela que herdamos do discurso filosófico da modernidade. Em vez de considerar a razão verdade do sujeito, podemos olhar para outras categorias fundadoras menos abstratas e mais táteis, tais como a vida e a morte" (MBEMBE, 2016, p. 124-125).

tituindo um passo necessário para o reconhecimento da verdade por parte dos familiares das vítimas e da sociedade, assim como a punição dos responsáveis e o estabelecimento de medidas que previnam a repetição das violações aos direitos humanos. Esta obrigação se estende mesmo quando os atos forem atribuíveis a particulares, "pois, se seus atos não são investigados com seriedade, seriam, de certa forma, auxiliados pelo poder público". (ONU MULHERES, 2014, p. 30).

É nesse sentido que o feminicídio reprodutivo[49] e feminicídio político enquanto materialização do que chamo de feminicídio de Estado, ainda estão a reclamar protocolos investigativos específicos em nome dos direitos à justiça, à verdade e à memória[50] das mulheres cuja vida é arrancada nestas condições.

---

[49] Entendo que também incluídas nos feminicídio reprodutivos, contudo dentro de um espectro mais amplo de atuação estatal exigível, encontram-se também as políticas de controle do corpo e da sexualidade da mulher, cuja expressão mínima são as mortes por aborto registradas nos sistemas de saúde. As mulheres negras são 62% das vítimas de morte materna no Brasil. As taxas de mortalidade materna e as possibilidades de sua redução estão diretamente relacionadas ao acesso de qualidade dos serviços de saúde ofertados. Ou seja, a maioria das mortes pode ser evitadas por meio de política pública adequada. Além disso, mulheres negras têm duas vezes e meia mais chances de morrer durante um aborto do que as mulheres brancas. Provenientes de classes sociais mais pobres, elas costumam não ter condições financeiras para pagar por um procedimento seguro e recorrem a métodos caseiros com maiores riscos de complicações. E diante de um aborto malsucedido, estudos mostram que elas têm maior dificuldade no acesso a serviços de saúde, o que aumenta o risco à vida dessas mulheres.

[50] De acordo como o Modelo de Protocolo, todas as ações para investigar, processar e punir responsáveis por mortes de mulheres hão de nortear-se pelos direitos à justiça, à verdade e à memória. O acesso à justiça constitui um elemento central das obrigações internacionais. O padrão de devida diligência parte do pressuposto de que os Estados devem contar com sistemas de justiça adequados, que garantam o acesso aos mecanismos da justiça penal e restaurativa às mulheres vítimas de violência. O direito à verdade está diretamente conectado ao direito à justiça e aos interesses das vítimas sobreviventes e indiretas em ver os responsáveis pelos crimes identificados, processados, julgados e punidos da tentativa ou morte consumada e outros crimes que estejam

4.6. INVESTIGAÇÃO POLICIAL E RETRATAÇÃO DA VÍTIMA EM TEMPOS DE PANDEMIA: O MERO DILEMA COLONIALISTA ENTRE AUTONOMIA E PROTEÇÃO PENAL

A pandemia de Covid-19 ainda não havia mostrado várias de suas mais perversas faces no Brasil, quando, em abril de 2020, Patrícia Burin e eu publicamos o artigo "Combate à violência doméstica: é possível avançar em tempos de Covid-19?", no qual já falávamos dos novos e mais problemáticos contornos que começávamos a enfrentar no terreno do combate à violência doméstica e familiar em decorrência da necessidade de confinamento das mulheres junto a seus agressores.

Sabíamos nós que a casa historicamente nunca foi um lugar de refúgio seguro para as mulheres. Não tendo sido poucas as vezes que havíamos dedicado nossas pesquisas, livros e nossos esforços diários, como advogada e delegada de polícia que somos, a reiterar que o lar sempre foi muito pouco "doce" para meninas, esposas, companheiras, mães, avós. Ser mulher e estar, em razão da pandemia, impedida de sair à rua era (e ainda é), como *tenho escrito*[51], estar encarcerada sob a vigilância e violência daquele que se converte no pior dos carcereiros.

Sabíamos também que, impossibilitadas de saírem de casa, com cidades praticamente fechadas e serviços de polícia judiciária reduzidos ao limite da essencialidade, era mais do que certo que as mulheres ficariam abandonadas à própria sorte, sem condições de comunicar às autoridades constituídas eventuais violências a que

---

relacionados. Adicionalmente, o direito à verdade também implica que as vítimas possam conhecer as motivações para o crime e, em caso de desaparecimento, que a vítima seja localizada e/ou seu corpo restituído à família. O direito à memória tem relação estreita com a atuação de todos os profissionais do sistema de justiça. Numa dimensão mais ampla, o respeito à memória ultrapassa o caso individual e por meio do dever de devida diligência do Estado, ao promover mensagens de teor pedagógico e preventivo, os operadores do Direito, numa atitude transformadora na perspectiva de gênero, contribuirão para comunicar para toda a sociedade que a violência contra as mulheres com base no gênero é inaceitável (ONU MULHERES, 2014).

[51] Neste sentido, veja o meu *Criminologia feminista: novos paradigmas* (2017).

viessem a ser submetidas. Em um país como o Brasil, que ostenta o quinto lugar no *ranking* mundial em mortes de mulheres, a pandemia com toda certeza não só viria a aumentar os casos de violência doméstica e familiar, mas a escancarar a incapacidade do Estado (e da sociedade) de tratar com a devida seriedade o combate à violência de gênero como prioridade.

Atentas a esse contexto, como reportamos no artigo, à época algumas Secretarias de Segurança Pública nos Estados, como foi o caso da catarinense, já haviam ampliado as hipóteses de registro de ocorrência pela internet, passando a admitir que a violência doméstica fosse registrada virtualmente, sem que as mulheres tivessem que se expor a contágio do coronavírus. Algo que, em nossa opinião, trazia inquestionáveis vantagens que talvez pudesse ser um saldo positivo pós-pandemia.

O primeiro, e óbvio, resultado salutar medidas como essa era o de permitir que a vítima pudesse registrar a ocorrência sem precisar sair de sua casa no contexto de necessidade de confinamento como o que ainda vivenciamos em 2021. Por outro lado, em acréscimo, e sob outra perspectiva, nos parecia notável também que poupar a mulher de ter de comparecer à Delegacia de Polícia para registro de ocorrência significava um alento ante a constatação de que a obrigatoriedade de se apresentar no distrito policial é, na esmagadora maioria das vezes, por si só uma violação que implica em revitimização. Por sinal, vale aqui abrir espaço para a literalidade de nossa opinião sobre esse último ponto:

> Não temos dúvidas de que até mesmo delegacias especializadas em atendimento à mulher tendem a ser ambientes inóspitos. Possibilitar a uma mulher expressar-se desde o seu lugar de morada e, principalmente, por si própria, sem ter de se expor a um plantão policial é, sem sombra de dúvidas um avanço. (MENDES; BURIN, 2020b)

Outro ponto importante que percebíamos com o registro eletrônico era a abertura da "narrativa do fato" para a própria voz da vítima sem que houvesse uma "tradução" da vida vivida para "o papel" mediante a intervenção de policiais. As narrativas em primeira pessoa,

Cap. IV • O PROCESSO PENAL FEMINISTA E SE *GOLDSCHMIDT* FOSSE FEMINISTA? | **151**

de regra, são muito mais vívidas e completas do que costumam ser quando aquelas registradas presencialmente. De modo que o registro *on-line* de ocorrências de violência doméstica era, em nossa opinião, uma conquista da qual não se deveria recuar com a superação da pandemia. Pelo contrário, o que propusemos foi avançar.

Ainda que pudessem realizar o registro *on-line* ainda necessitavam pleitear medidas protetivas de urgência mediante a obrigação de dirigir-se à Delegacia de Polícia em que seria confeccionado o pedido de medida protetiva e dali encaminhado ao Poder Judiciário.

Esse procedimento encontrava justificativa no fato de que a Lei Maria da Penha não tivesse previsto o acesso direto das mulheres ao Poder Judiciário para pugnar pela concessão de medidas protetivas de urgência. Algo que, em nosso entender, era um empecilho ao direito fundamental de proteção das mulheres em situação de vulnerabilidade, além de ser também um enorme erro hermenêutico.

> A melhor interpretação da Lei Maria da Penha jamais pode ser buscada em sua literalidade. Menos ainda quando as experiências das mulheres em contexto de violência mostram que existem vias mais ágeis e adequadas para proporcionar a concessão das medidas protetivas de urgência. Não sendo outra, pois, a regra inscrita na própria Lei em seu artigo 4º onde se lê que para sua interpretação *serão considerados os fins sociais a que ela se destina e, especialmente, as condições peculiares das mulheres em situação de violência doméstica e familiar.* Dispositivo este que representou (e representa) uma verdadeira revolução epistemológica no campo do processo penal e que nos permite avançar de modo a ampliar os caminhos de acesso das mulheres ao Poder Judiciário durante (e após!) a pandemia. (MENDES; BURIN, 2020b)

Como entendemos Burin e eu, à exemplo do *habeas corpus*, que pode ser impetrado por qualquer pessoa, independentemente da intermediação de advogado, nada impede que sejam criados mecanismos de acesso direto das mulheres ao Poder Judiciário. Há lastro constitucional para tanto.

Assim como também é possível, paralelamente, tendo em mente as desigualdades de nossa população, que haja uma ampliação do rol de autoridades (ou mesmo particulares) com atribuição de comunicar ao Poder Judiciário o pleito de medida protetiva de urgência. De modo que, como propusemos, a comunicação possa ser também atribuída a organizações não-governamentais de defesa dos direitos das mulheres ou mesmo aos órgãos e serviços de Assistência Social ou à Rede de Saúde.

> Lembremos que as medidas protetivas não guardam relação de essencialidade com um crime, valendo registrar que a atuação da Polícia Judiciária, diante de seu caráter predominantemente repressivo, demanda a configuração de um ilícito penal. Na sua melhor interpretação, as medidas protetivas de urgência independem do registro de um boletim de ocorrência ou de representação criminal. Daí porque é perfeitamente admissível que a mulher vitimada seja poupada da violência institucional que o trâmite policial lhe impõe. (MENDES; BURIN, 2020b)

Outro ponto importante para o qual alertávamos era de que o registro de ocorrência online seria um problema se fosse jogado na vala comum de crimes para os quais não é feita investigação por serem crimes de menor gravidade. E, se assim fosse, alto demais será o risco de reificação da narrativa de "menor lesividade", algo a que sempre nos opusemos.

Para tanto, propusemos como solução que além da descrição do fato e o assinalamento de um ou mais crimes pela vítima, que o formulário contasse com o campo específico "violência doméstica". E que também fosse garantida à vítima a faculdade de registrar a ocorrência, se assim desejar (ou necessitar), tanto virtual, quanto presencialmente. A proceder desta forma diminutos seriam os riscos de que a notícia do delito passasse "desapercebida" entre outros registros.

Também afirmávamos como vital que, dado conhecimento oficial da violência e requerida a MPU (seja pelo registro de ocorrência, seja diretamente pela vítima, seja pela "impetração" por terceiro, como acima defendemos) que se desse agilidade ao procedimento tornando todo o trâmite – da notícia da violência ao Judiciário até a intimação do agressor da concessão da MPU – via *on-line*.

Na época, por sinal, o Enunciado 9, aprovado no Fórum Nacional de Violência Doméstica e Familiar contra a Mulher (Fonavid) previa a utilização do aplicativo de mensagens WhatsApp como meio eficaz de dar efetividade a atos processuais como notificações e intimações, tendo em vista as suas funcionalidades. Medida essa que já tinha sido adotada de acordo com recomendação do CNJ, por alguns Tribunais de Justiça (Rio Grande do Norte, por exemplo) a partir de respaldo nos princípios da instrumentalidade e da informalidade do processo.

Por fim, dizíamos que preciso avançar de modo a ampliar os caminhos de acesso rápido, seguro e direto das mulheres ao Poder Judiciário. Uma preocupação que extrapola o período excepcional em que estamos vivendo.

> Quem sabe possam ser experiências bem sucedidas de registro online de B.O, acesso direto da vítima para o requerimento da medida protetiva à semelhança do remédio constitucional do *habeas corpus* e o trâmite inteiramente via web – desde narrativa do fato até a concessão da MPU – um salto qualitativo na defesa das mulheres em situação de violência que a pandemia poderá nos deixar.

Pois bem, em 7 de julho de 2020, três meses após a publicação de nosso artigo, foi promulgada a Lei 14.022/2020 com a finalidade de criar medidas de enfrentamento à violência doméstica e familiar contra mulheres, crianças e idosos e pessoas com deficiência no contexto pandêmico. Uma norma muito bem-vinda como, a propósito, também é a recente Lei 14.149, de 5 de maio de 2021, cujo objetivo é identificar os fatores que indicam o risco de a mulher vir a sofrer qualquer forma de violência no âmbito das relações domésticas, para subsidiar a atuação dos órgãos de segurança pública, do Ministério Público, do Poder Judiciário e dos órgãos e das entidades da rede de proteção na gestão do risco identificado.

De um modo geral Lei 14.022/2020 veio ao encontro de muitas das preocupações de Burin e minhas ao trazer diversas inovações, tais quais a qualificação dos serviços de atenção à violência doméstica como atividades essenciais (alterando o art. 3º, § 7º-C, da Lei 13.979/2020), a obrigatoriedade de não suspensão dos processos judiciais relacionados a estas formas de violência e admissibilidade de registro eletrônico de ocorrência policial (art. 5º-A, incisos I e II, da Lei 13.979/2020), previsão de obrigatoriedade de oferta de atendimento presencial para casos de maior gravidade (Lei 14.022/2020, art. 3º, § 2º), admissibilidade de uso de provas eletrônicas (art. 4º, § 3º), prorrogação automática das medidas protetivas de urgência durante o estado de pandemia e aceitação de intimações eletrônicas (art. 5º, *caput* e parágrafo único), entre outras.

Por outro lado, a Lei também abriu espaço para novas reflexões agora sobre a previsão de investigação independentemente da autorização da ofendida e a relação disso com a retratação em crimes de ação pública condicionada à representação, como são a maioria dos praticados contra as mulheres no ambiente doméstico e familiar[52].

Com a nova redação, nos termos do art. 4º, § 4º, após a concessão das medidas protetivas de urgência de forma eletrônica pela autoridade competente (juiz ou juíza, delegado ou delegada de polícia ou policial), esta deverá, "independentemente da autorização da ofendida", comunicar à polícia judiciária (se não for a própria) para a abertura imediata de investigação criminal, "determinando todas as diligências cabíveis para a averiguação dos fatos".

A questão da autonomia feminina é um verdadeiro calcanhar de Aquiles no debate feminista sobre o uso do direito penal e, por consequência, do processo penal em casos de violência contra a mulher. Assim foi quando da discussão pelo Supremo Tribunal Federal sobre a incondicionalidade da ação penal no crime de lesão corporal. E, não à toa foram as críticas levantadas à Lei 13.931/2019, que dispôs sobre a notificação compulsória dos casos de suspeita de violência contra a mulher.

Questões complexas jamais encontraram respostas simples. E a redação do artigo 4º, § 4º, por sua vez, também desnudou uma delas: Autonomia *vs.* Proteção Penal.

---

[52] No Distrito Federal, por exemplo, em 2019 os crimes mais comuns foram injúria (57%), ameaça (57%), lesão corporal (28%) e contravenções penais de vias de fato (12%) e perturbação da tranquilidade (6%). (DISTRITO FEDERAL. *Relatório de Violência Doméstica 2019*. Brasília: MPDFT, 2020).

Thiago Pierobom de Ávila e Alice Bianchini, no excelente artigo "Abertura de investigação criminal nos crimes de violência contra a mulher", em setembro de 2020, elencaram cinco possíveis interpretações para o dispositivo. Segundo o autor e a autora, a primeira hipótese seria a de que durante a pandemia todos os crimes praticados no contexto de violência doméstica e familiar contra a mulher teriam se tornado de ação penal pública incondicionada. Nesse caso, o inquérito seria instaurado "independentemente da autorização da ofendida".

> Essa interpretação poderia basear-se no fato de que haveria uma presunção legal de maior risco no contexto de pandemia, a exigir investigações criminais em todos os casos de VDFCM durante esse período, inclusive para se certificar de que não existem outros tipos de crimes que, inclusive, podem ser de ação penal incondicionada. (AVILA; BIANCHINI, 2020)

A segunda hipótese interpretativa seria a de que a lei teria presumido a vontade da vítima em representar ao dar notícia do crime às autoridades competentes para persecução penal. Assim, apenas uma manifestação expressa da vítima se retratando da representação retiraria a justa causa e ensejaria a necessidade de designação da audiência do art. 16 da Lei 11.340/2006. Para o autor e a autora, a "retratação à representação seria, assim, uma condição negativa de prosseguibilidade" (AVILA; BIANCHINI, 2020).

Em terceiro, estaria o entendimento segundo o qual a lei teria criado um poder/dever para a autoridade policial de instaurar inquérito policial com o intuito de esclarecer com a vítima se ela tem ou não interesse em representar, nos casos em que ela não se manifesta expressamente quanto à representação. Neste caso, em oposição à corrente anterior, a representação formal deveria ser apresentada dentro do prazo decadencial para permitir a continuidade da persecução penal.

A quarta vertente estaria baseada na compreensão de que a lei teria criado uma justa causa para a investigação criminal "independentemente da autorização da ofendida", mas continuaria a exigir a representação para o ajuizamento da ação penal. De modo que, mesmo que a vítima se retrate da representação, a autoridade policial teria o dever de prosseguir com a investigação criminal.

A quinta e última hipótese seria a de que haveria uma impropriedade redacional do dispositivo. De tal maneira que a ordem de instauração de inquérito policial apenas se aplicaria se estivessem presentes as condições de procedibilidade.

> Ou seja, a cláusula *"independentemente da autorização da ofendida"* significaria apenas que não se exige uma segunda autorização da vítima para a instauração do inquérito policial (o que, em verdade, esvazia de sentido a norma). (AVILA; BIANCHINI, 2020)

Assim como Ávila e Bianchini, entendo que a interpretação que mais preserva o sentido original da Lei Maria da Penha e, ao mesmo tempo, alinha-se com a finalidade da *novatio legis* da proteção individualizada ao contexto de pandemia é a segunda interpretação que tem a retratação à representação expressa em audiência para esse fim como uma condição negativa de prosseguibilidade.

De igual sorte, alinho-me ao autor e à autora para considerar que mediante os novos canais de comunicação que foram abertos à mulher para solicitar as medidas protetivas de urgência é possível que esta requeira a proteção e silencie quanto à persecução penal nem sempre inteligível em um momento de tensão – como é o do requerimento de MPUs – ou mesmo discernível para qualquer pessoa de fora da esfera jurídica.

Entendido desta forma, parece-me adequado afirmar que a há uma presunção legal de que a "comunicação do crime às autoridades de persecução penal configura uma representação tácita, permitindo a continuidade da persecução penal independentemente de nova manifestação expressa" (ÁVILA; BIANCHINI, 2020).

> Por outro lado, se a mulher afirma expressamente, seja no momento do registro da ocorrência policial ou no curso da investigação, que não deseja apresentar representação, essa situação não autorizará a continuidade da investigação criminal e, portanto, da ação penal. Na segunda situação, haveria uma retratação à

Cap. IV · O PROCESSO PENAL FEMINISTA E SE *GOLDSCHMIDT* FOSSE FEMINISTA? | 157

representação, o que exigiria a designação da audiência do artigo 16 da LMP. (ÁVILA; BIANCHINI, 2020)

Dois dos pilares sobre os quais o Estado e sociedade brasileira se ergueram são o racismo e o patriarcado. Duas bases de funcionamento do sistema colonial que não deixaram de existir e que ainda hoje se expressam, por exemplo, quando desconsideramos a capacidade de pessoas negras e de mulheres (e que se dirá de mulheres negras!) de fazerem cálculos de riscos, de medirem a consequência de suas ações ou mesmo de tomar decisões que melhor atendam ao seu momento de vida emocional e psíquica.

A colonialidade entranhada em nossas estruturas sociais e em nossas instituições não explica tudo, mas explica muita coisa. De fato, como bem diz Thula Pires, a abordagem decolonial não nos serve só para conhecermos as origens do colonialismo, mas também para identificarmos as continuidades das estruturas de dominação econômicas, sociais, políticas e culturais alicerçadas desde aqueles tempos e até hodiernamente reproduzidas (PIRES, 2019, p. 289). Aí está a chave para a compreensão do mero dilema colonialista entre autonomia e proteção penal.

Já passa da hora de a esfera pública jurídica, em especial, a criminal, ouvir quem sente a dor de ser mulher, LGBTQIA+, preto e preta neste País. Ultrapassar a matriz colonial de dominação epistemológica "do que se pensa" e do "como se pensa" nos abrirá verdadeiras possibilidades de construir alternativas ao sistema, este sim, punitivista racista, LGBTQIA+fóbico e misógino.

A mera oposição entre proteção penal e autonomia, em meu entender, não pode continuar a ser um jogo retórico no qual quem vence leva tudo e, ao final, ou a mulher resta violada em seu direito de decidir sobre os rumos de sua própria vida, ou é jogada à própria sorte sem qualquer proteção penal. Uma ou outra forma de pensar a política criminal em relação às mulheres carrega a sordidez colonialista que hierarquiza e subordina quem ousa discordar de suas verdades.

É sob esse prisma que penso devamos entender, aceitar, apoiar e continuar a proteger uma mulher que decide se retratar.

4.7. DO INQUÉRITO POLICIAL AO TRIBUNAL DO JÚRI: CONSIDERAÇÕES A PARTIR DO CASO 12.263 (MÁRCIA BARBOSA DE SOUZA E SEUS FAMILIARES *VS.* BRASIL PERANTE A CORTE INTERAMERICANA DE DIREITOS HUMANOS)

4.7.1. Uma breve nota de esclarecimento

As linhas seguintes se baseiam em elementos de parecer técnico por mim exarado nos autos do Caso 12.263[53], em curso perante a Corte Interamericana de Direitos Humanos, concernente ao procedimento processual penal tramitado perante a 1ª Vara do Tribunal do Júri de João Pessoa do Tribunal de Justiça da Paraíba – TJPB, Brasil, em que figurou como réu Aércio Pereira de Lima (falecido em 2008), à época dos fatos detentor de mandato parlamentar como Deputado Estadual, e como vítima de homicídio duplamente qualificado em concurso material com ocultação de cadáver Márcia Barbosa de Souza.

A requerimento da Corte o parecer teve como objeto específico: i. a análise do processo judicial da investigação da morte de Márcia Barbosa, a fim de determinar se foi conduzido com a devida diligência, respeitando o direito ao devido processo e o acesso das supostas vítimas desse caso à justiça; e ii. as medidas que o Estado deveria adotar para evitar a repetição de fatos como os desse caso.

Para os fins de emissão do parecer, foi-me disponibilizado o acervo de 1.374 laudas numeradas extraídas dos autos do processo criminal tombado sob o número originário 98.004184-0 (posteriormente, renumerado como 200.2003.800652-1), composto, segundo informação constante no Sistema de Controle de Processos de 2º Grau do TJPB datada de 24 de outubro de 2007, por cinco volumes em um

---

[53] Minha nomeação se deu por Resolução de 27 de novembro de 2020, firmada pela Presidenta da Corte Interamericana de Direitos Humanos, Dra. Elizabeth Odio Benito Presidenta, em conformidade com os arts. 24.1 e 25.2 do Estatuto da Corte e com os artigos 4, 15.1, 26.1, 31.2, 35.1, 40.2, 41.1, 45, 46, 47, 48.1.c, 48.1.f, 49, 50 a 56 e 60 do Regulamento da Corte e do Regulamento do Fundo de Assistência Jurídica a Vítimas.

Cap. IV · O PROCESSO PENAL FEMINISTA E SE *GOLDSCHMIDT* FOSSE FEMINISTA? | **159**

total de 1.426 folhas e um apenso, dentre os quais não encontram-se transcrições ou gravações por meio magnético dos debates ocorridos durante a sessão do Tribunal do Júri por decisão a qual o acusado restou condenado.

De igual sorte, e pelas mesmas vias, foi-me dado a analisar 430 folhas fotocopiadas dos autos Inquérito Policial 18/98 encartado ao processo 200.98.010.295-4, no qual figuraram como investigados/as e, posteriormente, indiciados/as Douglas Domingos Pedrosa Mendonça, André Glauco de Almeida Menezes, Luciana Barbosa de Sá e Maria Diva de Medeiros.

Por fim, também foi colocado ao meu dispor para a formação cognitiva uma folha avulsa, datada de 23 de abril de 2001, firmada pelo Senhor Promotor de Justiça, Marinho Mendes Machado, da 1ª Promotoria do Tribunal do Júri de João Pessoa e dirigida à autoridade policial responsável pela condução da investigação preliminar.

O parecer foi dividido em tópicos concernentes aos principais aspectos processuais (e pré-processuais) desde a fase investigativa até o julgamento perante o Tribunal do Júri do acusado Aércio Pereira de Lima, e também, o inquérito policial até a decisão de arquivamento em relação aos/às investigados/as e, posteriormente, indiciados/as Douglas Domingos Pedrosa Mendonça, André Glauco de Almeida Menezes, Luciana Barbosa de Sá e Maria Diva de Medeiros.

Com suporte no material suprarreferido, foi possível localizar os pontos nevrálgicos do percurso estatal com fins à persecução penal iniciada com a morte da jovem Márcia Barbosa de Souza e, a partir daí, sob uma perspectiva criminológica e dogmática processual penal feminista, ofertar sugestões de recomendação que, ao final, foram listadas.

A análise do trâmite processual penal no Caso 12.263 foi orientada pela perspectiva epistemológica segundo a qual o modo de funcionamento do sistema penal e, em última instância, os diferentes manejos com os institutos do processo penal não só reproduzem desigualdades baseadas no gênero, mas produzem muitas destas próprias desigualdades por fatores a si inerentes ou que se permitem sejam absorvidos pelo processo. Daí por que ter tomado especial

160 | PROCESSO PENAL FEMINISTA – Soraia da Rosa Mendes

relevo o quanto do comportamento da vítima (sua condição social, uso ou não de entorpecentes e sexualidade) tornou-se tema de especial atenção desde os autos do inquérito policial até as matérias de imprensa replicadas com estereótipos relacionados a estes aspectos da vida pessoal de Márcia Barbosa que, por sua vez, viriam a ser usados como "relevantes" para o próprio processo.

Como já dito e repetido por mim, o sistema de justiça criminal, do qual o processo é um instrumento, orienta-se a partir de estigmas originados no sistema de dominação patriarcal em uma lógica de retroalimentação que faz parecer natural a publicação de matérias na mídia sobre a privacidade da vítima a partir do que se investiga no inquérito ou se produz durante a persecução penal. Material jornalístico esse que, por sua vez, muitas vezes é juntado aos autos e passa a ser um dos elementos a ser considerado como fonte de composição de um comportamento ironicamente "desviante" da vítima capaz de garantir a impunidade do acusado.

Eis aí o nascedouro e o lugar onde se assenta, por exemplo, todo o engenho construído para que, no Caso 12.263, a vítima Marcia Barbosa fosse considerada como uma mulher sobre a qual pairavam dúvidas sobre sua "idoneidade moral", sua "reputação social" e sua "sexualidade", gerando sobre ela – repita-se, a vítima – uma desconfiança acerca de sua "legitimidade" enquanto tal.

Sendo estes os brevíssimos e necessários esclarecimentos introdutórios seguem as considerações sobre o caso, a principiar pela análise dos aspectos constitucionais penais e processuais penais e o respeito ao direito de defesa do acusado Aércio Pereira de Lima.

4.7.2. Os aspectos constitucionais penais e processuais penais e o respeito ao direito de defesa das pessoas acusadas desde a fase inquisitorial

4.7.2.1. O caso penal

Conforme consta dos autos, entre a noite de 17 de junho e a madrugada de 18 de junho do ano de 1998, o acusado Aércio Pereira de Lima praticou crime de homicídio duplamente qualificado por motivo fútil e asfixia (arts. 121, § 2º, incisos II e III – quarta figura,

Código Penal Brasileiro)[54], em concurso material[55] com o crime de ocultação de cadáver (art. 211, Código Penal Brasileiro)[56].

Nos termos da legislação ordinária penal brasileira, em consonância com o comando previsto no art. 5º, XLIII,[57] da Carta Constitucional, o crime de homicídio qualificado encontra-se no rol daqueles considerados por sua hediondez[58], o que determinava, *ao tempo dos fatos*, a impossibilidade de concessão de anistia, graça, indulto ou mesmo de

---

[54] De acordo com o Código Penal brasileiro:
"Art. 121. Matar alguém:
(...)
Homicídio qualificado
§ 2º Se o homicídio é cometido:
(...)
II – por **motivo fútil;**
III – com emprego de veneno, fogo, explosivo, **asfixia,** tortura ou outro meio insidioso ou cruel, ou de que possa resultar perigo comum;
(...)
Pena – reclusão, de doze a trinta anos."

[55] De acordo com o Código Penal brasileiro:
"Art. 69. Quando o agente, mediante mais de uma ação ou omissão, pratica dois ou mais crimes, idênticos ou não, aplicam-se cumulativamente as penas privativas de liberdade em que haja incorrido. No caso de aplicação cumulativa de penas de reclusão e de detenção, executa-se primeiro aquela".

[56] De acordo com o Código Penal brasileiro:
"Art. 211. Destruir, subtrair ou ocultar cadáver ou parte dele:
Pena – reclusão, de um a três anos, e multa".

[57] Nos termos da Constituição Federal de 1988, artigo 5º, XLIII, "a lei considerará crimes inafiançáveis e insuscetíveis de graça ou anistia a prática da tortura, o tráfico ilícito de entorpecentes e drogas afins, o terrorismo e os definidos como *crimes hediondos*, por eles respondendo os mandantes, os executores e os que, podendo evitá-los, se omitirem; (...)".

[58] De acordo com a Lei 8.072/90 (Lei de Crimes Hediondos):
"Art. 1º São considerados hediondos os seguintes crimes, todos tipificados no Decreto-Lei nº 2.848, de 7 de dezembro de 1940 – Código Penal, consumados ou tentados:
I – homicídio (art. 121), quando praticado em atividade típica de grupo de extermínio, ainda que cometido por um só agente, e homicídio qualificado (art. 121, § 2º, incisos I, II, III, IV, V, VI, VII e VIII); (...)".

fiança e liberdade provisória, bem como, em caso de condenação, a imposição de cumprimento de pena em regime integralmente fechado.

De outro lado, também conforme previsto na Lei Maior brasileira (art. 5º, XXXVIII), na sistemática processual penal brasileira estão na esfera de competência jurisdicional do Tribunal do Júri o julgamento dos crimes dolosos contra a vida, assim delimitados nos casos de homicídio doloso, infanticídio, induzimento, instigação e auxílio ao suicídio e aborto[59]. Competência originária essa que não impede que sejam também julgados pelo tribunal popular outros crimes desde que conexos aos crimes dolosos contra a vida em julgamento, tal como o caso do crime de ocultação de cadáver também imputado ao acusado Aércio Pereira de Lima.

Para além dos destaques supra-apontados concernentes ao substrato constitucional relativo especialmente à competência do Tribunal do Júri (da qual por oportuno me ocuparei) e ao caráter hediondo do crime praticado pelo acusado, a Constituição Federal de 5 de outubro de 1988, com especial relevo aos princípios da ampla defesa, do contraditório e da imparcialidade, definiu o processo penal brasileiro como acusatório[60]. De modo que é sob o manto das cha-

---

[59] Código de Processo Penal Brasileiro:

"Art. 74. A competência pela natureza da infração será regulada pelas leis de organização judiciária, salvo a competência privativa do Tribunal do Júri.

§ 1º Compete ao Tribunal do Júri o julgamento dos crimes previstos nos arts. 121, §§ 1º e 2º, 122, parágrafo único, 123, 124, 125, 126 e 127 do Código Penal, consumados ou tentados".

[60] Recentemente incorporado à legislação brasileira pela Lei 13.964/2019 (entre o art. 3º-A e art. 3º-F do Código de Processo Penal), o juízo de garantias é uma das pedras fundamentais de um processo penal com estrutura acusatória, mediante a vedação da iniciativa do juiz ou da juíza no curso da fase investigativa, bem como a substituição da atuação probatória de competência do Ministério Público. Cabe ao juízo das garantias o zelo pelo controle da legalidade da investigação criminal e pela salvaguarda dos direitos individuais cuja franquia tenha sido reservada à autorização prévia do Poder Judiciário, competindo-lhe, dentre outras atribuições descritas nos dezoito incisos do art. 3º-B do Código de Processo Penal, receber a comunicação imediata da prisão, nos termos do inciso LXII do art. 5º da Constituição da República Federativa do Brasil; receber o auto da prisão em flagrante para o controle da legalidade da prisão, observado o disposto no art. 310, CPP; zelar pela observância dos direitos do

madas "regras do jogo" que há de ser feita, como desde já afirmo eu, a análise do percurso processual penal desde a investigação preliminar.

4.7.2.2. O inquérito policial e o direito de defesa do acusado

Embora não seja possível falarmos nos dias de hoje em tipos puros de sistemas processuais cujo critério diferenciador entre os

---

preso, podendo determinar que este seja conduzido à sua presença, a qualquer tempo; ser informado sobre a instauração de qualquer investigação criminal; decidir sobre o requerimento de prisão provisória ou outra medida cautelar; prorrogar a prisão provisória ou outra medida cautelar, bem como substituí--las ou revogá-las, assegurado, no primeiro caso, o exercício do contraditório em audiência pública e oral, na forma do disposto no Código de Processo Penal ou em legislação especial pertinente; decidir sobre o requerimento de produção antecipada de provas consideradas urgentes e não repetíveis, assegurados o contraditório e a ampla defesa em audiência pública e oral etc.; além de outras matérias inerentes às garantias da legalidade durante o curso investigatório e dos direitos da pessoa acusada. O magistrado ou magistrada que, na fase de investigação, praticar qualquer ato incluído nas competências dos arts. 4º e 5º do CPP ficará impedido de funcionar no processo. A nova lei estabeleceu, assim, uma hipótese de divisão da competência funcional do juízo e de impedimento decorrente dessa divisão, ou seja, a competência do juízo das garantias esgota-se com o recebimento da denúncia ou da queixa-crime (art. 3º-A, CPP), de maneira que, ao atuar na fase preliminar de investigação, o magistrado ou magistrada não terá competência funcional para jurisdicionar no processo, posto que haverá impedimento objetivo para instruir e julgar as ações penais dela originada, sob pena de nulidade de suas decisões (art. 3º-D, CPP). A incorporação do juízo de garantias provocou de imediato ações diretas de inconstitucionalidade interpostas por associações da magistratura como a Associação dos Juízes Federais do Brasil – AJUFE e Associação dos Magistrados Brasileiros – AMB, seguramente, dentre as inovações trazidas pela Lei 13.964/2019, a criação do juízo de garantias figura como uma das mais debatidas e, porque não dizer, "combatidas". Neste sentido ver: MENDES; MARTÍNEZ, 2020a. Importante atualizar que, em 19 de abril de 2021, o Congresso Nacional derrubou o veto do Presidente da República, restaurando norma que prevê a apresentação da pessoa presa ao juízo de garantias para realização da audiência de custódia em um prazo de 24 horas. Com tal decisão, resta agora ao STF julgar as ADIs 6.298, 6.299 e 6.300, pelas quais, por decisão do relator, Min. Luiz Fux, a eficácia do juízo de garantias foi suspensa *sine die, ad referendum* do Plenário, para que enfim tenhamos o instituto definitivamente incorporado em nossa dinâmica processual penal.

164 | PROCESSO PENAL FEMINISTA – Soraia da Rosa Mendes

três clássicos sistemas processuais penais conhecidos (inquisitivo, acusatório e misto) concentrar-se-ia na divisão das funções de acusar e julgar, a linha demarcatória entre uma e outra forma do proceder estatal encontra-se na gestão da prova.

Até o advento da muito recente Lei 13.964/2019 comumente parte significativa da doutrina processual brasileira inclinava-se a definir o sistema processual penal brasileiro como misto, ou seja, inquisitorial durante a fase investigativa e acusatório na fase processual. Contudo, como dito, não nos parece que seja a formal separação de funções que confere a um sistema a característica acusatória ou inquisitorial, mas sim o princípio acusatório ou dispositivo em que a gestão das provas está nas mãos das partes, configurando-se o juiz ou a juíza como um expectador ou uma expectadora em contraste com o princípio inquisitivo no qual esta mesma gestão se encontra sob o domínio de um magistrado ou magistrada considerado ator ou atriz.

De fato, utilizando de uma expressão cunhada por Aury Lopes Jr., o processo penal brasileiro, ao tempo dos fatos, assumia uma verdadeira feição neoinquisitorial[61] posto que prenhe de possibilidades/usos dos meios probantes geridos por magistrados ou magistradas atuantes, em uma quebra de imparcialidade visível. Neste sentido, para citar alguns exemplos está o reconhecimento de agravantes, ainda que não alegadas (art. 385), a tomada de depoimento de testemunhas além das indicadas (art. 209) ou, dentre outros, a determinação de diligências de ofício, mesmo no curso da fase investigatória. Este último exemplo (relativo ao inquérito policial), por sinal, demonstra-

---

[61] De fato, ainda que a figura do juízo de garantias seja um passo largo em direção ao sistema acusatório, utilizando de uma expressão cunhada por Lopes Jr., entendemos que o processo penal brasileiro permanecerá "neoinquisitório", posto que ainda prenhe de possibilidades/usos dos meios probantes por um magistrado ou magistrada atuante que, em uma quebra de imparcialidade visível, ainda poderá reconhecer agravantes, ainda que não tenham sido alegadas (art. 385), tomar o depoimento de testemunhas além das indicadas (art. 209) ou, dentre outros, determinar diligências de ofício, mesmo no curso da fase investigatória. Este último exemplo, por sinal, demonstra claramente não ser a fase processual o ponto nevrálgico a definir o caráter do sistema processual, mas o modo de "atuar" admitido ao juiz ou à juíza. Vide: LOPES JR., 2016.

Cap. IV · O PROCESSO PENAL FEMINISTA E SE *GOLDSCHMIDT* FOSSE FEMINISTA? | **165**

tivo claro de não ser a fase processual o ponto nevrálgico a definir o caráter do sistema processual, mas o modo de "atuar" admitido pelo direito brasileiro ao juiz ou à juíza.

Visto desse modo, no processo penal brasileiro a intervenção do órgão jurisdicional na fase inquisitorial tem de ser contingente e excepcional. Isto é, ele não pode ser um sujeito necessário na fase pré-processual e somente poderá ser chamado quando a excepcionalidade do ato exigir a autorização ou controle jurisdicional ou ainda quando o sujeito passivo estiver sofrendo restrições no seu direito de defesa, ou à prova, ou de acesso aos autos etc., por parte da pessoa incumbida da investigação.

A efetividade da proteção está em grande parte pendente da atividade jurisdicional, principal responsável por dar ou negar a tutela dos direitos fundamentais. A função do(a) juiz(a) é atuar como garantidor(a) dos direitos da pessoa acusada no processo penal, de maneira que, apesar de existirem alguns dispositivos que permitam a atuação de ofício, os juízes ou as juízas devem condicionar sua atuação à prévia invocação do MP, da própria polícia ou do sujeito passivo.

De modo especial, considerando as sucessivas alegações de cerceamento de defesa e de desrespeito a garantias processuais penais reiteradamente afirmadas como existentes pelo acusado – por si próprio no exercício de seu direito de autodefesa no curso dos interrogatórios realizados em fase inquisitorial perante a Procuradoria-Geral de Justiça e judiciária, bem como por meio de sua defesa técnica – além, é claro, de um emblemático discurso proferido em plenário perante o corpo de parlamentares da Assembleia Legislativa da Paraíba, pronunciamento este que, de modo decisivo, compõe o quadro para a estagnação da fase persecutória processual por mais de seis anos ante a negativa daquela Casa Política em autorizar regular andamento do processo, esta perita entendeu por bem inaugurar o presente parecer com informações de ordem legal e constitucional que dizem respeito aos direitos do acusado.

Embora seja lugar-comum mesmo no campo doutrinário e jurisprudencial a afirmação genérica e infundada de que não existe direito de defesa e contraditório no inquérito policial, tal afirmação no campo de análise dogmática peca pelo reducionismo teórico e, no terreno dos fatos, no específico caso a envolver a pessoa do então Deputado Aércio Pereira de Lima, demonstrou ser irreal.

Do todo que emerge da legislação processual penal brasileira é possível verificar que à pessoa indiciada deve corresponder, já no interrogatório policial, o direito ao exercício de sua autodefesa positiva (momento em que pode, caso queira, oferecer a sua versão dos fatos) ou negativa (usando de seu direito de silêncio).

O interrogatório, portanto, deve ser visto tanto como meio de defesa pessoa positiva e, portanto, espontâneo, livre de pressões e de quaisquer métodos que possam violar a garantia de não ser submetido à tortura, nem a tratamento desumano ou degradante; quanto como meio de defesa pessoal negativa expresso pelo direito ao silêncio, em homenagem ao princípio *nemo tenetur se detegere*, segundo o qual o sujeito passivo não pode sofrer nenhum prejuízo jurídico por omitir-se de colaborar em uma atividade probatória da acusação ou por exercer seu direito ao silêncio quando do interrogatório.

De igual sorte, também se há garantir à pessoa sob a qual pesa a suspeita de autoria do crime o direito de fazer-se acompanhar de advogado ou advogada (defesa técnica)[62], figura que poderá, por exemplo: i. intervir ao final do interrogatório; ii. postular diligências (fls. 152); ou juntar documentos (art. 14 do CPP). Sendo, ainda, garantido o exercício do direito de defesa exógena através do habeas corpus, como manejou o acusado por entender absolutamente infundado o processo (decorrente do inquérito), pois, dentre outras razões ventiladas, não existir, sob sua ótica, justa causa.

Ademais, segundo a lei brasileira, não pode ser vedado à advogada ou ao advogado o acesso ao inquérito no sentido do previsto no Estatuto da Advocacia, Lei 8.906/1994.[63] Algo que não ocorreu no caso, posto que os autos estiveram sempre ao dispor da defesa.

---

[62] Habilitada em fls. 152 a defesa técnica exercida pelo advogado Cícero de Lima e Souza requer o pleno acesso aos autos e a repetição de todas as oitivas, sob o crivo do Ministério Público. O pedido é deferido com a concordância do Promotor de Justiça designado (fls. 152).

[63] Somente para fins de conhecimento ilustrativo registre-se que, em 2 de fevereiro de 2009, foi editada pelo STF a Súmula Vinculante 14, com o seguinte teor: "É direito do defensor, no interesse do representado, ter acesso amplo aos elementos de prova que, já documentados em procedimento

Cap. IV · O PROCESSO PENAL FEMINISTA E SE *GOLDSCHMIDT* FOSSE FEMINISTA? | **167**

Dentre os vários direitos e garantias previstos em seu rol de cláusulas pétreas, a Constituição Brasileira garante aos litigantes e às litigantes, *em processo judicial ou administrativo, e aos acusados em geral o contraditório e ampla defesa, com os meios e recursos a ela inerentes* (art. 5º, LV), de maneira que, não se há de restringir o contraditório ainda que em fase pré-processual.

É bem verdade que, em sentido estrito, o contraditório pleno durante a fase inquisitorial é impossível, visto que ali não existe uma relação jurídico-processual penal que há de ser marcada pela estrutura dialética que obrigatoriamente há de caracterizar o processo em fase judicial. Não há no inquérito o exercício de uma pretensão acusatória, mas o desenvolvimento de atos tendentes à averiguação dos fatos para fins de determinação de indícios de autoria e materialidade do crime. Sem embargo, o direito de informação – que também configura uma importante face do contraditório – adquire relevância na medida em que será através dele que será exercida a defesa.

O direito de defesa é um direito natural do qual não é possível à Administração da Justiça prescindir, consolidando-se como a faculdade de refutação que surge desde o momento em que o sujeito vê contra si a existência de uma imputação que o coloca enquanto objeto de diligências sob a vigilância policial.

Não obstante a tal direito, justamente a considerar que durante o inquérito não há (não deve haver) uma pretensão acusatória, é sabido que nesta fase inexiste a possibilidade de exercício defensivo sem qualquer limite, pois poderia, em assim sendo, criar-se um sério risco para a própria finalidade da investigação preliminar.

Daí por que, tem de ser garantido à defesa, como foi feito no caso, acesso amplo aos elementos de prova já documentados, de modo a preservar-se o necessário sigilo aos atos de investigação não realizados ou em andamento, como, por exemplo, a escuta telefônica em andamento ou um mandado de prisão ou busca e apreensão ainda não cumprido.

---

investigatório realizado por órgão com competência de polícia judiciária, digam respeito ao exercício do direito de defesa".

168 | PROCESSO PENAL FEMINISTA – Soraia da Rosa Mendes

Em síntese, existe, desde o curso do inquérito, o direito à defesa (técnica e pessoal – positiva e negativa) e ao contraditório (no sentido do acesso aos autos). Direitos estes, conforme mostram os autos, foram sempre garantidos ao acusado Aércio Pereira de Lima.

Como dito, para além da análise estribada, como adiante se verá, no desrespeito ao devido processo legal em relação à vítima e às vítimas indiretas do crime praticado por Aércio Pereira de Lima foi também objeto de preocupação desta parecerista a verificação acerca da garantia dos direitos daquele enquanto submetido à persecução penal estatal. Sendo possível concluir que a ele, tanto como réu em sede judicial, quanto como investigado e indiciado na fase inquisitorial foram garantidos integralmente o que prevê a Carta Constitucional de 1988 e, por consequência dela, a legislação processual penal em vigor à época.

4.7.2.3. O direito das vítimas ao devido processo

Se, de um lado, os direitos e garantias do acusado seguiram os regramentos esperados nos marcos do devido processo legal, entendido, fundamentalmente, como aquele no qual sejam assegurados ampla defesa e contraditório, o mesmo, de outro lado, não se pode dizer sobre os expedientes pré-processuais e processuais no que se refere à garantia de acesso das vítimas (direta e indiretas) a um processo verdadeiramente justo aqui compreendido como aquele pautado tanto nas chamadas "regras do jogo" processual quanto nos direitos humanos das vítimas de serem tratadas adequadamente com compaixão e respeito pela sua dignidade[64], bem como de serem evitadas demoras desnecessárias na resolução das causas[65].

---

[64] Declaração dos Princípios Básicos de Justiça Relativos às Vítimas da Criminalidade e de Abuso de Poder. 4. *As vítimas devem ser tratadas com compaixão e respeito pela sua dignidade. Têm direito ao acesso às instâncias judiciárias e a uma rápida reparação do prejuízo por si sofrido. de acordo com o disposto na legislação nacional.*

[65] Declaração dos Princípios Básicos de Justiça Relativos às Vítimas da Criminalidade e de Abuso de Poder. 6. *A capacidade do aparelho judiciário e administrativo para responder às necessidades das vítimas deve ser melhorada:*

Cap. IV · O PROCESSO PENAL FEMINISTA E SE *GOLDSCHMIDT* FOSSE FEMINISTA? | **169**

4.7.2.3.1. A violação aos direitos das vítimas ao tratamento processual adequado (I): a desnecessária repetição da prova testemunhal colhida e a (des)construção da imagem da vítima nos autos dos processos criminais pela intervenção da mídia

Conforme consta dos autos do processo, entendendo necessárias novas diligências, o promotor natural, Wandilson Lopes Lima, via Parecer MP 27/07, determinou o retorno dos autos à autoridade policial (o então Delegado de Polícia Adesaldo Pereira dos Santos) para a realização de novos atos investigatórios.

No Brasil, o chamado "inquérito policial" situa-se em uma fase pré-processual de caráter prévio e de natureza preparatória em relação ao processo penal[66]. Nela são realizadas atividades de modo concatenado por órgãos do Estado que passam a atuar a partir de uma "notícia-crime" com o objetivo de averiguar a existência da autoria e as circunstâncias de um fato aparentemente delituoso, de modo a justificar ou não a promoção de um processo no âmbito judiciário.

O inquérito é realizado pela polícia judiciária, segundo a previsão do art. 4º do Código de Processo Penal, sob o comando de uma autoridade denominada delegado (ou delegada) de polícia que desempenha atividade investigativa sem estar investido(a) de potestade jurisdicional. Daí por que não pode ser considerada como atividade judicial, tampouco processual.

(...) e) Evitando demoras desnecessárias na resolução das causas e na execução das decisões ou sentenças que concedam indenização às vítimas.

[66] Importante que se diga, para fins de mera informação, que o inquérito policial (espécie do gênero investigação preliminar) no Brasil não é necessariamente policial, pois, conforme dispõe o parágrafo único do mesmo citado art. 4º, a competência da polícia não exclui a de outras autoridades administrativas que tenham competência legal para investigar. De maneira que é possível a outra autoridade administrativa realize a averiguação dos fatos e, com base nas informações e dados recolhidos, uma vez encaminhados ao Ministério Público, seja oferecida a denúncia perante o poder judiciário. É o que ocorre, *v.g.*, nas sindicâncias e processos administrativos contra funcionários públicos.

Como dito, no modelo de investigação preliminar policial brasileiro cabe à polícia judiciária[67] levar a cabo assim chamado "inquérito policial" de forma autônoma, mas sob controle judicial sempre que necessária a adoção de medidas restritivas de direitos fundamentais, tais como a prisão (temporária ou preventiva), a interceptação telefônica ou outras.

O objeto do inquérito será o fato (ou fatos) constante na notícia-crime ou que resultar do conhecimento adquirido por meio da investigação de ofício da polícia. No que se refere ao quanto de conhecimento (*cognitio*) do fato, deverá ser alcançado no inquérito o modelo brasileiro adota o chamado sistema misto, estando limitado qualitativamente e também no tempo de duração[68].

Para a instauração do inquérito policial, basta a mera possibilidade de que exista um fato punível. A própria autoria não necessita ser conhecida no momento da investigação. Sem embargo, para o exercício da ação penal e a sua admissibilidade, deve existir um maior grau de conhecimento, exigindo-se, como dito, a probabilidade de que a pessoa acusada seja autora (coautora ou partícipe) de um fato aparentemente punível.

No plano vertical está o direito, isto é, os elementos jurídicos referentes à existência do crime vistos a partir do seu conceito formal (fato típico, ilícito e culpável). O IP deve demonstrar a tipicidade, a

---

[67] A polícia brasileira desempenha dois papeis (nem sempre, na prática cotidiana) distintos: a polícia judiciária e a polícia preventiva. A polícia judiciária está encarregada da investigação preliminar, sendo desempenhada nos estados pela Polícia Civil e, no âmbito federal, pela Polícia Federal. Já o policiamento preventivo ou ostensivo é levado a cabo pelas polícias militares dos estados, que não possuem atribuição (como regra) para realizar a investigação preliminar.

[68] Assim, como regra geral, o inquérito policial deve ser concluído no prazo de 10 dias – indiciado preso – ou 30 dias no caso de não existir prisão cautelar (art. 10, CPP). Esse prazo de 10 dias será computado a partir do momento do ingresso em prisão, pois o que se pretende limitar é que a prisão se prolongue além dos 10 dias. Quando o sujeito passivo estiver em liberdade, atendendo à complexidade do caso (difícil elucidação), o prazo de 30 dias poderá ser prorrogado a critério do juiz competente paro o processo (art. 10, § 3º, CPP), desde que existam motivos razoáveis para isso.

Cap. IV · O PROCESSO PENAL FEMINISTA E SE *GOLDSCHMIDT* FOSSE FEMINISTA? | 171

ilicitude e a culpabilidade aparente, também em grau de probabilidade. A antítese será a certeza sobre todos esses elementos e está reservada para a fase processual.

Em qualquer espécie de investigação preliminar a cognição é limitada. Nesse sentido, o inquérito policial busca apenas a verossimilhança do crime, a mera fumaça (*fumus commissi delicti*), não havendo possibilidade de plena discussão das teses, pois a cognição plenária fica reservada para a fase processual. Por sinal, vale lembrar que o inquérito policial não é sequer obrigatório e poderá ser dispensado sempre que uma notícia-crime, diretamente dirigida ao Ministério Público, disponha de suficientes elementos para a imediata propositura da ação penal. Da mesma forma, se com a representação (art. 39, § 5º, CPP) forem aportados dados suficientes para acusar, o MP deverá propor a denúncia em 15 dias.

De acordo com o desenvolvimento frutífero de investigações que levem à materialidade do crime e à indícios da autoria do mesmo é possível à autoridade policial promover o chamado indiciamento a partir do qual dá-se a passagem do estado de suspeita de uma pessoa investigada ao estado de provável autora do fato.

O indiciamento não pode basear-se na mera possibilidade, mas em um juízo de probabilidade sobre a autoria advindo das buscas realizadas para o desvendamento do caso criminal. Daí o porquê de, em regra, ser o indiciamento o último ato de um ciclo de levantamento de informações a partir de elementos colhidos mediante depoimentos testemunhais, provas periciais, reconhecimentos de pessoas ou objetos, acareações etc. E eis o que explica, assim, o fato de somente após ouvidos os depoimentos de testemunhas, recebidos o laudo toxicológico, o laudo cadavérico tenha a autoridade policial só aí, note-se, "convidado" (dada a ostentação do cargo de Deputado Estadual do indiciado) a trazer ao inquérito a sua versão dos fatos.

Para o indiciamento exige-se indícios (são provas circunstanciais, sinais aparentes e prováveis de que o fato existiu em dada situação de tempo, lugar e modo de execução) de autoria. Isto é, o indiciamento só pode produzir-se quando existirem indícios razoáveis de probabilidade da autoria, e não como um ato automático e irresponsável da autoridade policial.

Não poderá ser o indiciamento resultante de ato arbitrário da autoridade policial, sem nenhuma previsão formal, pois compete à Delegada ou ao Delegado de Polícia o encargo legal de fundamentar de forma coerente o ato de indiciamento, mostrando as provas e circunstâncias que apontam para a comprovação da materialidade e da provável autoria.

Uma vez encerrada (ainda que provisoriamente) a fase investigativa com o indiciamento da pessoa acusada, remetidos os autos ao poder judiciário, à época caberia ao representante do Ministério Público adotar uma das três seguintes ações[69]: oferecer a denúncia postular, requerer o arquivamento do inquérito policial ou de quaisquer peças de informação ou requerer a devolução do inquérito à autoridade policial, senão para novas diligências, imprescindíveis ao oferecimento da denúncia.

Como dito, recebendo os autos do inquérito policial, ao Promotor caberia: oferecer a denúncia, pedir o arquivamento, solicitar diligências ou realizar diligências. Contudo, a teor do art. 16 do Código de Processo Penal não poderia (ao menos não deveria) o Ministério Público requerer a devolução do inquérito à autoridade policial, senão para novas diligências, imprescindíveis ao oferecimento da denúncia[70]. Isto é: o oposto do que ocorreu no caso dos autos, onde o pedido de novas diligências formulado pelo Promotor natural deu ensejo para que, da Procuradoria-Geral do Ministério Público da Paraíba, todos os depoimentos que já haviam sido tomados fossem repetidos.

---

[69] Esclareça-se, por oportuno que, uma vez iniciado formalmente o IP, a teor do art. 17, CPP, não poderá a autoridade policial arquiva-lo, pois não possui competência para isso. O arquivamento somente será decretado por decisão do juiz a pedido do MP. A decisão que decreta o arquivamento do IP não transita em julgado. Nesse sentido, a Súmula 524 do STF acertadamente que: arquivado o inquérito policial, por despacho do juiz, a requerimento do promotor de justiça, não pode a ação penal ser iniciada sem novas provas.

[70] Assinale-se também que não cabe ao juiz decidir sobre a "imprescindibilidade" das diligências e tampouco a sua pertinência. Nem mesmo justifica-se a sua intervenção nesse momento, tendo em vista que cabe ao MP requerer diligências ou mesmo prescindir do inquérito e instruir seu próprio procedimento.

Cap. IV · O PROCESSO PENAL FEMINISTA E SE *GOLDSCHMIDT* FOSSE FEMINISTA? | 173

Sublinhe-se: para a denúncia o fato não necessita estar "provado", senão que seja demonstrado em grau de probabilidade. Contudo, a teor dos diversos incisos do art. 129 da CF, em conjunto com as Leis n. 75/93 e n. 8.625/93, especialmente o disposto nos arts. 7º e 8º da primeira e 26 da segunda, o Ministério Público poderia ter requisitado diretamente da autoridade policial a prática de novos atos de investigação ou ele mesmo – o Promotor de Justiça – ter praticado os atos que julgou necessários.

Ainda que admissível é questionável o juízo de valor emitido pelo Promotor de Justiça de 1ª. Instância, especialmente no que toca ao requerimento de reoitiva de testemunhas, uma delas, em particular, U.M.S[71] em cujo depoimento dizia sentir-se ameaçado por Douglas Mendonça, pessoa com quem o então investigado Aércio Pereira de Lima mantinha vínculos de amizade há várias décadas. Tudo conforme o depoimento tanto de Douglas Mendonça, quanto do próprio Aércio Pereira de Lima em seus interrogatórios.

Nas palavras da testemunha U.M.S.:

> *Que o depoente esclarece que em razão do pó existe uma amizade entre Aércio Pereira e um senhor por nome de Douglas Mendonça, que possui uma loja de aparelhos eletrônicos e celulares, nesta capital, adiantando **que por consequência da droga, trata-se de uma pessoa violenta**. Que o depoente esclarece que ultimamente o Douglas, está passando próximo ao seu estabelecimento de trabalho, pois por mais de uma vez presenciou o mesmo em uma agência bancária (Brasdesco) ali existente, coisa que não era de costume, inclusive fazendo questão de não se dirigir ao depoente; **Que o depoente está temendo qualquer represália, pois Douglas é muito íntimo do Deputado Aércio e estranhamente passou a aparecer após o acontecido com Márcia vítima;** (...)*

Ainda que a lei brasileira de proteção a vítimas e a testemunhas ameaçadas seja posterior aos fatos (Lei 9.807, de 13 de julho de 1999), no mínimo, teria sido de bom alvitre que o depoimento desta

---

[71] Ainda que os autos do processo sejam públicos, optei por fazer referência às testemunhas somente quando necessário e por suas iniciais.

testemunha houvesse sido preservado para evitar que essa tivesse de novamente se expor a riscos não desconsideráveis ou que, por medo, mudasse sua "versão" dos fatos.

Em suma, processualmente a repetição da prova testemunhal – sempre prejudicada pelos inegáveis efeitos da falibilidade da memória humana, como adiante será apontado –, de fato, em nada contribuiu para o esclarecimento dos fatos representando uma demora injustificada no transcurso das investigações.

Além de representar uma demora injustificada a repetição dos depoimentos testemunhais deles valeu-se, sob o condão de suposto esclarecimento dos fatos, para os fins de (des)construir a imagem da vítima valendo-se de um dos mais frágeis meios de prova.

De fato, as experiências com a prova testemunhal na fase pré-processual mostram uma verdadeira transformação do inquérito – teorizado como um expediente normativamente sumário, delimitado quantitativa e temporalmente – em um palco para performances repetitivas cada vez mais distanciadas da realidade dos fatos e aproximadas das expectativas patriarcais de culpabilização das mulheres pela violência contra si praticadas.

A repetição da prova testemunhal é, portanto, uma gravíssima degeneração tanto para o que ocorre no cotidiano das criminalizações marcadas pela seletividade racial, quanto, como no caso em tela, dos processos de crimes de gênero marcados pelo induzimento à reconstrução dos fatos a partir da desconstrução da imagem, memória e dignidade das vítimas.

A prova testemunhal orienta-se pelos princípios da oralidade e imediatidade, isto é, deve ser produzida oralmente, em audiência e em frente ao juiz que irá julgar (identidade física). Conforme a jurisprudência brasileira, como exemplifica acordão no Habeas Corpus n. 193.696 do Superior Tribunal de Justiça – STJ, o depoimento da testemunha ingressa nos autos de maneira oral, e nele ela – a testemunha – deve relatar o que sabe, as razões de sua ciência e/ou as circunstâncias pelas quais seja possível avaliar-se a sua credibilidade.

Em princípio, toda pessoa poderá ser testemunha, e também como regra ninguém pode recusar-se a depor.

Nos termos do art. 206 Código de Processo Penal, as pessoas ali especificadas poderão recusarem-se. São elas: o ascendente, o descendente, o afim em linha reta, o cônjuge, ainda que desquitado, o irmão, o pai, a mãe, o filho adotivo do acusado, salvo quando não for possível, por outro modo, deter-se ou integrar-se a prova de fato e das circunstâncias. Estas, juntamente com os doentes e deficientes mentais e os menores de 14 anos, não prestam compromisso de dizer a verdade, sendo considerados meros informantes. De outro lado, no art. 207 são elencadas as pessoas proibidas de depor. São elas: as que em razão de função, ministério, ofício ou profissão devem guardar segredo, salvo se, desabrigadas pela parte interessada, quiserem dar o seu testemunho.

Pode-se dizer que as testemunhas se classificam em diretas, indiretas, informantes, abonatórias (beatificação) e referidas (estas a serem ouvidas por um juízo de necessidade e pertinência a critério do juiz).

Em princípio, o depoimento testemunhal caracteriza-se pela:

i. oralidade;

ii. objetividade (o testemunho deve ser claro, direto, *sem carga valorativa ou sentimental*); e

iii. retrospectividade (visando a reconstrução de um *fato passado*).

A considerar os dois últimos aspectos é nítido que as novas e sucessivas tomadas de testemunhos durante a fase policial privilegiaram a carga valorativa em relação à "conduta social e personalidade" da vítima objetivando não a reconstrução dos fatos, mas a construção de uma imagem que passa a integrar as "memórias" ou falsas memórias das testemunhas para posteriormente ser utilizada pela defesa, como o foi, exemplificativamente, no Habeas Corpus, no Recurso Especial ou na Apelação.

Em um dos mais importantes e melhores trabalhos no Brasil, a obra *Falsas Memórias e Sistema Penal: a prova testemunhal em xeque* (2013), o Prof. Gustavo Noronha de Ávila destaca a possibilidade de distorções no processo de reconstrução da "verdade" como próprias do funcionamento neuropsíquico da memória.

176 | PROCESSO PENAL FEMINISTA – Soraia da Rosa Mendes

O tema é demasiadamente instigante, posto que não lida com a mera oposição "verdade" *vs.* "mentira" para a qual existe uma resposta cartesiana prevista na legislação correspondente à conduta descrita no crime de falso testemunho. Para compreender a dimensão do que são "falsas memórias", exige-se mais do que isso. Exige-se mergulhar nos meandros da mente humana que, com o passar do tempo e os estímulos externos apropriados deixa de lembrar a vítima como uma jovem principiante no uso de drogas e passa a descreve-la como uma mulher várias vezes à beira da *overdose*.

Como leciona o Prof. Ávila nos processos que tentam a (re)construção do fato criminoso pretérito, podem existir artimanhas do cérebro, informações armazenadas como verdadeiras, ou induções dos entrevistadores, de outras pessoas e/ou da mídia que, no entanto, não condizem com a realidade. Estas são as chamadas falsas memórias, processo que pode ser agravado, quando da utilização de técnicas por repetição, exemplificativamente, as empregadas de forma notória no âmbito criminal.

Em um sistema processual penal como o brasileiro, no qual a prova testemunhal é o epicentro da busca de "uma" verdade, seguramente admitir a existência de um espaço de criação e manipulação é perturbador. Esse processo, de regra, para fins de criminalização injusta na medida em que no processo penal (bem como no procedimento), como diz o Prof. Ávila, a sua má-utilização pode significar a supressão de bens jurídicos supremos da ordem democrático--constitucional, como a liberdade.

Nesse sentido, bebendo na fonte de conhecimentos do Prof. Ávila, em meu ponto de vista, a repetição de perguntas referentes à conduta social, personalidade e sexualidade da vítima, aliado aos estímulos externos de uma mídia voltada ao sensacionalismo ao redor do comportamento, reputação e do corpo feminino podem, sim, ter contribuído em muito para a formação de falsas memórias que, ao final, degeneraram a imagem da vítima a ponto de obscurecer o fato de que ela – Márcia Barbosa – como mostrou peremptoriamente o laudo pericial, foi morta por asfixia decorrente de ação mecânica e jamais por uma *overdose* favorecida por um suposto desejo suicida.

Como tive oportunidade de afirmar capítulos atrás nesta obra, entendo que, distanciada da epistemologia jurídica feminista, a

Cap. IV · O PROCESSO PENAL FEMINISTA E SE *GOLDSCHMIDT* FOSSE FEMINISTA? | 177

compreensão dogmática processual penal e sua tradução na prática orienta intervenções dos sujeitos nas abordagens feitas às vítimas durante a investigação policial ou mesmo no processo penal em um mecanismo de nova vitimização sobre a mulher a partir da busca em seu comportamento algo que justifique a conduta do agressor nos crimes sexuais.

No caso em tela, a busca foi (em total desrespeito à sua dignidade) a de construir uma imagem da vítima para que, no mínimo, fosse colocada em dúvida a responsabilidade penal do acusado. Um expediente defensivo violador da dignidade da vítima, de sua imagem, de sua memória e de seus familiares comumente utilizado em casos de feminicídio perante o Tribunal do Júri.

De acordo com o laudo de exame químico toxicológico foi possível identificar nada mais do que 0,575g de álcool etílico por litro de sangue (exame em 1,0 ml de sangue); e, de outro lado, o mero registro positivo para maconha (tetrahidrocanabidiol) e cocaína (benzoilecgonina), mediante o método disponível na Capital paraibana da Cromatografia em Camada Delgada (CCD), não sendo possível precisar a quantidade destas substâncias. Sendo solar o depoimento da perita Lúcia de Fátima Vasconcelos Dias, segundo o qual:

> (...) essa quantidade de substância não reduz a pessoa a capacidade e bêbado, ou seja (sic) a pessoa encontra-se com suas faculdades de reflexos normais.

Enfim, a realidade dos fatos consolidada na prova pericial colhida em nada autorizaria a hipótese de *overdose*, tampouco os depoimentos colhidos ainda na primeira rodada. Contudo, das doze testemunhas ouvidas, sete conheciam a vítima, todas foram perguntadas sobre o possível envolvimento desta com drogas e sobre sua sexualidade.

Somente três apontavam o uso de drogas por Márcia Babosa e, coincidentemente ou não, duas destas pessoas, além de terem sido também perguntadas sobre a sexualidade da vítima, eram as mesmas que figurariam mais tarde entre as indiciadas por participação no crime.

Após todos esses depoimentos colhidos, já encaminhado o inquérito ao Poder Judiciário, como adiante se verá, a requerimento do Ministério Público, todas as testemunhas passam a ser ouvidas novamente.

Uma nota importantíssima desde já precisa ser aberta para mencionar o depoimento do pai da vítima, Sr. Severino Reginaldo de Souza, prestado em 19 de junho de 2018 – mas somente juntado aos autos após o relatório policial em 21 de julho de 1998, e o deferimento das diligências requisitadas pelo Ministério Público dentre as quais encontravam-se a reoitiva de várias das testemunhas.

Ou seja, dentre todas as diligências requeridas concernentes a reprodução de depoimentos já prestados, de outros que poderiam ser tomados em sede judiciária e das requisições de provas periciais que poderiam vir diretamente ao Ministério Público para oferecimento da denúncia, em momento algum foi cogitado pelo representante da sociedade ouvir (ou saber se fora ouvido) o pai da vítima que, por sinal, não foi poupado de perguntas sobre a conduta social, personalidade e sexualidade da filha.

Perguntado, o Sr. Severino, respondeu:

> (...) Que a gilha (sic) não era viciada em drogas, pelo menos na família não sabiam (...) sabendo apenas que ela possuía um namorado.

Veja-se também que foi requerido pelo Ministério Público a reoitiva de M.C., esposa de U.M.S, que também já havia sido ouvida em 25 de junho de 1998. Isto é, outro depoimento simplesmente não encaminhado ao Poder Judiciário para fins de apreciação para oferecimento da denúncia.

M.C. em seu depoimento, embora mencione que a vítima não tinha sequer o que comer, e que alguém de nome *Damião* lhe havia levado comida, a descreve como prostituta, suicida e usuária de drogas. E, em seu segundo depoimento, retira o que havia dito em relação ao tal *Damião* que teria levado comida à vítima.

Em verdade, o que resultou das reproduções dos depoimentos, muito especialmente de U.M.S. e de sua esposa M.C., foi o enxerto de informações que somente vieram a desconstruir a imagem da vítima que de uma jovem, triste, vinda do interior em uma caravana política, à procura de emprego, sem dinheiro e faminta, descrita como

Cap. IV · O PROCESSO PENAL FEMINISTA E SE *GOLDSCHMIDT* FOSSE FEMINISTA? | 179

usuária de drogas por pessoas que foram acusadas por envolvimento em sua morte passa a ser rotulada como uma mulher prostituta, de sexualidade duvidosa, de personalidade suicida e, principalmente, dada ao consumo excessivo de drogas.

Como ensina o Prof. Ávila, a qualidade da prova pode estar comprometida também quando da decorrência de lapso temporal exacerbado entre a coleta dos depoimentos policiais e os testemunhos judiciais, favorecendo a produção de memórias falsificadas. E é fato, como também ensina corretamente o autor, que possibilidade de ocorrência das falsas memórias também pode atuar de forma precaucional, impedindo ao magistrado que imponha condenações, como corolário dos princípios do *in dubio pro reo* (a dúvida beneficiará ao réu) e estado de inocência (todos são considerados inocentes até o término do processo). Assim como também assiste razão ao estudioso quanto a esse aspecto fundamental para a afirmação de um Estado Democrático de Direito.

Por outro lado, quer parecer absolutamente essencial que também se leve em conta as armadilhas da mente humana como prejudiciais no caso Márcia Barbosa, onde o transcurso do tempo (muito em decorrência da imunidade parlamentar a que fazia jus o acusado), as investidas policiais repetitivas e o papel da imprensa funcionaram de modo decisivo para a construção de vítima como alguém indigno de confiança em relação à própria vida.

4.7.2.3.2. A violação aos direitos das vítimas ao tratamento processual adequado (II): o procedimento de tomada de depoimento de vítimas e familiares no Brasil

Junto à demora no trâmite do processo, que adiante abordarei, os repetidos depoimentos dos familiares de Márcia Barbosa provocam discussão sobre tema de fundamental importância processual penal.

Como já dito tanto o pai (Sr. Severino), quanto a irmã da vítima (Marizete, à época com apenas 17 anos) foram perguntados sobre o possível envolvimento de Márcia com drogas e sobre sua sexualidade.

Segundo o pai:

> (...) a filha foi para João Pessoa para trabalhar no sábado anterior à convenção (PMDB). Veio em uma caravana. Que tinha uma

*amiga de nome Márcia. Que tinha namorado. Que a irmã menor
(17 anos) tinha vindo junto, mas voltou para Cajazeiras.*

Por sinal, em seu segundo depoimento, o pai de Márcia Barbosa
relata não ter dinheiro para um novo depoimento da filha Marizete.
E que somente teria conseguido chegar a João Pessoa "de carona"
com o carro da Prefeitura.

O que emerge dos autos do processo e dos repetidos depoimentos das vítimas familiares aponta para a necessidade de construção
de um outro paradigma na estrutura dogmática processual penal,
considerando a vitimização feminina e a condição das mulheres e
seus entes queridos como sujeitos de direito.

A permanência de valores de uma cultura patriarcal até os dias
de hoje ainda reserva às mulheres a condição de objeto (no sentido
de propriedade, posse, objeto de desejo), a ponto de atribuir às suas
experiências de vitimização, os sentidos que atendem aos interesses da
própria cultura, o que se evidencia pela decisão judicial em questão.

Reafirme-se que as testemunhas foram perguntadas não somente
sobre os fatos, mas também sobre a conduta social, a personalidade e
a sexualidade da vítima. Ou seja, o que se percebe é uma investigação
sobre a vítima, seu comportamento, sua reputação. Algo que toma as
páginas dos jornais e que se projeta para os autos do processo judicial
com ainda maior força.

A coleção de recortes de notícias sobre a vítima mandadas juntar
ao processo no presente caso é mais do que demonstrativa disso. Sobre
como a vítima (seu comportamento, estilo de vida, possíveis sonhos,
projetos, enfim...) torna-se o objeto central de preocupações em uma
sistemática entre ações endógenas (sistema de justiça criminal) e
exógenas (mídia) se retroalimentam.

De fato, a desconstrução da imagem e credibilidade da vítima e,
em última instância, de sua palavra dentro do processo, em crimes de
gênero (feminicídios, estupros, importunações, assédios), de regra,
tem início previamente ao próprio processo. Começa ainda durante a
fase de investigações. E o caso Márcia Barbosa é a prova cabal disso.

Note-se que o Delegado de Polícia determina que fossem jun-
tadas aos autos todas as reportagens concernentes ao caso, *in verbis:*

Cap. IV · O PROCESSO PENAL FEMINISTA E SE *GOLDSCHMIDT* FOSSE FEMINISTA? | **181**

DESPACHO

Determino ao Senhor Escrivão do feito que junte aos Autos, todas as reportagens colhidas junto a imprensa, em torno dos fatos, uma vez que tornaram-se públicos e notórios as entrevistas e detalhes encontrados.

Cumpra-se.

João Pessoa, 25 de agosto de 1998.

Bel. Adesaldo Pereira dos Santos

Delegado de Polícia Civil.

Também constam os registros de juntada aos autos do inquérito fita cassete com cópias de informações prestadas por pessoas que "tem ou tomaram conhecimento do fato em que foi vítima 'MARCIA BARBOSA' (...)". Informações estas colhidas pelo repórter Josival Pereira do programa Plantão da Redação da Rádio Oeste da Paraíba, em João Pessoa. Segundo o ofício enviado ao repórter as entrevistas serviriam de subsídios para o desvendar do caso.

Por sinal, como dito anteriormente, o próprio Procurador-Geral de Justiça faz menção às matérias de imprensa como motivação para o oferecimento da denúncia em 1998. Em seus termos:

> *Em face de notícias veiculadas em órgãos da imprensa paraíbana, alusivas ao Exame Cadavérico procedido no dia 19 de junho do corrente, na vítima Márcia Barbosa de Sousa, adoto as seguintes medidas: (...)*

Assim como, mais tarde, a defesa do acusado juntará aos autos mais de 150 páginas com manchetes de jornais das quais se valerá intensamente – dentre outros objetivos dos quais também estava o de descreditar o laudo pericial – para buscar incutir nos/as membros do Conselho de Sentença dúvidas sobre a conduta social, personalidade e sexualidade de Márcia Barbosa. Para tanto basta anotar, dentre muitas outras, as seguintes manchetes alusivas à prostituição, *overdose* e suicídio:

- *Estados Unidos. Prostituta brasileira morreu de overdose.*
- *Morte de brasileira na Itália por overdose causa escândalo.*

- *Menino rejeitado pela namorada em* e-mail *se suicida.*
- *Atriz Hemingway se suicidou. Margaux Hemingway, neta do escritor Ernest Hemingway, morta há um mês se suicidou com barbitúricos. O resultado da autópsia saiu ontem.*

Nos processos envolvendo crimes de gênero nunca valeu a máxima do jurista brasileiro Pontes de Miranda "o que não está nos autos não está no mundo". Lá o que está no mundo é transplantado para dentro dos autos subliminarmente (como se viu pelos questionamentos feitos às pessoas depoentes) ou diretamente (como o despacho acima ilustra) sendo esse fator o que determina se "esta" ou "aquela" mulher "merece" crédito sobre o que diz.

Com tenho dito, a velha (infelizmente não carcomida) tática de valer-se da vida e comportamento de uma mulher como elemento de defesa é flagrante em casos de notoriedade como o de Márcia Barbosa. Infelizmente não vieram ao conhecimento desta perita as transcrições ou gravações em meio magnético dos debates orais travados em plenário durante a sessão do Tribunal do Júri em que restou condenado Aércio Lima.

Os longos anos de pesquisa e dedicação aos estudos das Ciências Criminais, da Criminologia ao Processo Penal, me permitem afirmar que, sem dúvida, grande parte da estratégia defensiva no caso emergiu dos depoimentos "desabonadores" do comportamento da vítima em sua conduta social, personalidade e sexualidade e das reportagens que deles se alimentaram e eles alimentaram durante todos os anos da espera por justiça.

Assim como nos programas sensacionalistas da mídia – em particular de TV, em razão do impacto que a imagem causa – nos quais pessoas, negras e pobres na maioria, são encurraladas por um microfone colocado no rosto com perguntas vexatórias, enquanto no estúdio o apresentador diz: "mostra a cara do bandido, a gente quer ver a cara do bandido!", nas manchetes sobre crimes com violência de gênero as vítimas são apresentadas como quem não merece crédito, quem sobre cuja palavra paira dúvida. Um mecanismo perverso que cumpre a função de atingir a vítima direta, seus familiares e também de acuar outras que possam surgir em casos semelhantes de modo a aparta-las do sistema de justiça. Uma verdadeira "datenização" dos atos processuais que transforma o processo em um inaceitável *Balanço Geral.*

Garantir mecanismos que preservem a imagem em processos judiciais não seria nenhuma novidade no sistema jurídico brasileiro onde, obviamente que por outras razões e fundamentos, é resguardado o direito à preservação da imagem e identidade da criança ou do/a adolescente, no caso envolvido/a em uma prática infracional análoga a crime, durante a investigação, apuração e aplicação das medidas legais. Assim, nos termos da Lei 8.906/90 (Estatuto da Criança e do Adolescente):

> Art. 143. É vedada a divulgação de atos judiciais, policiais e administrativos que digam respeito a crianças e adolescentes a que se atribua autoria de ato infracional.
>
> Parágrafo único. Qualquer notícia a respeito do fato não poderá identificar a criança ou adolescente, vedando-se fotografia, referência a nome, apelido, filiação, parentesco, residência e, inclusive, iniciais do nome e sobrenome.
>
> Art. 144. A expedição de cópia ou certidão de atos a que se refere o artigo anterior somente será deferida pela autoridade judiciária competente, se demonstrado o interesse e justificada a finalidade.

Em síntese, a lei brasileira protege tanto a criança quanto o/a adolescente que cometeu ato infracional, mantendo-a a salvo de qualquer meio de comunicação que venha a veicular informação, depreciativa ou não, acerca destes. É o que decorre do artigo 5º, inciso X de nossa Constituição Federal cujo escopo é a preservação da imagem como direito personalíssimo.

Mutatis mutandis, nada obsta que, sem nenhum apelo a qualquer forma de censura ou restrição à liberdade de expressão e de imprensa, sejam criados dispositivos legais de garantia dos direitos humanos à imagem e à identidade das mulheres e seus familiares, no intuito de extirpar do que entre nós é, como acima denominei, um mecanismo perverso em um estado de coisas violador da dignidade da pessoa humana.

Nega-se acesso à justiça pela demora. Nega-se acesso à justiça por ações e/ou omissões que deliberadamente tornam frágeis ou eliminam a possibilidade probatória. Mas, também, no caso das mulheres nos crimes de gênero, nega-se acesso à justiça pela inexistência de mecanismos que coibam que a dignidade humana das vítimas seja violada pela aliança do que é produzido nos autos e fora dele pela imprensa.

Oxalá permita que o reconhecimento internacional deste estado de coisas violador da dignidade das mulheres seja o ponto cardeal para refletirmos doutrinária, jurisprudencial e legislativamente (no que couber) sobre os fatos como os ocorridos e entendermos que estes precisam ter consequências não só correcionais, mas também processuais penais.

4.7.2.3.3. A violação aos direitos das vítimas ao tratamento processual adequado (III): mais uma vez sobre a questão das nulidades

Sem dúvida alguma, um dos mais tormentosos temas da processualística penal é o sistema de nulidades. Por certo muito em razão da matriz de inspiração de nosso Código de Processo Penal no Código de *Rocco*. Mas, também, pela escancarada cultura político-criminal punitivista (por suposto sexista, racista e LGBTQIA+fóbica) que, na superfície ou no subterrâneo, representa sempre um freio a qualquer avanço rumo a um processo penal, no mínimo, formalmente democrático: ou seja, a um processo guiado pelas regras do jogo constitucional.

É preciso, repise-se, que magistrados/as e membros do MP, no exercício de suas funções respeitem e garantam essa regra de ouro do jogo. E, em particular, que membros da advocacia e da defensoria pública compreendam, definitivamente, ser possível realizar a defesa do réu sem violar ainda mais a vítima. Do contrário, a consequência processual há de ser a nulidade, pois toda a normatividade maior alcança pessoas rés, condenadas, e também vítimas.

De acordo com a "Declaração dos Princípios Básicos de Justiça Relativos às Vítimas da Criminalidade e de Abuso de Poder" considera-se vítima "a família próxima ou as pessoas a cargo da vítima direta e as pessoas que tenham sofrido um prejuízo ao intervirem para prestar assistência às vítimas em situação de carência ou para impedir a vitimização". Neste sentido, aqui tomo tanto Márcia Barbosa, quanto seus familiares como vítimas.

No Brasil, como dito, os familiares das vítimas diretas são ouvidos como informantes tanto nos autos de inquéritos, quanto

Cap. IV · O PROCESSO PENAL FEMINISTA E SE *GOLDSCHMIDT* FOSSE FEMINISTA? | 185

em processos judiciais, inexistindo qualquer razão para que estes depoimentos, marcados pela dor da perda e pela angústia do tempo que transcorre sem que se tenha uma resposta estatal ao crime, sejam usados como formas cruéis de vitimização, como ocorreu no caso dos familiares de Márcia Barbosa.

A dignidade da pessoa humana impõe ao Estado um dever de realizar ações positivas no sentido de assegura-la. Dentre estas ações, está o dever de proteção já mencionado nesta obra.

É, assim, exigível (mais do que meramente recomendável) que postura dos sujeitos do processo em seu contato com a vítima e seus familiares, muito especialmente no momento do depoimento (mas, não só), guie-se, pelo respeito e pela garantia da dignidade humana e dos compromissos internacionais que a tomam como central e dos quais o Brasil é signatário. Afastar-se de todo esse arcabouço é tomar distância da dignidade humana. É violar a Constituição. É desrespeitar a convencionalidade. E é, por consequência, macular com a nulidade absoluta todo o processo.

4.7.3. O rito processual do Tribunal do Júri e o direito das vítimas ao julgamento em tempo razoável

No contexto do complexo emaranhado que é o processo penal brasileiro, constantemente modificado mediante reformas pontuais, nem sempre com uma preocupação sistêmica mais apurada, é possível situar o procedimento ou rito processual comum (ordinário, sumário e sumaríssimo) e o rito especial a partir de três critérios: gravidade do crime, natureza do delito e qualidade do agente.

A gravidade do crime determina o rito a partir da quantidade de pena aplicada. A natureza do delito reserva um rito especial de acordo com o bem jurídico tutelado (o que se dá nos crimes dolosos contra a vida, nos crimes previstos na lei de drogas, nos crimes contra a honra, nos crimes falimentares, nos crimes contra a propriedade imaterial, dentre outros). E, por último, a qualidade do agente impõe um rito especial para os crimes praticados por servidores públicos e para os detentores de prerrogativa de foro, nos termos da Lei 8.038/90.

A prerrogativa de função é critério de definição de competência entre órgãos jurisdicionais de naturezas diversas, ou seja, entre juízes de primeiro grau e tribunais, sendo fator de explicitação dos casos de competência originária dos órgãos de segundo grau (Tribunais de Justiça e Tribunais Regionais Federais) e dos tribunais superiores (Supremo Tribunal Federal e Superior Tribunal de Justiça). Trata-se de hipótese de definição de competência objetiva em razão da qualidade da parte normalmente conjugada com competência objetiva em razão da matéria, no caso dos crimes comuns.

Em relação ao foro por prerrogativa de função vigora o chamado "princípio da atualidade do exercício da função", de modo que, tem cabimento somente durante o período de duração do mandato.

A taxionomia procedimental na seara processual penal brasileira inclui: o rito comum ordinário (para os crimes cuja pena máxima for igual ou superior a quatro anos); o rito comum sumário (para os crimes cuja pena máxima cominada for inferior a quatro anos e superior a dois anos); e o rito comum sumaríssimo (para as infrações de menor potencial ofensivo cuja pena máxima é igual ou inferior a dois anos, de acordo com o disposto na Lei 9.099/95).

No rito especial, temos os crimes de responsabilidade dos funcionários públicos; os crimes contra a honra; os crimes contra a propriedade imaterial; e os crimes de competência do Tribunal do Júri, este último aplicável ao caso em tela.

A competência do Tribunal do Júri está disciplinada constitucionalmente, no art. 5º, XXXVIII, segundo o qual está assegurada além da plenitude de defesa, o sigilo nas votações, a soberania dos veredictos, a competência para o julgamento dos crimes dolosos contra a vida entendidos como o homicídio, o infanticídio, o induzimento, instigação e auxílio ao suicídio e o aborto.

A competência originária do Tribunal do Júri não impede que sejam julgados pelo Júri outros crimes desde que conexos aos que estão em sua órbita de decisão. Eis o porquê do julgamento, no caso, também do crime de ocultação de cadáver[72] imputado ao réu Aércio Pereira de Lima.

---

[72] De acordo com o Código Penal brasileiro:
"Art. 211 – Destruir, subtrair ou ocultar cadáver ou parte dele:
Pena – reclusão, de um a três anos, e multa".

Cap. IV · O PROCESSO PENAL FEMINISTA E SE *GOLDSCHMIDT* FOSSE FEMINISTA? | **187**

No Brasil, o procedimento especial do Tribunal do Júri dá-se em duas fases distintas, em um chamado procedimento bifásico. A primeira de instrução preliminar e a segunda do julgamento em plenário. A instrução preliminar é a fase compreendida entre o recebimento da denúncia (ou queixa subsidiária) e a decisão de pronúncia. Por sua vez, a segunda fase inicia com a confirmação da sentença de pronúncia estendendo-se até a decisão proferida no julgamento realizado no plenário do Tribunal do Júri.

Verificando o juiz a existência de indícios de autoria e participação de outras pessoas não incluídas na denúncia, deverá ele pronunciar, impronunciar, desclassificar ou absolver sumariamente o acusado, e remeter os autos ao MP por 15 dias, aplicável no que couber o art. 80 que trata da faculdade de cisão processual. Ainda que preclusa a decisão de pronúncia, havendo mudança fática superveniente a esta, deverá o juiz determinar a remessa dos autos ao MP para que promova o aditamento.

A pronúncia demarca os limites da acusação, devendo nela constar a narração do fato criminoso, as eventuais qualificadoras e causas de aumento constantes da denúncia (ou queixa subsidiária). As agravantes, atenuantes e causas de diminuição não são objeto da pronúncia, ficando reservadas para a sentença condenatória.

O juiz ou a juíza, é importante que se diga, deve na pronúncia emitir um juízo de verossimilhança, limitando-se a indicar a materialidade (existência do delito) e a existência de "indícios suficientes" de autoria ou de participação. A linguagem deve ser uma preocupação da julgadora ou do julgador, na medida em que deve evitar adjetivações, análises valorativas, que possam redundar na nulidade do ato decisório (HC 85.260/RJ STF). Deve evitar, portanto, a "eloquência acusatória", que acabou sendo objeto de recurso da defesa, mas julgado improcedente.

Aércio Pereira de Lima foi pronunciado em 27 junho de 2002. As intimações da decisão demoram um mês para ocorrer e, em 3 de agosto do mesmo ano, a defesa interpôs Recurso em Sentido Estrito – RES julgado improcedente.

Até o advento da Lei 11.689/2008, nos termos do art. 449 do Código de Processo Penal, apregoado o réu, e comparecendo, o juiz deveria perguntar seu nome, sua idade e se tinha advogado. Sendo menor deveria ser nomeado curador e, se fosse maior, defensor. Em tal hipótese, o julgamento era adiado para o primeiro dia desimpedido. E, de acordo como o parágrafo único do mesmo dispositivo o julgamento poderia ser adiado, somente uma vez, devendo o réu ser julgado, quando chamado pela segunda vez. Nesse caso, a defesa será feita por quem o juiz tiver nomeado, ressalvado ao réu o direito de ser defendido por advogado de sua escolha, desde que se ache presente.

A falta, sem escusa legítima, da defesa do réu ou do curador, se um ou outro for advogado ou solicitador, deveria ser imediatamente comunicada ao Conselho da Ordem dos Advogados, nomeando o presidente do tribunal, em substituição, outro defensor, ou curador (art. 450), observado o disposto no artigo mencionado.

Por último, não comparecendo o réu ou o acusador particular, com justa causa, o julgamento seria adiado para a seguinte sessão periódica, se não pudesse realizar-se na que estiver em curso (art. 451), este foi o caso do pedido de adiamento da defesa, de próprio punho.

Falar sobre o tempo enquanto demora desde a perspectivas das vítimas é sempre razão para discursos públicos que rotulam todas as reivindicações pelo cumprimento do devido processo também para aqueles e aquelas que esperam uma resposta estatal como se meramente punitivistas ou vingativos fossem. Não entendo deste modo.

Pelo contrário, afirmo ser absolutamente compatível a integração dos direitos das vítimas ao devido processo penal mediante tanto, como já apontado acima, a abrangência do depoimento especial às vítimas sobreviventes de feminicídios e crimes sexuais, e, quanto, como agora afirmo pela compreensão que de a garantia constitucional insculpida no art. 5º, LXXVIII, da Constituição Federal de 1988, concernente do direito de ser julgado no prazo razoável, também corresponde às vítimas o direito à razoabilidade do lapso de tempo para a prestação jurisdicional.

Como já tive oportunidade de dizer em relação muito especialmente às vítimas de crimes sexuais, aqui não vai nenhum apreço, nem mesmo inconsciente, pela celeridade processual que viola direitos e garantias do acusado. Contudo, simplesmente manter-se atrelado à uma leitura dogmática microscópica que desconsidera o tempo do

Cap. IV · O PROCESSO PENAL FEMINISTA E SE *GOLDSCHMIDT* FOSSE FEMINISTA? | 189

processo como um fator destruição da figura pública e processual da vítima já não é mais aceitável. E, neste aspecto, o caso Márcia Barbosa é emblemático.

Não se tem dados disponíveis sobre o tempo de tramitação dos processos no Tribunal do Júri ao tempo dos fatos em 1998. Contudo, de acordo com o "Diagnóstico das Ações Penais de Competência do Tribunal do Júri – 2019", estudo produzido pelo Conselho Nacional de Justiça (CNJ)[73], a questão da demora é um problema endêmico no Brasil. E muito mais foi no caso do julgamento de Aércio Pereira de Lima no qual, por exemplo, uma carta precatória expedida para ser cumprida em 45 dias visando a oitiva de uma testemunha da defesa levou um ano e cinco meses para o seu cumprimento.

Não bastasse isso em nosso país o que se percebe é que absolvições ocorrem em 20% dos julgamentos, enquanto em 32% das decisões há a extinção da punibilidade, quando ocorre a morte do réu ou o crime prescreve. Bem se vê por este dado que o Caso Márcia ultrapassa os limites da temporariedade do concreto em 1998, na Paraíba, pois trata-se de um problema endêmico do sistema de justiça criminal brasileiro ao longo da história.

O diagnóstico realizado pelo Conselho Nacional de Justiça (CNJ) foi produzido a partir de informações extraídas da base de dados da "Replicação Nacional", no qual é armazenado o conjunto de todos os processos em trâmite pelos tribunais do país no intervalo entre os anos de 2015 e 2018.[74]

De acordo com a análise dos dados deste período de tempo (2015 a 2018) concluiu-se que nos estados do Acre, de Santa Catarina e de Minas Gerais, o índice de condenação ultrapassa 70% dos casos

---

[73] Diagnóstico das Ações Penais de Competência do Tribunal do Júri – 2019. Disponível no sítio do Conselho Nacional de Justiça – CNJ: <https://www.cnj.jus.br/wp-content/uploads/2019/06/1e9ab3838fc943534567b5c9a9899474.pdf>. Acesso em: 5 maio 2021.

[74] Diagnóstico das Ações Penais de Competência do Tribunal do Júri – 2019. Disponível no sítio do Conselho Nacional de Justiça – CNJ: <https://www.cnj.jus.br/wp-content/uploads/2019/06/1e9ab3838fc943534567b5c9a9899474.pdf>. Acesso em: 5 maio 2021.

190 | PROCESSO PENAL FEMINISTA – Soraia da Rosa Mendes

julgados; e as taxas mais baixas de condenação ocorrem nos estados de Pernambuco, do Rio Grande do Norte e de São Paulo.

De outro lado, as absolvições ocorrem de forma mais expressiva na Paraíba, Rio Grande do Sul e Alagoas. Os Tribunais de Justiça dos Estados de Sergipe, Rio de Janeiro, Pará, Goiás e do Distrito Federal e Territórios não lançaram os movimentos das Tabelas Processuais Únicas (TPUs) necessários para o cálculo.

Também, conforme o diagnóstico, e de especial importância para ilustrar o caso aqui em análise, as decisões condenatórias ocorrem, em média, em processos com quatro anos e quatro meses de tramitação.

O maior tempo de duração dos processos está em São Paulo, com média dos casos baixados de 13 anos e 80% dos casos tramitando há mais de oito anos. Em seguida, tem-se o Rio de Janeiro, Mato Grosso, Pernambuco, Espírito Santo, Bahia e Alagoas – todos com média de duração superior a nove anos.

Consoante o levantamento 52% dos processos de competência do Tribunal do Júri, julgados entre 2015 e 2018, resultaram em decisões que não culminaram na punição do réu, sendo preponderantes as decisões pela extinção da punibilidade, cujas causas são elencadas no artigo 107 do Código Penal, dentre elas a morte do acusado.

Antes da pesquisa realizada pelo CNJ, outro levantamento realizado em 2014 pela Secretaria da Reforma do Judiciário do Ministério da Justiça (SRJ/MJ) já revelava que um processo de homicídio demorava, em média, oito anos e seis meses para ser julgado no Brasil.[75]

Na época da divulgação da pesquisa, o então secretário de Reforma do Judiciário do Ministério da Justiça, Flávio Crocce Caetano, assim definiu a situação dos crimes de homicídios no Brasil:

> "São mais de 60 mil por ano, o que significa que o país hoje tem uma média de mais de 27 homicídios a cada 100 mil habitantes", pontuou. "Há várias razões para termos homicídios. Uma delas é a impunidade, que gera criminalidade. Por essa razão, nós queríamos

---

[75] Disponível no sítio da então Secretaria da Reforma do Judiciário do Ministério da Justiça (SRJ/MJ): <https://pt.slideshare.net/justicagovbr/pesquisa-srj-tempoprocessso>. Acesso em: 5 maio 2021.

medir quanto tempo demora um processo julgamento de homicídio doloso no Brasil, desde de o momento da morte até a decisão".[76]

Na mesma entrevista, a professora da Universidade Federal de Minas Gerais e pesquisadora do Centro de Estudos de Criminalidade e Segurança, Ludmila Ribeiro afirmava:

> Todas as fases do processo policial e penal são muito mais longas do que tempo previsto pelo Código de Processo Penal, que é de 316 dias para realizar todas as atividades, desde a detecção do crime até a sentença final do indivíduo, caso seja condenado ou absolvido.[77]

Em síntese, o transcurso do tempo é um grave problema do sistema de justiça criminal brasileiro que se mostra com contornos ainda mais cruéis quando, de um lado, estão mulheres (e seus familiares) vítimas de crimes; ou mesmo, de outro lado, quando está a maioria das pessoas rés pobres e negras aguardando julgamento em prisão preventiva, o que jamais foi o caso do acusado Aércio Pereira de Lima para o qual, mesmo após a perda do mandato, nunca foi cogitada a cautela prisional seja pelo próprio Ministério Público ou pelo Magistrado na prolação da sentença condenatória proferida pelo Conselho de Sentença, como mostra, à exemplo, a peça de Alegações Finais do Ministério Público sem requerimento de prisão preventiva.

Para fins de esclarecimento, é importante lembrar que o julgamento pelo Conselho de Sentença não representa decisão definitiva a determinar a prisão do acusado eventualmente condenado. O que somente poderá se dar, a não ser que existam motivos suficientes para a decretação ou manutenção da prisão preventiva com o esgotamento de todos os recursos admissíveis e o respectivo trânsito em julgado

---

[76] Processo de julgamento de homicídios no Brasil dura em média 8,6 anos. Disponível em: <https://www.justica.gov.br/news/processo-de-julgamento-de-homicidios-no-brasil-dura-em-media-8-6-anos>. Acesso em: 5 maio 2021.

[77] Processo de julgamento de homicídios no Brasil dura em média 8,6 anos. Disponível em: <https://www.justica.gov.br/news/processo-de-julgamento-de-homicidios-no-brasil-dura-em-media-8-6-anos>. Acesso em: 5 maio 2021.

192 PROCESSO PENAL FEMINISTA – Soraia da Rosa Mendes

da sentença condenatória. Vedada é, pois, e com acerto, a execução provisória da pena.

4.7.4. Recomendações ao Estado Brasileiro para evitar a repetição das violações verificadas no Caso Márcia

Considerando ter sido objeto do parecer a apresentação de sugestões concernentes às medidas que o Estado deve(ria) adotar para evitar a repetição de fatos como os deste caso, a tomar como referência a análise acima realizada, mediante a qual, como de início dito, foi possível localizar os pontos nevrálgicos do percurso estatal com fins à persecução penal iniciada com a morte da jovem Márcia Barbosa de Souza e, a partir daí, sob uma perspectiva criminológica e dogmática processual penal feminista, foi possível ofertar à Corte sugestões de recomendação para a incorporação legislativa e a criação de eventuais mecanismos (protocolos).

São elas:

> **Recomendação nº 1.** A criação de mecanismos legais processuais penais e estruturais para a implantação do depoimento único e especializado de mulheres em casos de toda espécie de violência de gênero, em especial em situações de feminicídio e crimes sexuais.
>
> **Recomendação nº 2.** A criação de dispositivos legais processuais penais explícitos e específicos para eivar com nulidade absoluta todo e qualquer ato pré-processual ou processual penal que viole a dignidade humana das mulheres vítimas de crimes marcados pela violência de gênero, particularmente o feminicídio e os crimes contra a dignidade sexual.
>
> **Recomendação nº 3.** A criação de dispositivos legais proces-suais penais que vedem a veiculação de notícias (entrevistas, reportagens etc.) que se refiram à conduta social, personalidade, sexualidade ou qualquer outra forma de "comportamento" da vítima direta naquilo que extrapola os fins do processo com o intuito de criar/reforçar estereótipos de gênero, no mínimo, até o encerramento definitivo do processo.

Neste sentido, a divulgação de qualquer notícia a respeito do fato não poderá identificar a mulher vítima, vedando-se fotografia, referência a nome, apelido, filiação, parentesco, residência e, inclusive, iniciais do nome e sobrenome.

> **Recomendação nº 4.** A ampliação da definição legal de feminicídio a considerar mortes de mulheres em razão da misoginia, raça/etnia, orientação sexual, identidade de gênero, ideologia política e crença religiosa.
>
> **Recomendação nº 5.** À incorporação mediante lei em sentido estrito de normas condutoras da investigação policial sob a perspectiva de gênero em casos de feminicídio.

Sobre as Recomendações 4 e 5 entendo que o feminicídio de Márcia Barbosa (ainda que à época não pudesse ser assim chamado) tem de ser tomado como um paradigma tanto para a ampliação legislativa da definição penal atual dos casos de feminicídio, como também para que investigações iniciem e sejam conduzidas mediante, de igual sorte, normas legais em sentido estrito que respeitem os direitos à justiça, à verdade e à memória das mulheres cujas vidas são arrancadas nestas condições.

4.8. DECISÃO JUDICIAL: O DIREITO À CONSTRUÇÃO DA NARRATIVA DE VIDA COMO ELEMENTO DO DIREITO DE DEFESA

Segundo Zaffaroni, todo indivíduo age em um dado contexto dentro de um âmbito de autodeterminação também predeterminado. Em suas palavras (ZAFFARONI e PIERANGELI, 2009, p. 610-611):

> Em sua própria personalidade há uma contribuição para esse âmbito de autodeterminação, posto que a sociedade – por melhor organizada que seja – nunca tem a possibilidade de brindar a todos os homens com as mesmas oportunidades. Em consequência, há sujeitos que têm um menor âmbito de autodeterminação, condicionado desta maneira por causas sociais. Não será possível atribuir estas causas sociais ao sujeito e sobrecarregá-lo com elas no momento da reprovação de culpabilidade. Costuma-se dizer que há, aqui, uma "coculpabilidade", com a qual a própria sociedade deve arcar.

Neste sentido, o Estado só teria o direito de punir alguém com a aplicação de pena, caso oferecesse a satisfação mínima dos direitos fundamentais estabelecidos na Carta Magna. Por consequência, comprovada a inadimplência estatal para com suas obrigações, quanto à garantia das condições mínimas de subsistência para que um ser humano possa viver com um mínimo de dignidade, é injusto puni-lo com a mesma intensidade que se pune alguém que vive em melhores condições sociais e econômicas.

De forma aproximada ao conceito de coculpabilidade[78] de Zaffaroni, proponho que pensemos critérios processuais destinados a trazer a realidade de mulheres encarceradas no Brasil para autos dos processos a partir do processo de vulneração a que estas são submetidas. Para tanto, contudo, necessário se faz compreender os significados e a distinção entre vulnerabilidade e vulneração. Este é, desde meu ponto de vista, o primeiro passo para que consigamos também entender o contexto da privação da liberdade para as mulheres e a efetiva responsabilidade do Estado em relação à população carcerária feminina majoritariamente negra, jovem, mãe, de baixa escolaridade e criminalizada pelo tráfico de drogas.

Determinados grupos de pessoas ao longo da história, marcados pela desigualdade (dentre as quais estão as mulheres e o povo negro, por exemplo), com frequência acabam por ser definidas como "grupos vulneráveis", ou "vulneráveis", ou "minorias" ou "grupos minoritários". Formas conceituais que, além de não poderem ser tomadas como sinônimos, não têm a abrangência e o sentido político que se requer para abarcar o processo de expropriação dos corpos, das mentes, da cultura e da episteme, quando tratamos muito especialmente do povo negro no Brasil e, ainda mais, das mulheres negras brasileiras.

---

[78] Importa referir que a tese da coculpabilidade ganha maior relevo nas expressões de Zaffaroni e Batista na medida em que chegam à "culpabilidade pela vulnerabilidade". O que, em síntese, significa, reconhecer, que o sistema penal atinge pessoas vulneráveis em decorrência de condições socioeconômicas, etárias, étnicas, de gênero que impedem juízos paritários e de responsabilização. A culpabilidade pela vulnerabilidade seria, pois, a tese que: um, afirma a culpabilidade pelo fato e; dois bebe do legado positivo da coculpabilidade (CARVALHO, 2013, p. 236).

Pensando a partir do que propôs Antônio Madrid, entendo que as concepções de "vulnerável" e "vulnerabilidade", embora muito atraentes, contêm em si o erro de esquecermos que as causas dos problemas que afetam as pessoas e das "vulnerações" que lhes causam danos. E, como diz Madrid (2015), se *"nos olvidamos de estas causas, o no las sabemos ver, o se contribuye a que nos despistemos en su identificación... ¿cómo vamos a transformarlas?* (MADRID, 2015).

O verbo "vulnerar" (no latim *vulnus*, que significa "ferida"), ou seja, ferir, machucar permite identificar responsabilidades e reivindicar transformações. De maneira que, o verbo "vulnerar" nos auxilia a direcionar nossos esforços para o que precisa mudar, pelo que se há de lutar. Por outro lado, a palavra "vulnerável" indica a possibilidade de ser ferido, machucado, violado. Isto é, contém em si uma possibilidade, uma previsão. Assim, a pessoa vulnerável é aquela que, por alguma circunstância, pode sofrer um dano com maior probabilidade que outra em uma mesma situação. (MENDES, 2018, 118).

> Los términos "vulnerabilidad" y "vulnerable" se han popularizado, mientras que los términos "vulneración" o "vulnerar" no han seguido el mismo rumbo. Nos cuesta, por ejemplo, entender cómo las estructuras económicas, políticas, mercantiles… vulneran los derechos de las personas. Sin embargo, se oye decir que los pobres, migrantes, refugiados, desplazados, gays, lesbianas, transexuales, personas mayores… son colectivos vulnerables. ¿Qué se quiere decir exactamente? ¿Qué estas personas son objeto de vulneraciones y que por tanto hay que luchar contra las causas estructurales que dañan? ¿O se está diciendo algo distinto? (MADRID, 2015).

Na maioria dos casos, primeiro vem a vulneração, depois a vulnerabilidade. Por isso, precisamos identificar as vulnerações de direitos e denunciá-las, pois os efeitos da vulneração dos direitos é a vulneração das pessoas. Se perdemos de vista, como diz Madrid, a correlação existente entre vulneração e vulnerabilidade, em seu significado e significante, os termos "vulnerável" e "vulnerabilidade" contribuirão para a compreensão difundida pelo discurso neoliberal de que cada pessoa é responsável, e só ela mesma pela sorte ou azar em sua vida.

As mulheres encarceradas não são mulheres vulneráveis. As agressões sofridas não são fruto de sua "sorte ou azar" nas relações sociais ou afetivas que estabeleceram. São, sim, pessoas vulneradas em um processo de violação do qual a família, a sociedade e o Estado fazem parte, por conivência, silêncio, inércia.

Analisar o sistema de justiça criminal como vulnerador na perspectiva de gênero permite compreender a necessidade da emergência de novas perspectivas epistêmicas que, em diferentes vieses, orientam as ações no momento que o poder se concretiza por meio do processo penal.

Historicamente, a ideologia em relação à mulher sempre foi a de custodiá-la, ou seja, de reprimi-la, vigiá-la e encarcerá-la – no público e no privado –, mediante mecanismos de exercício de poder do Estado, da sociedade e da família (MENDES, 2017), de modo que é inadequado analisar o processo de criminalização das mulheres sem que se considerem crenças, condutas, atitudes e modelos culturais que a estas sujeitam.

Duas entrevistas que realizei no bojo de uma pesquisa também por mim coordenada à Penitenciária Feminina do Distrito Federal ajudarão a compreender na vida real a teoria que aqui defendo.

O primeiro relato é de *Vanusa*. Mãe de duas filhas. Natural de Foz do Iguaçu, no Paraná. Vítima de violência doméstica de parte do marido viu-se na contingência de fugir dele levando consigo as duas crianças, que também eram vítimas de violência do pai. Separada e desempregada, procurou a ajuda de sua mãe que, contudo, somente lhe pôde dar abrigo por poucos dias. Sem formação escolar ou experiência profissional alguma, percorreu a cidade em busca de emprego, sem sucesso.

Na iminência de ver-se morando nas ruas com os dois filhos, aceitou receber R$ 500,00 (quinhentos reais) para levar uma quantidade (não informada por ela) de drogas até o estado de São Paulo. Foi presa em Brasília, onde encontrava-se quando a entrevistei.

Não tinha notícias das filhas nem contato com qualquer familiar. A única notícia que tinha era a de que as meninas teriam sido entregues ao pai agressor. Vanusa desespera-se durante a entrevista.

Na decisão que a condenou a sete anos de reclusão, nenhuma palavra sobre a história de vida de *Vanusa*.

O segundo relato é de *Eliana*. Mãe de oito filhos. O marido estava preso, condenado por tentativa de homicídio.

Eliana contou que já havia denunciado o marido várias vezes, porém "retirava a queixa" sempre que ele dizia que não seria mais agressivo. Disse que o companheiro era muito ciumento, sendo constante a violência psicológica e física, com tapas, socos, pontapés. *Eliana* se lembra da pergunta que ouviu de seu filho de 13 anos certo dia após ser agredida: *"Mãe, até quando vamos viver nessa vida?"*. Um dia, tentou matá-la e por isso foi condenado.

Com a prisão do marido, *Eliana* tornou-se a única responsável pelo sustento dos oito filhos. O tráfico foi a alternativa encontrada.

Tal como *Vanusa,* na decisão que a condenou, nenhuma palavra sobre sua história de vida.

As entrevistadas nos falaram de necessidades materiais básicas relacionadas ao cuidado com os filhos e as filhas e que o tráfico acabou sendo a alternativa para a maioria delas.

Em que pese o alarmante aumento da população carcerária feminina, as mulheres ocupam posição coadjuvante nesse tipo de crime, realizando apenas serviços de transporte de drogas e pequeno comércio[79]. As mulheres presas por tráfico de ilícitos, na realidade, ocupam condição precária, pois estão como secundárias diante do protagonismo masculino (BOITEUX, 2015; CIPRIANI, 2017).

Por outro lado, das 16 mulheres que entrevistamos, 11 afirmaram terem sido vítimas de violência de gênero desde a infância[80]. Nos

---

[79] Vale referir não serem desconhecidos casos de mulheres que assumiram (ou assumem) cargos de comando nas teias do tráfico de drogas. Neste sentido, estão os estudos de Vera Guilherme (2017) e Mariana Barcinski (2012), por exemplo. Contudo, desde a perspectiva teórica pela qual me oriento, bem como pelas pesquisas que já pude realizar junto ao sistema prisional da Capital brasileira (2015), a feminização da pobreza e o gênero, especialmente associados ao racismo estrutural não nos permitem considerar a existência de mulheres chefe do tráfico senão como fenômenos absolutamente circunstanciais.

[80] Dezessete mulheres condenadas por tráfico de drogas concordaram em conceder entrevista ao grupo, no dia 07 de outubro de 2014. As pesqui-

relatos, agressões físicas, sexuais, morais, psicológicas e até mesmo tentativas de homicídio foram trazidas por elas. À época das entrevistas, as detentas tinham idades entre 20 e 39 anos, e apenas uma delas tinha o Ensino Fundamental completo.

Nos termos do § 8º do art. 226 da Constituição Federal de 1988, compete ao Estado assegurar a assistência à família mediante mecanismos que coíbam a violência no âmbito de suas relações. O Estado, portanto, não somente é responsável pela satisfação dos direitos sociais, econômicos e culturais, como também do dever de proteção contra a violência de gênero, de modo a garantir a todas as mulheres os direitos à vida, à segurança, ao acesso à justiça, à cidadania, à liberdade, à dignidade, ao respeito e à convivência familiar e comunitária (Lei 11.340/2006).

O reconhecimento dos direitos fundamentais de um modo geral é uma exigência da dignidade da pessoa humana que impõe ao Estado um dever maior do que o de meramente abster-se de afetar, de modo desproporcional e desarrazoado, a esfera patrimonial das pessoas sob a sua autoridade. São exigíveis do Estado, também, ações positivas no sentido de assegurar a dignidade humana. E, dentre estas ações está o dever proteção que outorga ao indivíduo o correspondente direito de exigir do Estado que este o proteja (ALEXY, 2002).

São variados os modos de realização desta proteção. Segundo Alexy (2002), a ação protetiva estatal pode se concretizar tanto por meio de normas penais, de normas procedimentais, de atos administrativos ou até mesmo por uma atuação concreta dos poderes públicos. De modo geral, incumbe ao Estado zelar, inclusive preventivamente, pela proteção dos indivíduos, não somente contra ingerências indevidas de parte dos poderes públicos, mas também contra agressões

---

sadoras foram orientadas acerca da leitura de termo de consentimento livre e esclarecido para as detentas, em que foram expostos os termos do trabalho e que a participação seria voluntária. Lidos os termos, apenas uma das 17 mulheres disse que não queria responder às perguntas. Comunicou que não se considerava traficante, e caso fosse falar o que pensava sobre isso, iria muito fundo, e não se sentiria bem. Assim, Patrícia decidiu não participar.

Cap. IV · O PROCESSO PENAL FEMINISTA E SE *GOLDSCHMIDT* FOSSE FEMINISTA? | 199

provenientes de particulares. E toda essa esfera protetiva toma especial relevo quando se trata de definir o que se deve exigir do Estado para que proteja a mulher vítima, ré ou condenada.

Na linha do que propõe Zaffaroni, é injusto reprovar com a mesma intensidade indivíduos que ocupam papéis sociais diferentes no âmbito da sociedade, principalmente economicamente, uma vez que causaria uma afronta direta ao princípio da igualdade.

Garantia da qualidade intrínseca e distintiva reconhecida em cada ser humano, os direitos de liberdade como todos os direitos à afirmação, à tutela e à valorização de todas as diferenças de identidade fazem de homens e mulheres igualmente merecedores/as do mesmo respeito e consideração por parte do Estado e da comunidade. Estejam estes e estas atrás das grades ou não.

Por outro lado, os direitos sociais, o direito à sobrevivência (saúde, educação, alimentação, entre outros), que são todos direitos à redução das desigualdades nas condições de vida que dizem respeito não só à identidade, mas às discriminações ou disparidades de caráter econômico ou social (FERRAJOLI, 2011, p. 105).

Todos os direitos fundamentais são (e se justificam enquanto), como ensina Ferrajoli, leis dos mais fracos em alternativa às leis dos mais fortes que vigorariam na sua ausência[81]. E, nesta ordem de ideias, em primeiro lugar estará o direito à vida, contra a lei de quem é mais forte fisicamente; em segundo lugar, os direitos de imunidade e de liberdade, contra a lei de quem é mais forte politicamente; em terceiro lugar, os direitos sociais que são os direitos à sobrevivência, contra a lei de quem é mais forte social e economicamente. Como diz Ferrajoli (2011, p. 107), é exatamente

> (...) porque os direitos fundamentais são sempre leis dos mais fracos contra a lei dos mais fortes, esses valem, como direitos do indivíduo para proteger as pessoas também – e acima de tudo – contra as suas culturas e até mesmo contra suas famílias: a mulher

---

[81] Importa frisar que Ferrajoli erige o papel dos direitos fundamentais enquanto *lei dos mais fracos* como um dos critérios para determinar quais direitos devem ser garantidos como fundamentais.

contra o pai e o marido, o menor contra os pais, e, em geral, os oprimidos contra suas culturas opressivas.

E é neste sentido, sob a perspectiva feminista, que o direito à proteção contra a violência de gênero se coloca como vetor estruturante a partir do qual devem ser deduzidos os parâmetros para formação discurso de aplicação da norma penal contra quem sofre com violações que não deixam de ser uma responsabilidade estatal e da sociedade como um todo[82].

O reconhecimento da responsabilidade estatal pelo processo de vulneração das mulheres que as leva ao tráfico de drogas não é propriamente algo novo em diversos outros países da América Latina. Segundo Salo de Carvalho, sob o princípio da coculpabilidade,

> a tradição penal latino-americana é rica no que diz respeito a normatização do princípio da coculpabilidade como circunstância atenuante da pena. O código penal colombiano, em seu art. 64, determina a atenuação da pena em face da indulgência. O mesmo ocorre na Argentina (art. 41), quanto a maior ou menor dificuldade do autor para prover seu sustento ou de familiares; na Bolívia (art. 38), quando trata da situação econômica e social do réu; no Equador (art. 29), no momento em que refere à indigência, família numerosa e à falta de trabalho do imputado; no México (art.52) e Peru (art. 51) há enumeração das condições econômicas do agente; no Paraguai (art. 30) vincula-se a conduta do indivíduo ao seu estado de miserabilidade. Nestas situações, costuma-se dizer que há uma coculpabilidade com a qual a própria sociedade deve arcar.

Não obstante nosso ordenamento jurídico não traga expressamente a atenuação da pena decorrente da vulneração que o Estado

---

[82] Importa fazer especial referência aqui à Resolução 254, de 4 de setembro de 2018, do CNJ, segundo a qual configura violência institucional contra as mulheres no exercício de funções públicas a ação ou omissão de qualquer órgão ou agente público que fragilize, de qualquer forma, o compromisso de proteção e preservação dos direitos de mulheres (art. 9º), competindo aos órgãos do Poder Judiciário adotar mecanismos institucionais para coibir a prática de ato que configure violência ou que possa atingir os direitos à igualdade de gênero (art. 10).

Cap. IV • O PROCESSO PENAL FEMINISTA E SE *GOLDSCHMIDT* FOSSE FEMINISTA? | **201**

impõe às mulheres, seja enquanto partícipe do sistema de custódia, seja como mantenedor das desigualdades sociais, econômicas, culturais notadamente mediante a subalternização do povo negro em nosso país, não há nenhum obstáculo de que esta realidade seja motivação para essa redução de pena, nos termos do art. 66 do Código Penal (atenuante inominada)[83].

Quero contar agora a história de Rosângela, uma mulher, como outras tantas, e sua experiência diante do sistema de justiça criminal.

> Rosângela tem 33 anos. Não terminou o ensino fundamental, nem teve interesse em fazê-lo enquanto esteve presa, porque preferiu trabalhar. Relata que usou maconha por dois anos antes de ser presa. Foi criada apenas por sua mãe e tem quatro filhos. Era diarista antes de ser presa e sustentava sozinha seus quatro filhos. Os pais das crianças não mantinham contato com elas, nem se interessaram em fazê-lo após a sua prisão.
>
> Rosângela era companheira do preso que visitava quando foi presa. Relata que ficavam juntos por duas a três semanas e, em seguida, ele passava um tempo com sua própria mãe. Seus filhos, de relacionamento anterior, tinham boa convivência com ele.
>
> Rosângela foi entrevistada na sala de descanso de seu local de trabalho. Apesar da entrada e saída de outros funcionários do local, não se importou em contar sua história na frente de nenhum deles, afirmando que alguns já haviam cumprido pena privativa de liberdade e os outros conheciam o seu passado. Das participantes, foi a que mais falou, usando a entrevista quase que como uma oportunidade de desabafo, o que ela própria confirmou ao final.

---

[83] Neste sentido, Amilton Bueno de Carvalho e Salo de Carvalho (2009, p. 74-75) aduzem que: (...) a precária situação econômica do imputado deve ser priorizada como circunstância atenuante obrigatória no momento da cominação da pena. Apesar de não estar prevista no rol de circunstâncias atenuantes do art. 65 do Código Penal brasileiro, a norma do art. 66 possibilita a recepção do princípio da coculpabilidade, pois demonstra o caráter não taxativo das causas de atenuação. O Código Penal, ao permitir a diminuição da pena em razão de "circunstância relevante" anterior ou posterior ao crime, embora não prevista em lei, já fornece um mecanismo para a implementação deste instrumento de igualização e justiça social.

Exprimiu-se com bastante eloquência e seriedade e, somente ao final, emocionou-se.

Declara que já foi condenada por tráfico de drogas, mas que já havia cumprido sua pena quando foi presa.

Rosângela foi presa em flagrante quando tentava entrar no estabelecimento prisional com drogas. Logo que entrou na fila para a revista, foi separada das demais e encaminhada a uma sala, onde foi interrogada por agentes penitenciários. Acredita que uma denúncia anônima a tenha apontado como possível autora do crime. Confessou que transportava droga e retirou-a espontaneamente no próprio estabelecimento prisional.

O laudo de exame químico constatou que a droga apreendida era maconha, em uma porção de cerca de 35 (trinta e cinco) gramas.

A prisão em flagrante foi convertida em prisão preventiva para manutenção da ordem pública, em decisão padrão, sem individualização. Sequer foi trazido à tona a sua reincidência.

Na delegacia, Rosângela confessou a prática do fato. As agentes penitenciárias confirmaram que presenciaram a retirada da droga.

Rosângela não tinha condições de constituir advogado, motivo por que a Defensoria Pública foi nomeada para patrocinar a sua defesa. Não teve contato com seu defensor antes da audiência, conforme relatou na entrevista.

A audiência de instrução e julgamento foi realizada três meses e vinte e cinco dias após a prisão em flagrante. Rosângela foi interrogada e uma das agentes penitenciárias que presenciaram o fato foi ouvida. A testemunha limitou-se a repetir o que havia dito na delegacia.

Rosângela confessou que trazia a droga consigo e que a entregaria para seu companheiro. Afirmou que ele estava sofrendo crises de abstinência e que constantemente pedia para que lhe levasse drogas.

Ante a recusa de Rosângela, seu companheiro informou que havia sido ameaçado por outros internos, motivo por que ela decidiu praticar o fato pelo qual foi presa.

A sentença condenatória foi proferida quatro meses e oito dias após a prisão em flagrante. Entendeu-se que não poderia ser reconhecida a coação moral irresistível, ante a ausência de prova de que seu companheiro sofria ameaças e a existência de outras medidas que pudessem salvaguardar a integridade física dele, tais como a comunicação das ameaças às autoridades. Ironizou-se, ainda, o fato de que Rosângela sequer procurou saber o motivo das ameaças antes de tentar levar a droga para seu companheiro. As circunstâncias judiciais foram consideradas favoráveis e a pena-base foi fixada no mínimo legal. A agravante da reincidência preponderou sobre a atenuante da confissão espontânea. A causa de aumento de pena prevista na Lei 11.343/2006 foi aplicada em fração mínima. O regime de cumprimento de pena imposto foi o fechado.

A defesa interpôs apelação, que não foi provida, pelos mesmos motivos já expostos na sentença condenatória.

Novamente, não foram adotadas medidas judiciais ou administrativas para a apuração das ameaças sofridas pelo companheiro de Rosângela ou da sua eventual participação no crime pelo qual ela foi condenada.

A história de Rosângela (nome fictício) é apenas ilustrativa, mas é real. Ela faz parte de uma coletânea na qual várias outras são relatadas no trabalho realizado por Andrea Tavares (2016) junto ao sistema prisional do Distrito Federal, e que demonstram, em experiências diante do sistema de justiça criminal, o quanto o princípio primeiro a imperar no processo penal, qual seja, o da liberdade, ainda precisa ser (re)significado a partir do repensar do direito de defesa.

Como dizia Rogério Schietti em suas obras, "quem lida com a liberdade jamais pode tratá-la como um assunto cotidiano" (CRUZ, 2006, p. 14). Rosângela, entretanto, mãe de quatro filhos amargou a prisão à espera de seu julgamento em prisão preventiva sob a justificadora de manutenção da ordem pública, por força de uma "decisão padrão, sem individualização" (TAVARES, 2016).

A alegação de Rosângela de que teria agido sob coação moral irresistível foi recebida com ironia. Nos termos da decisão, não existiam provas de que seu companheiro sofria ameaças, tampouco de que ela ou ele tivessem buscado adotar medidas que pudessem salvaguardar a integridade física dele, como, por exemplo, a comunicação das ameaças às autoridades (?).

Segundo consta, "Rosângela sequer procurou saber o motivo das ameaças antes de tentar levar a droga para seu companheiro". O que se esperava que fizesse Rosângela? Que recorresse ao diretor da unidade prisional e protocolasse um pedido de abertura de processo disciplinar contra os possíveis algozes de seu companheiro? Quem neste país, à vista do que é notoriamente sabido sobre o sistema carcerário brasileiro, agiria desta forma?

Ao longo deste livro não foram poucas as referências a trabalhos cujo teor é capaz de demonstrar as características das mulheres que adentram o sistema penitenciário brasileiro (ESPINOZA, 2002-2004; BARCINSKI, 2012; BOITEUX, 2015; CIPRIANI, 2017; GUILHERME, 2017). Traços de indignidade esses reconhecidos, por sinal, por nossa Corte Suprema nos autos do *habeas corpus* coletivo 143.641 pelo qual foi determinada a substituição da prisão preventiva por domiciliar de mulheres presas, em todo o território nacional, que sejam gestantes ou mães de crianças de até 12 anos ou de pessoas com deficiência, sem prejuízo da aplicação das medidas cautelares previstas no artigo 319 do Código de Processo Penal (CPP).

Por outro lado, um bom retrato da realidade do processo de vulneração das mulheres no Brasil pode ser pintado a partir dos dados fornecidos pelo próprio Departamento Penitenciário Nacional.

Reunindo as informações compiladas no relatório Infopen Mulheres 2018, é possível afirmar que 50% da população carcerária feminina brasileira é formada por jovens, consideradas até 29 anos, segundo classificação do Estatuto da Juventude (Lei 12.852/2013). Considerando-se o aprisionamento em diferentes faixas etárias da população criminalmente imputável, o relatório aponta que as chances de mulheres entre 18 e 29 anos serem presas no Brasil é 2,8 vezes maior do que as chances de mulheres com 30 anos ou mais serem presas. Existem 101,9 jovens (de 18 a 29 anos) presas para cada 100.000 mulheres brasileiras com mais de 18 anos, enquanto a taxa de mulheres com 30 anos ou mais (não jovens) presas é equivalente a 36,4 para cada grupo de 100 mil mulheres acima de 18 anos.

Da análise constante do relatório acerca da raça, cor ou etnia, é possível afirmar que 62% da população prisional feminina é composta por mulheres negras. Realizada uma projeção sobre a proporção de mulheres negras e brancas observada na parcela da população prisional que dispunha de informação sobre raça, cor ou etnia para o

Cap. IV · O PROCESSO PENAL FEMINISTA E SE *GOLDSCHMIDT* FOSSE FEMINISTA? | 205

total da população prisional, o Infopen aponta para uma estimativa de 25.581 mulheres negras em todo o sistema prisional e 15.051 mulheres brancas. Com esse dado, é possível calcular a taxa de aprisionamento para cada 100 mil mulheres maiores de 18 anos entre as populações de diferentes raças, cores ou etnias. A conclusão é a de que, entre a população maior de 18 anos, existem aproximadamente 40 mulheres brancas privadas de liberdade para cada grupo de 100 mil mulheres brancas, e existem 62 mulheres negras na mesma situação para cada grupo de 100 mil mulheres negras.

Sobre a escolaridade o relatório aponta que apenas 15% da população prisional feminina concluiu o ensino médio. Em relação ao estado civil, a concentração de pessoas solteiras representa 62% da população prisional.

De acordo com os dados que foram informados, 74% das mulheres privadas de liberdade têm filhos. Sendo que 37% têm de dois a três filhos.

O quadro total aponta para que correspondem a 62% das incidências penais pelas quais as mulheres privadas de liberdade foram condenadas (ou aguardavam julgamento em 2016) eram crimes relacionados ao tráfico de drogas. Ou seja, 3 em cada 5 mulheres que se encontram no sistema prisional respondem por crimes ligados ao tráfico. Entre as tipificações relacionadas ao tráfico de drogas, o crime de associação para o tráfico corresponde a 16% das incidências e o crime de tráfico internacional de drogas responde por 2%, sendo que o restante das incidências refere-se à tipificação de tráfico de drogas, propriamente dita.

Em síntese, a população carcerária feminina brasileira é majoritariamente de mulheres negras, de baixa escolaridade, solteiras, mães de mais de dois filhos e criminalizadas por crimes cometidos sem violência ou grave ameaça, muito especialmente o tráfico de drogas.

O que todo esse quadro nos sugere é que, como um elemento fundamental ao amplo direito de defesa destas mulheres, é necessário que a elas seja garantida a construção de sua narrativa de vida, a partir da qual deverá ser aferido o reconhecimento da vulneração como atenuante no caso em julgamento.

A possibilidade de construção da narrativa de vida representa direito subjetivo da acusada, posto que decisivo para o maior ou menor nível de liberdade. E, assim, não pode permanecer no âmbito da discricionariedade judiciária, como também não pode estar condicionada à suposição de que será possível à defesa técnica deduzi-la no curso do processo (pois, infelizmente, a esmagadora maioria da população carcerária brasileira não tem acesso efetivamente à defesa pela precariedade de recursos ou mesmo inexistência da Defensoria Pública).

A narrativa de vida concernente a todo o processo de vulneração ao qual a ré foi submetida tem de constituir requisito obrigatório da sentença penal. De modo que, assim como compete ao juiz ou à juíza fazer constar no ato decisório final a exposição sucinta da acusação e da defesa (art. 381, II, CPP) e indicar os motivos de fato e de direito em que se fundar a decisão (art. 381, III, CPP), deverá também, de *lege ferenda,* correlacionar faixa etária, raça/etnia, escolaridade, origem, local de residência, estado civil (ou equivalente), exercício de trabalho (formal ou informal), existência de filhos(as), o modo como garante o seu sustento material, se estes tiveram acesso a creches e/ou escola e, por fim, outros elementos que denotem situações de violência contra a mulher.

Seguramente, não serão poucas as vozes contrárias a uma modificação legislativa desta monta. Por certo, dirão alguns que uma proposta como essa tem o objetivo de transformar magistrados e magistradas em pesquisadores(as) auxiliares em pesquisas acadêmicas. Outros, talvez, com argumentos sempre fundados na lógica eficientista, dirão que audiência de interrogatório como estas causarão atrasos inadmissíveis para os cumprimentos de metas a que estão submetidos.

De minha parte, lembro também que a coleta de dados por parte de autoridades judiciárias não pode ser tomada como algo absolutamente estranho a seu fazer cotidiano, pois, como determina a Resolução 252/2018 do CNJ, nas audiências de custódia e durante o interrogatório de acusadas e acusados, deverão colher informações sobre a existência de filhos e, em especial, sobre suas idades, deficiência física, se houver, bem como a indicação e identificação de eventual responsável pelos cuidados dos filhos, devendo ser informados o endereço e o número do telefone (art. 5º).

Ademais e sobretudo, não vejo como mais nobre poderia ser a função de um juiz ou juíza no processo criminal do que a de ser o garante do respeito e da efetividade dos direitos fundamentais. Não percebo como outra baliza mestra de atuação na prestação jurisdicional, tal como previsto em nosso Texto Constitucional, senão a que se assenta na liberdade e na igualdade.

Neste sentido, sejam os argumentos contrário que forem, ainda assim, assegurar a construção de uma narrativa de vida e reconhecer o processo de vulneração não é nada mais do que exercer sua função quem diariamente tem diante de si a materialização em carne e osso do estado de coisas inconstitucional.

CONSIDERAÇÕES FINAIS (OU UMA PALAVRA SOBRE CIÊNCIAS CRIMINAIS E UMA EPISTEMOLOGIA JURÍDICA FEMINISTA INTERSECCIONAL DECOLONIAL)

A epistemologia feminista, ao questionar dicotomias tais como corpo/mente ou sentimento/razão, aponta para a superação do ato de conhecer como um processo meramente racional, conferindo legitimidade à incorporação da dimensão subjetiva, emotiva e intuitiva no processo de conhecimento (RAGO, 2006). Essas conclusões, como pude demonstrar ao longo de toda esta obra, são, dentro de suas devidas medidas, aplicáveis no terreno processual penal desde o pensar até o atuar.

Entendo ter chegado a hora de a teoria feminista iniciar o caminho para retirada das pedras que nos têm impedido de sequer ousar pensar no processo penal. O momento de demonstrar que a existência de subjetividades, diferentemente do mero reducionismo punitivista, reflete a emergência de vozes silenciadas por epistemologias colonizadoras.

Toda e qualquer proposta androcentrada e marcada pela branquitude, venha ela de qualquer dos pontos mais extremos do pensamento entre conservadores e progressistas ou punitivistas e garantistas, como sói acontecer, bloqueia a construção de outras e novas definições conceituais no campo de produção do saber processual penal.

Sabemos nós, mulheres, por outro lado, que o pensamento crítico feminista nunca encontrou mar calmo. Ele foi forjado na confrontação com tradições filosóficas e científicas assumidas e autoproclamadas como verdadeiras, senão como únicas. E foi em pleno campo de batalha que alinhávamos e tecíamos maneiras novas e mais inclusivas de conhecer o mundo (LONGINO, 2012).

Assim como já disse Sandra Harding, a teoria feminista nunca se propôs a simplesmente substituir o conjunto de lealdades de gênero por outro. Isto é, nunca foi proposto um simplório câmbio entre as hipóteses "centradas no homem" pelas "centradas na mulher". Pelo contrário, a ideia que permeia o percurso feminista de construção do conhecimento é justamente chegar a hipóteses que não dependam das lealdades de gênero (HARDING, 1996, p. 120-121).

Também essa é a intenção quanto ao processo penal, pois é de reconhecer-se, como dito em capítulos anteriores, que o sistema de garantias (SG) guarda um sentido que, epistemologicamente redimensionado, deve ser aproveitado. Sem embargo, é preciso avisar: a epistemologia feminista, ao descobrir e redescobrir a vida e a produção das mulheres ao longo da história, produz nossa própria história e, com isso, rompe com paradigmas estabelecidos e apresentados como intransponíveis.

Falar da construção de uma história própria, todavia, demanda entender também que, tal como percebido por Patricia Hill Collins, ainda que concebidos para representar e proteger os interesses de homens brancos poderosos, nem as escolas, o governo, a mídia e outras instituições sociais que abrigam os processos de exclusão, nem as epistemologias que eles promovem e autoproclamam como verdadeiras são necessariamente geridas somente pelos próprios homens brancos.

Como escreve Collins, e como fiz questão de mencionar logo nas páginas iniciais deste livro, mulheres brancas, assim como homens negros podem ser alistados para exercerem atos que sustentam essas relações de poder e que estabelecem o que será aceito como "verdade". Há, de fato, lugares de construção da verdade onde alguns e algumas colocam-se como autoridades proprietárias do que é o "conhecer". Um fenômeno que, com base na genialidade do pensamento de Lélia Gonzales, é possível entender a partir das categorias de infante e sujeito-do-suposto-saber também já mencionadas no início deste livro, mas que agora retomo para fazer compreender a colonialidade que impera no âmbito das Ciências Criminais.

Como explica Lélia Gonzales (2011, p. 13-14), a categoria infante constitui-se a partir de um paralelo ao que ocorre com a formação psíquica da criança que, ao ser falada pelos adultos na terceira pessoa, é, consequentemente, excluída, ignorada, colocada como ausente, apesar da sua presença. A criança reproduz o discurso dos adultos sobre ela, e fala de si em terceira pessoa, até o momento em que aprende a trocar os pronomes pessoais.

Ela – a criança – reproduz o discurso dos adultos sobre ela, e fala de si em terceira pessoa. Um processo no todo equivalente ao que se dá e em relação às mulheres não brancas, sempre "faladas", definidas e classificadas por um sistema ideológico de dominação infantilizador no qual o "sujeito-suposto-saber" atribui a si um saber que não possui, mas que se sustenta pelas identificações imaginárias com determinadas figuras de autoridade (mãe, pai, psicanalista, professor etc.)

Com as categorias utilizadas por Gonzales, é possível compreender os mecanismos psíquicos inconscientes que explicam a superioridade que o colonizado atribui ao colonizador. Sendo flagrante, no campo de disputa do discurso dentro das Ciências Criminais, tanto a legitimidade conferida a quem tem a si garantido o espaço de fala (como sujeito-suposto-saber que é), como também é claro o "arregimentamento" de que fala Collins nos diferentes processos de exclusão operados dentro dos padrões ditados pelo patriarcado branco cis-hétero-normativo.

Desde um viés epistemológico, o processo colonial significou a fundação (eurocêntrica) do pensamento moderno no qual "o outro" colonizado e desumanizado passa a dar sentido ao europeu enquanto sujeito universal e não bárbaro, tese defendida pelo racionalismo (DAMÁZIO, 2019). Nesse sentido, como ensina Porto-Gonçalves (2005), "a crítica ao eurocentrismo é uma crítica à sua episteme e à sua lógica que opera por separações sucessivas e reducionismos vários. Espaço e Tempo, Natureza e Sociedade entre tantas".

Na mesma linha de Anibal Quijano (2005), para quem, na América Latina, o fim do colonialismo não significou o fim da colonialidade, Natália Damázio aponta que a própria compreensão de modernidade foi fundada na expropriação cultural das populações colonizadas, pela repressão, digo eu, pelo aniquilamento, de "suas formas de produção de conhecimento, simultaneamente forçando-as a aprender parcialmente a cultura dos dominadores, no limite do que fosse útil para a reprodução da relação de dominação" (DAMÁZIO, 2019, p. 20). Para a autora, é neste contexto que se dá o aprofundamento da formação de subjetividades que mantiveram a hierarquia e o poder coloniais vivos, sem que se nomeasse ou percebesse expressamente sua manutenção.

Collins, Gonzales e Damázio nos oferecem chaves de leitura capazes de desnudar a presença branca e cis-hétero de mulheres que se apresentam na seara criminal como se a todas representassem, ainda que tão somente para a repetição, e/ou chancela, ao já dito dentro dos padrões da masculinidade tóxica epistemicida colonial. Padrões esses oriundos (e até os dias de hoje sustentados) por um processo de formação de subjetividades subalternizadas que nos impede de sequer poder pensar em "reais subjetividades" em lugares como o processo penal sem que estas sejam taxadas como se subjetivistas/punitivistas fossem, por aqueles e aquelas que se orientam por uma episteme e uma lógica absolutamente reducionistas (PORTO-GONÇALVES, 2005, p. 3).

A compreensão do processo de dominação epistêmica colonial, no que toca ao aqui pensado como um processo penal feminista, não pode ter outro reflexo senão o de que, se precisamos que nossas produções sobre a dogmática processual penal saiam da invisibilidade, é igualmente urgente e necessário que mais e mais mulheres escrevam sob uma perspectiva epistemológica feminista marcada por uma interseccionalidade decolonial. Fora disso, o que há é a reafirmação do que pensa o sujeito-de-suposto-saber cis, hétero, branco (masculino ou feminino) assentado nos espaços de dominação.

De modo particular, entendo que a interseccionalidade de gênero, raça e classe é a primeira das mais importantes ferramentas de análise propostas nos últimos tempos pelo pensamento filosófico. Aduzo, todavia, que sua validade para fins descritivos e explicativos da realidade precisa estar condicionada a uma concepção decolonial necessariamente interpelada pela realidade brasileira. E essa realidade é a da dor.

No Brasil, como mulheres negras, somos uma em tantas. O processo de produção colonial de tudo segregou as mulheres pretas, menos da dor. Fomos destinadas aos piores trabalhos, às piores das dores que o corpo e a mente podem enfrentar. Fomos, por este mesmo sistema de acumulação e manutenção da riqueza vítimas do estupro histórico que "clareou" à força pele de muitas de nós, para daí em diante nos sexualizarem ao extremo como "mulatas tipo exportação". Somos, repito, filhas da dor.

Não há como compreender a interseccionalidade no Brasil sem entender a dimensão da dor que une. Por isso, a dororidade, tal como pensado por Vilma Piedade é, em meu entender, a segunda maior descoberta epistemológica recente. Uma revelação cujo significado revolucionário é maior do que o "enegrecimento" da sororidade, mas a sua superação.

A concepção de sororidade cunhada por Marcela Lagarde De Los Rios (2009; 2012) não nos alcança a todas. Não somos todas

CONSIDERAÇÕES FINAIS | 213

iguais. Somos diversas. E, ainda que estejamos todas dentro de um mesmo campo de discurso – aqui o das Ciências Criminais – algumas se sobrelevam pela raça e classe em relação às outras. Utilizada como cartão de apresentação e/ou estratégia de autodefesa por algumas, a sororidade acaba, muitas vezes, por encobrir a cumplicidade com o machismo, o racismo e subalternização de classe.

A emergência do conceito de dororidade jogou por terra a sororidade no que ela carrega de colonial em seu DNA, assim como deu novos contornos à interseccionalidade naquilo em que ela se constitui como uma ferramenta analítica que parte da realidade do norte global. Se irmãs somos umas das outras, somos pelas dores compartilhadas capazes de ligar gênero, raça e classe. Eis o que explica o porquê de somente algumas mulheres serem admitidas nos seletos "clubes" de discussão das Ciências Criminais. Lá são admitidas "mulheres" que não carregam dores e que, portanto, prestam-se a inovações que não destoem do que sempre foi dito. E assim restam preservadas as estruturas do poder que controla o como e o quê conhecer.

Epistemologicamente alinhadas, dororidade e interseccionalidade formam uma perspectiva sul global capaz de desnudar o *modus operandi* político machista, classista e racista no mundo jurídico, em especial das Ciências Criminais. E daí serem chaves de compreensão para entender o quão naturalizada é a presença de "algumas" mulheres (normalmente brancas e de classes abastadas) seja junto ao "Rei", seja junto aos que dominam o espaço de produção científica dito progressista.

Seguramente não faltará quem, do alto de sua "branquitude crítica"[1], apele ao "consenso" e entenda o discurso das juristas não

---

[1] Lourenço Cardoso (2014) denomina "branquitude crítica" aquela pertencente ao indivíduo ou grupo de brancos que desaprovam "publicamente" o racismo. Por outro lado, nomeei "branquitude acrítica" a identidade branca individual ou coletiva que argumenta a favor da superioridade racial. Para o autor: "Em relação ao critério de distinção entre as branquitudes como a "desaprovação pública" do racismo deve-se à constatação de que nem sempre aquilo que é aprovado publicamente é ratificado no espaço privado. No ambiente particular, por vezes, opiniões ou teses podem ser desmentidas, ironizadas, minimizadas. Especialmente, quando se trata de questões referentes ao conflito racial no Brasil." O autor se refere à complexa tarefa que é a de desvelar as práticas racistas que se apresentam disfarçadas, "posto

brancas como "raivoso". Ignoram estes (e estas) que aprendemos com Paulo Freire que errada é a educação que não reconhece na justa raiva, na raiva que protesta contra as injustiças, contra a deslealdade, contra o desamor, contra a exploração e a violência, um papel altamente formador (FREIRE, 1999, p. 45). Se raiva há, esta é distinta da "raivosidade irrefreada" (FREIRE, 1999, p. 38).

Volto agora ao começo deste livro para repetir e parafrasear Virgínia Woolf que, no início do século XX, perguntava: "Quem pode medir a fúria e a violência do coração de um poeta quando preso e emaranhado em um corpo de mulher?" (WOOLF, 1985, p. 72). Pois continuo eu perguntar, agora neste encerramento: afinal, quem pode medir a fúria e a violência do coração de uma jurista quando preso e emaranhado em um corpo de mulher?

Há, sim, um direito à raiva. À raiva que nos leva à indignação, que nos move a não aceitar a subalternidade pela infantilização de que Lélia nos falava. A raiva que, como ensinou Paulo Freire, refere-se diretamente à imersão do pensar certo no universo da afetividade como generosidade. A raiva entendida como a dimensão afetiva saudável, necessária à mobilização política. A raiva que não nos permite aceitar o consenso que pressupõe a docilidade e a subserviência.

Patricia Hill Collins e Vilma Piedade juntas dão nome ao que não pode somente aparentar ser feminista, porque precisa ser mais, porque deve ser interseccional em sua dororidade e decolonial em sua concepção. Esta é a minha perspectiva epistemológica feminista interseccional decolonial. Latina, brasileira, negra. Não vejo outro senão este caminho em busca de vez e voz, de fato, na literatura jurídica brasileira.

---

que os espaços privados, íntimos, os segredos dos brancos entre brancos a respeito da questão racial são difíceis de acessar", de modo que concentra seus esforços de pesquisa sobre atitude, opinião, expressão, tese do branco que desautoriza o racismo de forma pública. Penso que o contexto vivido na esfera pública jurídica das Ciências Criminais adequa-se à definição de branquidade crítica na medida em proclama-se em público a desaprovação com o racismo, mas compactua-se com mecanismos de silenciamento e exclusão de perspectivas epistemológicas que venham a questionar as bases nas quais se assenta controle dos lugares de fala por majoritariamente homens brancos e algumas mulheres também brancas.

REFERÊNCIAS

ALCOFF, Linda; POTTER, Elizabeth. **Feminist epistemologies.** New York; London: Routledge, 1993.

ALEXY, Robert. **Teoría de los derechos fundamentales.** Madrid: Centro de Estudíos Políticos y Constitucionales, 2002.

ALMEIDA, Tania Mara Campos; BANDEIRA, Lourdes Maria. Misoginia, violência contra as mulheres. In: BARBOSA, Theresa Karina de F. G. **A mulher e a justiça:** a violência doméstica sob a ótia dos direitos humanos. Brasília: AMAGIS-DF, 2016.

AMORÓS, Celia; MIGUEL ÁLVAREZ, Ana (eds.). **Teoría feminista:** de la ilustración a la globalización. De la ilustración al segundo sexo. Madrid: Minerva, 2005. v. 1.

ANDRADE, Vera Regina Pereira. Criminologia e feminismo: da mulher como vítima à mulher como sujeito de construção da cidadania. In: CAMPOS, Carmen Hein (org.). **Criminologia e feminismo.** Porto Alegre: Sulina, 1999.

ANDRADE, Vera Regina Pereira. **A ilusão de segurança jurídica:** do controle da violência à violência do controle penal. Porto Alegre: Livraria do Advogado, 2003a.

ANDRADE, Vera Regina Pereira. **Sistema penal máximo x cidadania mínima:** códigos de violência na era da globalização. Porto Alegre: Livraria do Advogado, 2003b.

ANDRADE, Vera Regina Pereira. A soberania patriarcal: o sistema de justiça criminal no tratamento da violência sexual contra a mulher. **Revista de Direito Público** n. 17, jul.-ago.-set. 2007.

ANDRADE, Vera Regina Pereira. **Pelas mãos da criminologia:** o controle penal para além da desilusão. Rio de Janeiro: Revan, 2012.

ANDRÉ, Marli Eliza Damazo Afonso de. Texto, contexto e significado: algumas questões na análise de dados qualitativos. **Cadernos de Pesquisa,** SP. 1983. p. 66-71. Disponível em: <http://www.fcc.org.br/pesquisa/publicacoes/cp/arquivos/599.pdf>. Acesso: 12 jul. 2012.

ARAÚJO, Suanma Uchoa de. **Violência sexual contra mulheres**: repercussões psicossociais após dois anos da agressão. Dissertação

Mestrado em Psicologia: Processos Psicossociais. Universidade Federal do Amazonas, 2018.

ARNAUD-DUC, Nicole. As contradições do direito. In: PERROT, Michelle; DUBY, Georges (orgs.). **História das mulheres no ocidente**. Porto: Edições Afrontamento, 1990. v. 4 – o século XIX.

ÁVILA, Gustavo Noronha de. **Falsas memórias e sistema penal:** a prova testemunhal em xeque. Rio de Janeiro: Lumen Juris, 2013.

ÁVILA, Thiago André Pierobom de (coord.). **Modelos europeus de enfrentamento à violência de gênero:** experiências e representações sociais. Brasília: ESMPU, 2014.

ÁVILA, Thiago André Pierobom; BIANCHINI, Alice. Abertura de investigação criminal nos crimes de violência contra a mulher. **Consultor Jurídico.** Disponível em: <https://www.conjur.com.br/2020-set-04/bianchini-pierobom-investigacao-violencia-mulher>. Acesso em: 6 set. 2020.

BADARÓ, Gustavo Henrique. As novas medidas cautelares alternativas à prisão e o alegado poder geral de cautela no processo penal: a impossibilidade de decretação de medidas atípicas. **Revista do Advogado**, n. 113, p. 80, set. 2011.

BADARÓ, Gustavo Henrique (org.). **Doutrinas essenciais direito penal e processo penal.** São Paulo: RT, 2015.

BADARÓ, Gustavo Henrique. **Processo penal**. São Paulo: RT, 2017.

BAER, Judith. Feminist theory and the law. In: GOODIN, Robert E. **The Oxford Handbook of Political Science**. Oxford University Press, 2015. Disponível em: <www.oxfordhandbooks.com>. Acesso em: 7 mar. 2018.

BAILEY, A. On intersectionality and the whiteness of feminist philosophy. In: YANCY, G. **The center must not hold**: white women philosophers on the whiteness of philosophy. Lanham, MD: Lexington Books, 2010.

BANDEIRA, Lourdes; SIQUEIRA, Deis. A perspectiva feminista no pensamento moderno contemporâneo. **Sociedade e Estado. Feminismos e Gênero.** Brasília: Departamento de Sociologia da Universidade de Brasília, 1997.

BANDEIRA, Lourdes; THURLER, Ana Liési. A vulnerabilidade da mulher à violência doméstica: aspectos históricos e sociológicos. In: LIMA, Fausto Rodrigues; SANTOS, Claudiene. **Violência**

doméstica: vulnerabilidades e desafios na intervenção criminal e multidisciplinar. Rio de Janeiro: Lumen Juris, 2009.

BARATTA, Alessandro. O paradigma do gênero: da questão criminal à questão humana. In: CAMPOS, Carmen Hein de (org.). **Criminologia e feminismo**. Porto Alegre: Sulina, 1999.

BARCINSKI, Mariana. Mulheres no tráfico de drogas: a criminalidade como estratégia de saída da invisibilidade social feminina. **Contextos Clínicos**, São Leopoldo, v. 5, n. 1, p. 52-61, jul. 2012. Disponível em <http://pepsic.bvsalud.org/scielo.php?script=sci_arttext&pid=S1983-34822012000100007>. Acesso em: 9 mar. 2018.

BEDIN, Gilmar Antonio. Luis Alberto Warat e a epistemologia jurídica: algumas reflexões sobre a trajetória intelectual de um jurista surpreendente. In: ROCHA, Leonel Severo; LOIS, Cecilia Caballero; MELEU, Marcelino (coords.). **Cátedra Luis Alberto Warat** [Recurso eletrônico *on-line*]. Florianópolis: CONPEDI, 2015.

BELLOQUE, J. G. **Da assistência judiciária**. In: CAMPOS, Carmen Hein de (org.). Lei Maria da Penha: comentada em uma perspectiva jurídico feminista. Lumen Juris, 2011.

BLAY, Eva Alterman; CONCEIÇÃO, Rosana R. da. A mulher como tema nas disciplinas da USP. **Cadernos de Pesquisa**, n. 76, fev., 1991.

BODEN, Margaret A. **Inteligência artificial**. Trad. de Inmaculada Pérez Parra. Madrid: Turner Publicaciones, 2017.

BOITEUX, Luciana; SILVA, M. Fernandes; PANCIERI, A. C.; CHERNICHARO, L. **Mulheres e crianças encarceradas:** um estudo jurídico-social sobre a experiência da maternidade no sistema prisional do Rio de Janeiro. Grupo de Pesquisa em Política de Drogas e Direitos Humanos do Laboratório de Direitos Humanos da Universidade Federal do Rio de Janeiro (FND/UFRJ). 2015. Disponível em: <https://www.academia.edu/19036368/Mulheres_e_Crianças_Encarceradas_um_estudo_jur%C3%ADdicosocial_sobre_a_experiência_da_maternidade_no_sistema_prisional_do_Rio_de_Janeiro>. Acesso em: 15 fev. 2018.

BUDÓ, Marília de Nardin; GINDRI, Eduarda Toscani. Privilégios de gênero e acesso ao discurso acadêmico no campo das ciências criminais. **Revista Direito e Práxis**, [S.l.], mar. 2018. Disponível em <http://www.e-publicacoes.uerj.br/index.php/revistaceaju/article/view/29572>. Acesso em: 5 mar. 2018.

BURGESS, A. W.; HOLMSTROM, L. L. Coping behavior of the rape victim. **American Journal of Psychiatry**, v. 133, n. 4, p. 413-418, 1976.

BUTLER, Judith. **Problemas de gênero**. 6. ed. Rio de Janeiro: Civilização Brasileira, 2013.

BRASIL. **Coletânea básica penal**. Brasília: Senado Federal, Gabinete da Senadora Ana Amélia, 2015.

BRASIL. **Coletânea básica penal**. Brasília: Senado Federal, Senadora Regina Sousa, 2017. 330 p.

BRASIL. **Diretrizes nacionais para investigar, processar e julgar com perspectiva de gênero as mortes violentas de mulheres**. Brasília, 2016. Disponível em: <http://www.onumulheres.org.br/wp-content/uploads/2016/04/diretrizes_feminicidio_FINAL.pdf>. Acesso em: 3 fev. 2017.

CÂMARA MUNICIPAL DO RIO DE JANEIRO. Relatório da Comissão da Mulher. **Marielle Franco**. Disponível em: <https://www.mariellefranco.com.br/relatorio-comissao-da-mulher>. Acesso em: 25 set. 2018.

CARDOSO, Lourenço. A branquitude acrítica revisitada e as críticas. **Revista da ABPN**, v. 6, n. 13, mar.-jun. 2014. p. 88-106. Disponível em: <file:///Users/soraiadarosamendes/Downloads/152-1-294-1-10-20170220.pdf>. Acesso em: 2 jul. 2019.

CARVALHO, Salo de. **Pena e garantias**. Rio de Janeiro: Lumen Juris, 2008.

CARVALHO, Salo de. **Penas e medidas de segurança no direito penal brasileiro**. São Paulo: Saraiva, 2013.

CARVALHO, Virginia Silva. As múltiplas silhuetas: a nova mulher no romance Mrs. Dalloway, de Virginia Woolf. **Revista Desenredos**, ano IV, n. 13, Teresina, abr.-maio-jun. 2012. Disponível em: <http://desenredos.dominiotemporario.com/doc/13_-_artigo_-_virginia_silva_de_carvalho.pdf>. Acesso em: 19 ago. 2019.

CASARA, Rubens. **Processo penal do espetáculo:** ensaios sobre o poder penal, a dogmática e o autoritarismo na sociedade contemporânea. Florianópolis: Empório do Direito, 2015a.

CASARA, Rubens. **Mitologia processual penal**. São Paulo: Saraiva, 2015b.

CASARA, Rubens; BELCHIOR Antonio Pedro. **Teoria do processo penal brasileiro**. Rio de Janeiro: Lumen Juris, 2013.

CASTRO, Amanda Motta Angelo; EGGEr, Edla. Alguns apontamentos sobre a epistemologia feminista. **Sociais e Humanas**, Santa Maria, v. 25, n. 02, jul./dez. 2012.

CÉSPEDES, Livia; ROCHA, Fabiana Dias da. **Código de Processo Penal.** 57. ed. São Paulo: SaraivaJur, 2017a.

CÉSPEDES, Livia. **Constituição Federal.** 57. ed. São Paulo: SaraivaJur, 2017b.

CHANTER, Tina. **Gênero:** conceitos-chave em filosofia. Porto Alegre: Artmed, 2011.

CHAUI, Marilena. **Cultura e democracia:** o discurso competente e outras falas. São Paulo: Cortez, 2007.

CHIES, Luiz Antônio Bogo; COLARES, Leni. **Mulheres nas so(m) bras:** invisibilidade, reciclagem e dominação viril em presídios masculinamente mistos. **Estudos Feministas.** Florianópolis, 2010.

CHRISTIE, Nils. **Limites à dor:** o papel da punição na política criminal. Tradução de Gustavo Noronha de Ávila, Bruno Rigon e Isabela Alves. Belo Horizonte: D'Plácido, 2016.

CIPRIANI, Marcelli. As mulheres e o mercado de ilícitos: gênero e representações sociais nas dinâmicas do "mundo do crime". In: GROSSI, Patrícia Krieger (org.). **Gênero, Sexualidade e Sistemas de Justiça e de Segurança Pública.** Porto Alegre: EDIPUCRS, 2017.

CODE, Lorraine. Feminist epistemology and the politics of knowledge: questions of marginality. **The sage handbook of feminist theory.** Disponível em: <https://uk.sagepub.com/sites/default/files/upm--binaries/63480_Evans The_SAGE_HB_of_Feminist_Theory.pdf>. Acesso em: 13 fev. 2018.

COLLINS, Patricia Hill. **Black feminist thought:** knowledge, consciousness, and the politics of empowerment. New York: Routledge, 2000.

COLLINS, Patricia Hill; ANDERSEN, Margaret L. (orgs.). **Race, class and gender:** an anthology. Belmont: Thomson Wadsworth, 2007.

COLLINS, Patricia Hill; BILGE, Sirma. **Intersectionality** (Key Concepts). Malden, MA: Polity Press, 2016.

CORNELL, Drucilla. **El corazón de la libertad:** feminismo, sexo e igualdad. Madrid: Ediciones Cátedra, 2001.

CORREIA, Regina Maria. **Da prática penal:** síntese da doutrina, jurisprudência, formulários. Rio de Janeiro: Freitas Bastos, 1951.

COSTA, Renata Tavares da. **O papel do assistente da mulher previsto no artigo 27 da Lei Maria da Penha nos crimes de feminicídio no Tribunal do Júri.** In: RIO DE JANEIRO (Estado). Defensoria Pública Geral. Gênero, sociedade e defesa de direitos: a Defensoria

Pública e a atuação na defesa da mulher. Rio de Janeiro: Defensoria Pública do Estado do Rio de Janeiro, 2017.

CRENSHAW, K. Mapping the margins: intersectionality, identity politics, and violence and violence against women of color. **Stanford Law Review**, v. 43, n. 6, 1991.

CRUZ, Rogério Schietti Machado. **Prisão cautelar:** dramas, princípios e alternativas. Rio de Janeiro: Lumen Juris, 2006.

DAMÁZIO, Natália. **A necropolítica masculinista das prisões**: uma análise do litígio estratégico brasileiro no Sistema Interamericano de Direitos Humanos. Tese (doutorado) – Pontifícia Universidade Católica do Rio de Janeiro, Departamento de Direito, 2019. 381 f.

DAVIS, Angela. **Mulheres, raça e classe.** Rio de Janeiro: Boitempo, 2016.

DE LOS RÍOS, Marcela Lagarde. **Pacto entre mujeres sororidad**. Disponível em: <https://www.asociacionag.org.ar/pdfaportes/25/09.pdf>. Acesso em: 7 mar. 2018.

DE LOS RÍOS, Marcela Lagarde. **El feminismo en mi vida:** hitos, claves y topías. Ciudad de Mexico: Instituto de las Mujeres del Gobierno Federal de México, 2012.

DIBLE, Pascal. **O quarto de dormir**: um estudo etnológico. Rio de Janeiro: Globo, 1988.

DINIZ, Gláucia Ribeiro Starling; PONDAAG, Miriam Cássia Mendonça (org.). A face oculta da violência contra a mulher: o silêncio como estratégia de sobrevivência. **Violência, exclusão social e desenvolvimento humano**: estudos em representações sociais. Brasília: Editora UnB, 2006.

DUBY, Georges; ARIÈS, Philippe. **História da vida privada:** da Europa Feudal à Renascença. São Paulo: Companhia das Letras, 1990. v. 2

DUFF, Antony. **Punishment, communication and community**. Oxford: Oxford University Press, 2003.

DUFF, Antony. **Sobre el castigo: por una justicia criminal que hable el linguage de la comunidade.** Ciudad del Mexico: Siglo Vientiuno, 2016.

ESPINOZA, Olga. A prisão feminina desde um olhar da criminologia feminista. **Revista Transdisciplinar de Ciências Penitenciárias**, v. 1, n. 1, Universidade Católica de Pelotas, jan.-dez. 2002.

ESPINOZA, Olga. **A mulher encarcerada em face do poder punitivo.** São Paulo: IBCCRIM, 2004.

REFERÊNCIAS | **221**

ESTRELLITA, Simone. **Vítima não é testemunha!** Breves considerações a respeito do depoimento da vítima nos processos julgados pelo Juizado de Violência Doméstica e Familiar contra a Mulher. In: RIO DE JANEIRO (Estado). Defensoria Pública Geral. Gênero, sociedade e defesa de direitos: a Defensoria Pública e a atuação na defesa da mulher/Defensoria Pública do Estado do Rio de Janeiro, Coordenação de Defesa da Mulher, CEJUR. Rio de Janeiro: Defensoria Pública do Estado do Rio de Janeiro, 2017.

FACIO, Alda. **Cuando el género sueña cambios trae:** metodologia para el análisis de gênero del fenômeno jurídico. San José: ILANUD, 1991.

FACIO, Alda. Feminismo, género y patriarcado. In: LORENA, Fries. FACIO, Alda (eds.). **Género y Derecho**. Santiago de Chile: LOM Ediciones: La Morada, 1999.

FACIO, Alda; CAMACHO, Rosália. Em busca das mulheres perdidas: ou uma aproximação crítica à criminologia. In: CLADEM. **Mulheres:** vigiadas e castigadas. São Paulo, 1995.

FERNANDES, Valéria Diez Scarance. **Lei Maria da Penha:** o processo penal no caminho da efetividade. São Paulo: Atlas, 2015.

FERREIRA, Ana Gabriela Souza. **Lilith, Medusa, Eva:** mulheres errantes. Arquétipos e segregação feminina. Trabalho apresentado no Seminário Feminismos, Gênero e Sistemas de Justiça. UFRJ, Rio de Janeiro: 2018.

FERRAJOLI, Luigi. **Los fundamentos de los derechos fundamentales.** Madrid: Trotta, 2005.

FERRAJOLI, Luigi. **Derecho y razón:** teoría del garantismo penal. 5. ed. Madrid: Trotta, 2001.

FERRAJOLI, Luigi. **Direito e razão:** teoria do garantismo penal. 2. ed. São Paulo: RT, 2006.

FERRAJOLI, Luigi. **Epistemología jurídica y garantismo**. Cidade do México: BEFDP, 2008.

FERRAJOLI, Luigi. **Derechos y garantías:** la ley del más débil. Madrid: Trotta, 2010a.

FERRAJOLI, Luigi. **Democracia y garantismo.** Madrid: Trotta, 2010b.

FERRAJOLI, Luigi. **Por uma teoria dos direitos e dos bens fundamentais.** Porto Alegre: Livraria do Advogado , 2011a.

FERRAJOLI, Luigi. *Principia iuris*: teoría del derecho y de la democracia. Madrid: Trotta, 2011b. v. 1. Teoría del derecho.

222 | PROCESSO PENAL FEMINISTA – Soraia da Rosa Mendes

FERRAJOLI, Luigi. *Principia iuris*: teoría del derecho y de la democracia. Madrid: Trotta, 2011c. v. 2. Teoría de la democracia.

FERRAJOLI, Luigi. Un debate sobre el constitucionalismo. **Revista Doxa**, n. 34. Madrid/Barcelona/Buenos Aires/São Paulo: Marcial Pons, 2012.

FLORESTA, Nísia. **Opúsculo humanitário**. São Paulo: Cortez, 1989.

FOUCAULT, Michel. **Vigiar e punir:** história da violência nas prisões. Petrópolis: Vozes, 1987.

FOUCAULT, Michel. **Microfísica do poder.** Rio de Janeiro: Graal, 2000.

FOUCAULT, Michel. **A verdade e as formas jurídicas.** Rio de Janeiro: Nau Editora, 2003.

FOUCAULT, Michel. **A ordem do discurso.** São Paulo: Edições Loyola, 2014.

FOUCAULT, Michel. **A arqueologia do saber.** Rio de Janeiro: Forense Universitária, 2017.

FOUCAULT, Michel; DELEUZE, Gilles. **Os intelectuais e o poder**. Disponível em: <https://edisciplinas.usp.br/pluginfile.php/81012/mod_resource/content/1/Texto%2016%20Os%20intelectuais%20e%20o%20poder.pdf>. 1972. Acesso em: 18 jun. 2019.

FRASER, Nancy. O que é crítico na teoria crítica: o argumento de Habermas e o gênero. In: BENHABIB, Seyla; CORNELL, Drucilla. **Feminismo como crítica da modernidade:** releitura dos pensadores contemporâneos do ponto de vista da mulher. Rio de Janeiro: Rosa dos Tempos, 1987.

FRASER, Nancy; *Unruly practices:* power, discourse and gender in contemporary social theory. Minneapolis: University of Minnesota Press, 1989.

FRASER, Nancy. Rethinking the Public Sphere: A Contribution to the critique of actually existing democracy. In: CALHOUN, C. (org.). **Habermas and The Public Sphere.** Cambridge: MIT Press, 1992.

FRASER, Nancy. *Iustitia interrupta:* reflexiones críticas desde la posición "postsocialista". Santafé de Bogotá: Siglo del Hombre: Universidad de los Andes, 1997.

FRASER, Nancy. Da redistribuição ao reconhecimento? dilemas da justiça na era pós-socialista. In: SOUZA, Jessé (org.). **Democracia hoje:** novos desafios para a teoria democrática contemporânea. Brasília: UnB, 2001.

FRASER, Nancy. Redistribuição, reconhecimento e participação: por uma concepção integrada da justiça. In: PIOVESAN, Flávia; IKAWA,

REFERÊNCIAS | 223

Daniela; SARMENTO, Daniel (coords.). **Igualdade, diferença e direitos humanos.** Rio de Janeiro: Lumen Juris, 2008.

FRASER, Nancy; NICHOLSON, Linda. Social criticism without philosophy: an encounter between feminism and postmodernism. In: NICHOLSON, Linda. **Feminism/postmodernism.** New York/London: Routledge, 1990.

FRASER, Nancy; BARTKY, Sandra Lee (orgs.). **Revaluing french feminism:** critical essays on difference, agency, & culture. Bloomington: Indianapolis: Indiana University Press, 1992.

FRASER, Nancy; HONNETH, Axel. **Redistribution or recognition?** A political-philosophical exchange. London: Verso, 2003.

FREIRE, Paulo. **Pedagogia da autonomia.** Saberes necessários à prática educativa. São Paulo: Paz e Terra, 1999.

GARGARELLA, Roberto. **De la injusticia penal a la injusticia social.** Santafé de Bogotá: Siglo del Hombre-Universidad de los Andes, 2008.

GOES, Emanuelle. **Mulheres vitimas de estupro, o que os números dizem?.** Disponível em: <https://racismoambiental.net. br/2016/06/03/mulheres-vitimas-de-estupro-o-que-os-numeros--dizem/>. Acesso em: 4 ago. 2018.

GOFFMAN, Erving. **Manicômios, prisões e conventos.** São Paulo: Perspectiva, 1999.

GOLDSCHMIDT, James. **Problemas generales del derecho.** Buenos Aires: Depalma, 1944.

GOLDSCHMIDT, James. **Principios generales del proceso.** Buenos Aires: Ediciones Jurídicas Europa-América, 1961. v. 1.

GOLDSCHMIDT, James. **Principios generales del proceso.** Buenos Aires: Ediciones Jurídicas Europa-América, 1961. v. 2.

GOLDSCHMIDT, James. **Problemas jurídicos y políticos del proceso penal.** Buenos Aires-Montevideo: BdeF, 2016.

GONZALES, Lélia. Por um feminismo afro-latino-americano. **Cadernos de Formação Política do Círculo Palmarino**, n. 1. 2011. Disponível em: <https://edisciplinas.usp.br/pluginfile.php/271077/ mod_resource/content/1/Por%2 0um%20feminismo%20Afro--latino-americano.pdf>. Acesso em: 13 fev. 2018.

GONZALES, Lélia. **Por um feminismo afro-latino-americano:** ensaios, intervenções e diálogos. RIOS, Flávia; LIMA, Márcia (orgs.). Rio de Janeiro: Zahar, 2020.

GRECO, J. O que é epistemologia. In: GRECO, J.; SOSA, E. **Compêndio de epistemologia.** São Paulo: Loyola, 2012.

GUILHERME, Vera M. **Para além da criminologia de gabinete:** os visitantes do Presídio Central de Porto Alegre e seus saberes. Belo Horizonte: Editora D'Plácido, 2017.

HABERMAS, Jürgen. Further reflections on the public sphere. **Habermas and Public Sphere.** Cambridge: MIT Press, 1992.

HABERMAS, Jürgen. **Teoría de la acción comunicativa:** racionalidad de la acción y racionalización social. Madrid: Taurus, 1999. v. I.

HABERMAS, Jürgen. **Teoría de la acción comunicativa:** racionalidad de la acción y racionalización social. Madrid: Taurus, 1999. v. II.

HABERMAS, Jürgen. **La constelação posnacional:** ensayos políticos. Barcelona: Paidós, 2000.

HABERMAS, Jürgen. **Direito e democracia** – entre facticidade e validade. Rio de Janeiro: Tempo Brasileiro, 2003. v. I.

HABERMAS, Jürgen. **Direito e democracia** – entre facticidade e validade. Rio de Janeiro: Tempo Brasileiro, 2003. v. II.

HABERMAS, Jürgen. **Mudança estrutural da esfera pública.** Rio de Janeiro: Tempo Brasileiro, 2003.

HABERMAS, Jürgen. **A inclusão do outro:** estudos de teoria política. São Paulo: Edições Loyola, 2004.

HARDING, Sandra. **The science question in the feminism.** Ithaca; London: Cornell University Press, 1986.

HARDING, Sandra. A instabilidade das categorias analíticas na teoria feminista. **Revista de Estudos Feministas**, v.1, n.1, 1993a, Rio de Janeiro CIEC/ECO/UFRJ.

HARDING, Sandra. Rethinking standpoint epistemology: "what is strong objectivity?". In: ALCOFF, Linda; POTTER, Elizabeth. **Feminist epistemologies.** New York; London: Routledge, 1993b.

HARDING, Sandra. **Ciencia y feminismo.** Madrid: Moratas, 1996a.

HARDING, Sandra. **Whose science? whose knowledge?:** thinking from women's lifes. New York: Cornell University, 1996b.

HARDING, Sandra. ¿Existe un método feminista? In: BARTRA, Eli (org.). **Debates em torno a uma metodologia feminista.** Cidade do México: Universidad Nacional Autonoma do Mexico, 2002.

HARAWAY, Donna. **Ciencia, cyborgs y mujeres**: la reinvención de la naturaleza. Madrid: Catedra, 1995.

REFERÊNCIAS | **225**

HARAWAY, Donna; KUNZRU, Hari. **Antropologia do ciborgue:** as vertigens do pós-humano. Belo Horizonte: Autêntica, 2009.

HELPS, Sintia Soares. **Vidas em jogo:** um estudo sobre mulheres envolvidas com o tráfico de drogas. São Paulo: IBCCRIM, 2014.

HOOKS, bell. **Yearning: race, gender, and cultural politics.** Boston: South end Press, 1990.

HOOKS, bell. **Black looks, race and representation.** Boston: South end Press, 1992.

HOOKS, bell. Mujeres negras: dar forma a la teoría feminista. In: HOOKS, bell; BRAH, Avatar *et al*. **Otras inapropiables: feminismos desde las fronteras.** Madrid: Traficantes de Sueños, 2004.

JAPIASSU, Hilton. **Como nasceu a ciência moderna:** as razões da filosofia. Rio de Janeiro: Imago, 2007.

JARDIM, A. C. M. G. **Os discursos sobre o feminino na questão penitenciária brasileira:** uma análise a partir das relações de gênero. 2017. 179 f. Tese (Doutorado) – Programa de Pós-Graduação em Serviço Social, PUCRS. Porto Alegre, 2017.

LANA, Lígia Campos de Cerqueira; CORRÊA, Laura Guimarães; ROSA, Maitê Gurgel. A cartilha da mulher adequada: ser piriguete e ser feminina no esquadrão da moda. **Revista Contracampo**, v. 24, n. 1, jul. 2012, Niterói: Contracampo, 2012.

LAVIGNE, Rosane M. Reis; PERLINGEIRO, Cecilia. Das medidas protetivas de urgência – artigos 18 a 21. In: CAMPOS, Carmen Hein de (org.). **Lei Maria da Penha:** comentada em uma perspectiva jurídico feminista. Lumen Juris, 2011.

LEITE, Yara Muller. **Como requerer em juízo:** formulário criminal. Rio de Janeiro: Pongetti ,1952.

LEITE, Yara Muller. **Dos processos criminais:** modelos processuais. Rio de Janeiro Record, 1957.

LEVANTAMENTO NACIONAL DE INFORMAÇÕES PENITENCIÁRIAS. INFOPEN MULHERES 2014. **INFOPEN Mulheres.** Brasília: Departamento Penitenciário Nacional – Ministério da ustiça, jun. 2014. Disponível em: <http://www.justica.gov.br/news/estudo-traca-perfil-da-populacao-penitenciaria-feminina-no-brasil/relatorio-infopen-mulheres.pdf>. Acesso em: 10 mar. 2018.

LISPECTOR, Clarice. Observações sobre o fundamento direito de punir. **A Época:** Órgão oficial de corpo discente da Faculdade Nacional de Direito, ano XXXIV, n. 2. Rio de Janeiro, 1941.

LOGAN, Anne. Subjects, power, and knowledge: description and prescription in feminist philosophies of science. In: ALCOFF, Linda. POTTER, Elizabeth. **Feminist epistemologies.** New York; London: Routledge, 1993.

LOGAN, Anne. **Feminism and criminal justice:** a historical perspective. New York: Palgrave, 2008.

LONGINO, Helen. Epistemologia feminista. In: GRECO, J.; SOSA, E. **Compêndio de epistemologia.** São Paulo: Loyola, 2012.

LOPES JR. Aury. **Direito processual penal.** 13. ed. São Paulo: Saraiva, 2016.

LOPES JR. Aury. **Fundamentos do processo penal:** introdução crítica. São Paulo: Saraiva, 2017.

LOURO, Guacira Lopes. Gênero e sexualidade: pedagogias contemporâneas. **Pro-Posições**, v. 19, n. 2 (56) – maio/ago. 2008.

KETZER, Patricia. Como pensar uma epistemologia feminista? Surgimento, repercussões e problematizações. **Argumentos**, ano 9, n. 18 – Fortaleza, jul./dez. 2017.

KOBRYNOWICZ, Diane; SPRAGUE, Joey. A feminist epistemology. In: SALTZMAN, Janet Chafetz (ed). **Handbook of the sociology of gender.** New York: Kluwer Academic/Plenum Publisher, 2006.

KRAMER, Heinrich; SPRENGER, James. **O martelo das feiticeiras.** Rio de Janeiro: Editora Rosa dos Tempos, 2010.

MACHADO, Lia Zanotta. Gênero, um novo paradigma? **Cadernos Pagu.** 1998. Disponível em: <http://www.pagu.unicamp.br/sites/www.pagu.unicamp. br/files/pagu11.10.pdf>. Acesso em: 6 fev. 2012.

MACKINNON, C. A. **Feminism unmodified.** Cambridge, Mass.: Harvard University Press, 1987.

MACKINNON, C. A. **Toward a feminist theory of the state.** Cambridge, Mass.: Harvard University Press, 1989.

MACKINNON, C. A. **Only words.** Cambridge, Mass.: Harvard University Press, 1993.

MACKINNON, C. A. **Women's lives, men's laws.** Cambridge, Mass.: Harvard University Press, 2005.

MACKINNON, C. A. Are women human? Cambridge, Mass.: Harvard University Press, 2006.

MADRID, Antonio. **Vulneración y vulnerabilidad**: el orden de las cosas. Fundación L'Alternativa. Disponível em: <http://www.fundacioalternativa.cat/wp-content/uploads/2015/05/Vulneraci%C3%B3n-y-vulnerabilidadx.pdf>. Acesso em: 30 ago. 2018.

MATIDA, Janaina; HERDY, Rachel. Inferências probatórias: compromissos epistêmicos, normativos e interpretativos. In: CUNHA, Ricardo José (org.). **Epistemologias críticas do direito**. Rio de Janeiro: Lumen Juris, 2016.

MBEMBE, Achile. Necropolítica: biopoder soberania estado de exceção política da morte. Arte & Ensaios. **Revista do PPGAV/EBA/UFRJ**, n. 32, dez. 2016.

MEDEIROS, Carolina S.; MELLO, Marília Montenegro Pessoa de. Entre a "renúncia" e a intervenção penal: uma análise da ação penal no crime de violência doméstica contra a mulher. In: MONTENEGRO, Marília. **Lei Maria da Penha**: uma análise criminológico-crítica. Rio de Janeiro: Revan, 2015.

MENDES, Soraia da Rosa. Experiências femininas, tráfico de drogas e redução de danos: a violência de gênero como fundamento para o reconhecimento da coculpabilidade como atenuante de pena **10 anos da Lei de Drogas**: aspectos criminológicos, dogmáticos e político-criminais. Belo Horizonte: D'Plácido, 2016. v. 1.

MENDES, Soraia da Rosa. **Criminologia feminista**: novos paradigmas. 2. ed. São Paulo: Saraiva, 2017a.

MENDES, Soraia da Rosa. Dá licença, "doutor"? Já sei falar. **Empório do direito**. Disponível em: <http://emporiododireito.com.br/da-licenca-doutor-ja-sei-falar/>. Acesso em: 7 fev. 2017b.

MENDES, Soraia da Rosa. Foi constrangedor, foi violento e foi estupro. **Justificando**. Disponível em: <http://justificando.cartacapital.com.br/2017/09/04/foi-constrangedor-foi-violento-e-foi-estupro/>. Acesso em: 6 fev. 2018a.

MENDES, Soraia da Rosa. Autoritarismo e racismo: as estruturas que mataram, mutilaram e subjugaram as mulheres em 2018. **Revista dos Tribunais**, v. 998, p. 399-426, 2018b.

MENDES, Soraia da Rosa; LONGO, A. C. F. A mão que balança o berço: a audiência de custódia e a proteção insuficiente pelo STJ. **Boletim IBCCRIM**, v. 287, p. 9-10, 2016.

MENDES, Soraia da Rosa; BURIN, Patrícia T. Na contramão do discurso midiático: uma perspectiva garantista da atuação do delegado ou da delegada de polícia. **Revista Brasileira de Direito Processual Penal**, Porto Alegre, v. 3, n. 2, p. 537-566, maio/ago. 2017a.

MENDES, Soraia da Rosa; XIMENES, Júlia Maurmann; CHIA, Rodrigo. E quando a vítima é a mulher? Uma análise crítica do discurso das principais obras de direito penal e a violência simbólica no tratamento das mulheres vítimas de crimes contra a dignidade sexual. **Revista Brasileira de Ciências Criminais**, v. 130, ano 25. p. 349-367. São Paulo: RT, abr. 2017b.

MENDES, Soraia da Rosa; SANTOS, M. K. B. De vítima à sujeito da própria história: possibilidades de aplicação da justiça restaurativa no Brasil em casos de violência contra a mulher. In: VALOIS, Luiz Carlos; SANTANA, Selma; MATOS, Taysa; ESPIÑEIRA, Brunno (org.). **Justiça Restaurativa**. Belo Horizonte: D'Plácido, 2017c.

MENDES, Soraia da Rosa; SANTOS, Michelle Karen Batista dos. A justiça dos homens, as prisões dos homens e o encarceramento das mulheres: o androcentrismo como elemento fundante do sistema prisional brasileiro. In: GOSTINSKI, Aline; MARTINS, Fernanda (Org.). **Estudos feministas por um direito menos machista.** Florianópolis: Empório do Direito, 2018. v. III.

MENDES, Soraia da Rosa; PIMENTEL, Elaine. C. A violência sexual: a epistemologia feminista como fundamento de uma dogmática penal feminista. **Revista Brasileira de Ciências Criminais**, v. 146, p. 305-328. São Paulo: RT, 2018.

MENDES, Soraia da Rosa; BELICE, Afonso Codolo. Prescindir da audiência de custódia é retrocesso impensável. **Consultor Jurídico.** Disponível em <https://www.conjur.com.br/2019-jul-16/opiniao--prescindir-audiencia-custodia-retrocesso-impensavel>. Acesso em: 16 jul. 2019.

MENDES, Soraia da Rosa; MARTÍNEZ, Ana Maria. **Pacote Anticrime:** comentários críticos à Lei 13.964/2019. São Paulo: Atlas, 2020a.

MENDES, Soraia da Rosa; BURIN, Patrícia T. Combate à violência doméstica: É possível avançar em tempos de covid-19? **Migalhas.** Disponível em: <https://www.migalhas.com.br/depeso/324439/combate-a-violencia-domestica--e-possivel-avancar-em-tempos--de-covid-19>. Acesso em: 13 abr. 2020b.

MORESO, J. J.; NAVARRO, P. E. Epistemología jurídica y garantismo. In: FERRAJOLI, L. **Epistemología jurídica y garantismo.** Cidade do México: BEFDP, 2008.

MORIN, Edgar. **Ciência com consciência.** Rio de Janeiro: Bertrand Brasil, 2008.

NUNES, João Arriscado. O resgate da epistemologia. In: SANTOS, Boaventura de Sousa; MENEZES, Maria Paula (orgs). **Epistemologias do Sul.** São Paulo: Cortez Editora, 2010.

ONU MULHERES. **Ministra de justiça e paz da Costa Rica, Ana Isabel Garita, fala sobre feminicídio no Brasil.** 22 mar. 2013. Disponível em: <http://www.onumulheres.org.br/noticias/22-11-13-ministra-de-justica-e-paz-da-costa-rica-ana-isabel-garita-fala-sobre-feminicidio-no-brasil/>. Acesso: 15 jul. 2019.

ONU MULHERES. **Modelo de protocolo latino-americano para investigação de mortes violentas de mulheres (femicídios/feminicídios).** Brasil, 2014. Disponível em: <http://www.onumulheres.org.br/wp-content/uploads/2015/05/protocolo_feminicidio_publicacao.pdf>. Acesso em: 18 ago. 2015.

ORGANIZAÇÃO MUNDIAL DA SAÚDE (OMS). **Relatório mundial sobre violência e saúde.** Brasília: OMS/OPAS, 2002.

PEREIRA, Larissa Urruth; ÁVILA, Gustavo Noronha. Aprisionamento feminino e maternidade no cárcere: uma análise da rotina institucional na penitenciária feminina Madre Pelletier. In: ÁVILA, Gustavo Noronha de (org.). **Fraturas do sistema penal.** Porto Alegre: Sulina, 2013.

PERROT, Michelle. **História dos quartos.** São Paulo: Paz e Terra, 2011.

PERROT, Michelle; DUBY, Georges (orgs.). **História das mulheres no ocidente.** Porto: Afrontamento, 1990. v. 3. Do Renascimento à Idade Moderna.

PIEDADE, Vilma. **Dororidade.** São Paulo: Editora Nós, 2017.

PIMENTEL, Elaine. **Amor bandido:** as teias afetivas que envolvem a mulher no tráfico de drogas. Maceió: EDUFAL, 2008.

PINTO, Céli Regina. **Teorias da democracia: diferenças e identidades na contemporaneidade.** Porto Alegre: EDIPUCRS, 2004.

PIRES, Thula. Por um constitucionalismo ladino-amefricano. In: BERNARDINO-COSTA, Joaze; TORRES-MALDONADO, Nelson; GROSFOGUEL, Ramón (orgs.). **Decoloniedade e pensamento afrodiaspórico.** Belo Horizonte: Autêntica, 2019.

PITCH, Tamar. **Un derecho para dos: la construcción jurídica de género, sexo y sexualidad.** Madrid: Trotta, 2003.

PORTO-GONÇALVES, Carlos Walter. Apresentação da edição em português. In: LANDER, Edgar (org). **A colonialidade do saber**: eurocentrismo, ciências sociais perspectivas latino-americanas. Buenos Aires: CLACSO, 2005, p. 03-05. Disponível em: <https://edisciplinas.usp.br/pluginfile.php/2591382/mod_resource/content/1/colonialidade_do_saber_eurocentrismo_ciencias_sociais.pdf>. Acesso em: 9 jul. 2019.

PRADO, Geraldo. **Comentários à Lei de Violência Doméstica e Familiar contra a Mulher.** 2. ed. Rio de Janeiro: Lumen Juris, 2009.

PROGRAMA DE HISTÓRIA ORAL E VISUAL DO PJERJ. Entrevista com Des. Maria Stella Villela Souto Lopes Rodrigues. **Revista Eletrônica Interação,** n. 15, abril, Rio de Janeiro: PJERJ, 2008.

QUIJANO, Aníbal. Colonialidade do poder, eurocentrismo, América Latina. In: LANDER, Edgar (Org.). **A colonialidade do saber**: eurocentrismo, ciências sociais perspectivas latino-americanas. Buenos Aires: CLACSO, 2005, p. 117-142. Disponível em: <https://edisciplinas.usp.br/pluginfile.php/2591382/mod_resource/content/1/colonialidade_do_saber_eurocentrismo_ciencias_sociais.pdf>. Acesso em: 3 jul. 2019.

RAGO, Margareth. Epistemologia feminista: gênero e história. In: GROSSI, Mirian Pillar; PEDRO, Joana Maria (orgs.). **Masculino, feminino, plural:** gênero na interdisciplinaridade. Florianópolis: Editora Mulheres, 2006.

REBELLO, Arlanza Maria Rodrigues. **Para mudar o rumo da prosa:** um novo olhar sobre a Lei 11.340/06 – Lei Maria da Penha. In: RIO DE JANEIRO (Estado). Defensoria Pública Geral. Gênero, sociedade e defesa de direitos: a Defensoria Pública e a atuação na defesa da mulher/Defensoria Pública do Estado do Rio de Janeiro, Coordenação de Defesa da Mulher, CEJUR. Rio de Janeiro: Defensoria Pública do Estado do Rio de Janeiro, 2017.

RELATÓRIO DE PESQUISA. A vítima no processo penal. **Série Pensando o Direito,** n. 24. Brasília: Ministério da Justiça. Secretaria de Assuntos Legislativos, 2010.

RELATÓRIO DE PESQUISA. **Perfil das mulheres gestantes, lactantes e mães atendidas nas audiências de custódia pela Defensoria Pública do Rio de Janeiro.** Diretoria de estudos e pesquisas de acesso à justiça. Defensoria Pública do Estado do Rio de Janeiro. 2019. Disponível em: <http://sistemas.rj.def.br/publico/sarova.ashx/

Portal/sarova/imagem-dpge/public/arquivos/relat%C3%B3rio_ CAC_Benfica_mulheres_27.03.19.pdf>. Acesso em: 10 jul. 2019.

ROCHA, Leonel Severo. **Epistemologia jurídica e democracia.** São Leopoldo: Editora da Unisinos, 2005.

ROCHA, Luciana Lopes; NOGUEIRA, Regina Lúcia. Violência sexual: um diálogo entre o direito e a neurociência. In: ALVES, Cornélio; MARQUES, Deyvis de Oliveira (Org.). **Leituras de direito**: violência doméstica e familiar contra a mulher. Natal: TJRN, 2017.

ROMIO, Jackeline Ap. F. A vitimização de mulheres por agressão física, segundo raça/cor no Brasil. In. MARCONDES, Mariana Mazzini; PINHEIRO, Luana; QUEIROZ, Cristina; QUERINO, Ana Carolina; VALVERDE, Danielle (Orgs.). **Dossiê mulheres negras retrato das condições de vida das mulheres negras no Brasil**. IPEA, Brasília, 2013.

RORTY, Richard. **Objetivismo, relativismo e verdade**: escritos filosóficos I. Rio de Janeiro: Relume Dumará, 1997.

ROSA, Alexandre de Morais. **A teoria dos jogos aplicada ao processo penal.** Florianópolis: Empório do Direito/Rei Livros, 2015.

ROSA, Alexandre de Morais. **Guia do processo penal conforme a teoria dos jogos.** Florianópolis: Empório do Direito, 2017.

ROTH, Philip. **A marca humana.** São Paulo: Companhia das Letras, 2002.

SANTOS, Boaventura de Sousa; MENEZES, Maria Paula. Introdução. In: SANTOS, Boaventura de Sousa; MENEZES, Maria Paula (orgs.). **Epistemologias do sul.** São Paulo: Cortez Editora, 2010.

SANTOS, Boaventura de Sousa. Para além do pensamento abissal: das linhas globais a uma ecologia de saberes. In: SANTOS, Boaventura de Sousa. MENEZES, Maria Paula (orgs.). **Epistemologias do sul.** São Paulo: Cortez, 2010.

SANTOS, Thandara (org.); ROSA, Marlene Inês da *et. al.* (col.). Levantamento nacional de informações penitenciárias. **INFOPEN Mulheres 2018.** Brasília: Ministério da Justiça e Segurança Pública. Departamento Penitenciário Nacional, 2018. Disponível em: <http://depen. gov.br/DEPEN/depen/sisdepen/infopen-mulheres/infopenmulheres_arte_07-03-18.pdf>. Acesso em: 10 mar. 2018.

SEGATO, Rita. Feminicidio y femicidio: conceptualización y apropiación. **Feminicidio un fenómeno global.** Bruxelas: Heinrich Böll Stiftung, 2010.

SEMPER, Frank. **Los derechos de los pueblos indígenas en Colombia.** Trad. de Andrés Felipe Quintero Atehortúa. Bogotá: Editorial Temis, 2018.

SHOWALTER, Elaine. A crítica feminista no território selvagem. In: HOLLANDA, Heloísa Buarque de (org.). **Tendências e impasses:** o feminismo como crítica da cultura. Rio de Janeiro: Rocco, 1994.

SOIHET, Rachel. Zombaria como arma antifeminsta. Instrumento conservador entre libertários. In: CARVALHO, Marie Jane Soares; ROCHA, Cristianne Maria Famer. **Produzindo gênero.** Porto Alegre: Sulina, 2004.

SOLNIT, Rebecca. **Os homens explicam tudo para mim.** São Paulo: Cultrix, 2017.

SOUZA, Flavia Bello Costa Souza; DREZETT, Jefferson; MEIRELLES, Alcina de Cássia; RAMOS, Denise Gimenez. **Reprodução & Climatério**, v. 27, n. 3, set./dez. 2012, p. 98-103. Disponível em: <https://reader.elsevier.com/reader/sd/pii/S141320871300006X?token=FC49A143531F5AE44CE3EB31C07AF73F3B44AC01DA5FCF719565D7AD0A52E4CEE1FA41CA2BE81C93DFD75EE5977D40D6>. Acesso em: 12 jul. 2018.

SPIVAK, Gayatri Chakravorty. **Pode o sulbaterno falar?** Belo Horizonte: UFMG, 2014.

STRECK, Lenio. A tomada de poder pelos estagiários e o novo regime. Senso Incomum. **Conjur.** Disponível em: <https://www.conjur.com.br/2012-abr- 12/senso-incomum-tomada-poder-pelos-estagiarios--regime>. Acesso em: 20 fev. 2018.

TAVARES, Andrea Souza. **Mulheres e tráfico de drogas no Distrito Federal**: entre os números e a invisibilidade feminina. Rio de Janeiro: Lumen Juris, 2016.

TORIL, Moi. Introdução: quem tem medo de Virginia Woolf? Leituras feministas de Woolf. In: BRANDÃO, Izabel *et al.* (orgs). **Traduções da cultura:** perspectivas críticas feministas (1970-2010). Florianópolis: EDUFAL – Editora da UFSC, 2017.

TRIGUEIRO, T. H.; Silva, M. H.; MERIGHI, M. A. B.; OLIVEIRA, D. M.; JESUS, M. C. P. O sofrimento psíquico no cotidiano de mulheres que vivenciaram a violência sexual: estudo fenomenológico. **Escola Anna Nery**, v. 21, n. 3, 2017. Disponível em: <http://www.scielo.br/pdf/ean/v21n3/pt_1414-8145-ean-2177-9465-EAN-2016-0282.pdf>. Acesso em: 10 jul. 2018.

TRINDADE, A. K.; STRECK. L. L.; FERRAJOLI, L.; **Garantismo, hermenêutica e (neo)constitucionalismo**: um debate com Luigi Ferrajoli. Porto Alegre: Livraria do Advogado, 2012.

VAN DIJK, Teun. **Discurso e poder**. Tradução de Judith Hoffnagel et al. 2. ed. São Paulo: Contexto, 2012.

VILLA, Eugênia Nogueira do Rêgo Monteiro; MACHADO, Bruno Amaral. O mapa do feminicídio na Polícia Civil do Piauí: uma análise organizacional-sistêmica. **Revista Opinião Jurídica**, ano 16, n. 22, Fortaleza, p. 86-107, jan./jun. 2018.

WARAT, Luís Alberto. O saber crítico e o senso comum dos juristas. **Revista Sequência**, n. 5, Florianópolis, p. 48-57, 1982. Disponível em: <https://periodicos.ufsc.br/index.php/sequencia/article/view/17121/15692>. Acesso em: 10 mar. 2018.

WARAT, Luís Alberto. Dilemas sobre a história das verdades jurídicas: tópicos para refletir e discutir. **Revista Sequência**, n. 6, Florianópolis, p. 97-113, 1983. Disponível em: <https://periodicos.ufsc.br/index.php/sequencia/article/view/16922/15492>. Acesso em: 10 mar. 2018.

WARAT, Luís Alberto. O senso comum teórico dos juristas. In: SOUSA JÚNIOR, José Geraldo de (org.). **Introdução crítica ao direito**. Brasília: Universidade de Brasília, 1993. Série: O Direito Achado na Rua. v. 1.

WARAT, Luís Alberto. **Introdução geral ao direito**. Porto Alegre: Sergio Antônio Fabris, 1995. v. II. A epistemologia jurídica da modernidade.

WARAT, Luís Alberto. **A ciência jurídica e seus dois maridos**. Santa Cruz do Sul: EDUNISC, 2000.

WARAT, Luís Alberto. O outro lado da dogmática jurídica. In: MEZZA-ROBA, Orides *et al.* (coords). **Epistemologia e ensino do direito**: o sonho acabou. Florianópolis: Fundação Boiteux, 2004a. v. 2.

WARAT, Luís Alberto. El saber critico del derecho y un punto de partida para una epistemologia de las significaciones. In: MEZZAROBA, Orides *et al.* (coords). **Epistemologia e ensino do direito**: o sonho acabou. Florianópolis: Fundação Boiteux, 2004b. v. 2.

WARAT, Luís Alberto. Utopias, conceitos e cumplicidades na interpretação da lei. In: MEZZAROBA, Orides *et al.* (coords). **Epistemologia e ensino do direito**: o sonho acabou. Florianópolis: Fundação Boiteux, 2004c. v. 2.

WOOLF, Virgínia. **Mrs. Dalloway**. Rio de Janeiro: Nova Fronteira, 1980.

WOOLF, Virgínia. **Um teto todo seu**. Rio de Janeiro: Nova Fronteira, 1985.

WOOLF, Virgínia. **Noite e dia**. São Paulo: Círculo do Livro, 1986.

WOOLF, Virgínia. **Profissões para mulheres e outros artigos feministas**. Porto Alegre: L&PM, 2012.

WOOLF, Virgínia. **Ao farol**. Porto Alegre: L&PM, 2013.

WOOLSTONECRAFT, Mary. **Vindicación de los derechos de la mujer**. Madrid: Istmo, 2005.

ZAFFARONI, Eugenio Raúl; BATISTA, Nilo. **Direito penal brasileiro**. Rio de Janeiro: Revan, 2006. v. I.

ZAFFARONI, Eugenio Raúl; PIERANGELI, José Henrique. **Manual de direito penal brasileiro** – Parte Geral. 8. ed. São Paulo: RT, 2009.

ZERILLI, Linda M. G. **El feminismo y el abismo de la libertad**. Buenos Aires: Fondo de Cultura Económica, 2008.